怎样帮助学习困难的孩子

主 编
王晓慧 秦速励
编著者
王晓慧 秦速励 李清亚 王 颖
程 俊 巴 明 李小萍 刘志凌
李 婷 王丛妙

金盾出版社

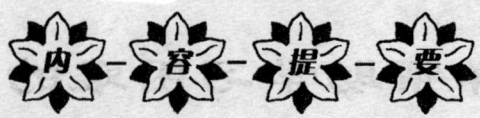

本书共分五章,分别论述儿童学习困难的原因,智力因素和非智力因素导致的学习困难的纠正,以及精神和心理障碍导致的学习困难的影响及纠正,为学习困难的孩子提供了正确的方式与方法。本书内容丰富,科学实用,适合患有学习困难类心理疾病儿童的老师和家长阅读。

图书在版编目(CIP)数据

怎样帮助学习困难的孩子/王晓慧,秦速励主编. -- 北京:金盾出版社,2012.4
ISBN 978-7-5082-6906-1

Ⅰ. 怎… Ⅱ. ①王…②秦… Ⅲ. ①儿童—学习困难—教学法 Ⅳ. ①G442

中国版本图书馆 CIP 数据核字(2011)第 044798 号

金盾出版社出版、总发行
北京太平路5号(地铁万寿路站往南)
邮政编码:100036 电话:68214039 83219215
传真:68276683 网址:www.jdcbs.cn
封面印刷:北京精美彩色印刷有限公司
正文印刷:北京万博诚印刷有限公司
装订:北京万博诚印刷有限公司
各地新华书店经销

开本:850×1168 1/32 印张:8.5 字数:210千字
2012年4月第1版第1次印刷
印数:1~8 000册 定价:19.00元
(凡购买金盾出版社的图书,如有缺页、
倒页、脱页者,本社发行部负责调换)

前　言

　　自20世纪70年代以来，精神医学、教育学、心理学专家们从各自的专业角度对儿童学习困难进行了大量的研究，研究发现，造成儿童学习困难的主要原因为心理障碍。具有心理障碍的患儿占儿童学习困难的80%～90%。因此，心理医生参与儿童的学校教育已经到刻不容缓的时候了。事实上，在许多发达国家，心理医生已经参与到了儿童的教育中，并发挥了非常好的作用，产生了良好效果，他们将教育学、心理学、生理学、精神医学、社会学、人际关系学相互结合，形成了一种新的教学方法。心理医生在儿童学习困难时及时介入，可以帮助孩子们发现问题，并给予解决，使儿童的个性得到全面发展，使孩子的智力水平得到最大限度的发挥，学习成绩达到最好水平。

　　本书将心理学领域中涉及儿童学习困难的心理问题介绍给读者，并针对各种心理问题提出诊治及矫正的方法，其内容丰富，科学实用，希望对广大学习困难儿童的老师和家长有所帮助。

作　者

第一章 学习困难面面观

一、怎样才是学习困难 …………………………………………（1）
二、学习困难产生的原因 ………………………………………（3）
    1. 精神疾病导致的学习困难 ………………………………（3）
    2. 社会环境导致的学习困难 ………………………………（4）
    3. 心理因素对儿童学习成绩的影响 ………………………（9）
    4. 躯体疾病导致学习困难 …………………………………（11）
三、心理医生如何对学习困难儿童进行干预…………………（12）
    1. 心理医生及时干预儿童学习困难的好处 ……………（12）
    2. 对于学习困难儿童心理医生应了解的情况 …………（13）
    3. 分析学习困难儿童所产生的学习技能障碍 …………（14）
    4. 对学习困难儿童诊断及治疗的程序 …………………（14）
    5. 学习困难儿童的分类 …………………………………（16）
    6. 学习困难儿童家长的指导 ……………………………（16）

第二章 提高非智力因素，纠正儿童学习困难

一、学习兴趣缺乏导致的儿童学习困难………………………（19）
    1. 了解儿童学习兴趣的发展情况 ………………………（20）
    2. 分析原因 ………………………………………………（20）
    3. 培养儿童的学习兴趣 …………………………………（21）
二、学习能力差导致儿童学习困难……………………………（23）

· 1 ·

　　1. 让儿童独立学习 …………………………………… (24)
　　2. 充分运用自己的智力来学习 ……………………… (25)
三、记忆力差导致儿童学习困难 ………………………… (25)
　　1. 理解性记忆 ………………………………………… (26)
　　2. 提纲式记忆 ………………………………………… (26)
　　3. 重复记忆 …………………………………………… (26)
　　4. 对比记忆 …………………………………………… (27)
　　5. 联想记忆 …………………………………………… (27)
　　6. 穿插记忆 …………………………………………… (27)
　　7. 多感官记忆 ………………………………………… (28)
　　8. 选择记忆高效率的时间 …………………………… (28)
　　9. 情节生动加强记忆 ………………………………… (28)
　　10. 有目的的记忆 ……………………………………… (28)
　　11. 机械记忆法 ………………………………………… (28)
四、不愿意动脑子引起的儿童学习困难 ………………… (29)
　　1. 智力因素 …………………………………………… (29)
　　2. 社会适应能力差 …………………………………… (29)
　　3. 其他因素 …………………………………………… (30)
五、学习效率差导致的儿童学习困难 …………………… (31)
六、精力差与疲劳引起的儿童学习困难 ………………… (32)
　　1. 导致儿童精力差、疲劳的原因 …………………… (33)
　　2. 精力减退、疲劳导致学习困难的征象 …………… (33)
　　3. 预防及改善措施 …………………………………… (33)
七、注意力不集中引起的儿童学习困难 ………………… (34)
　　1. 导致儿童上课爱走神的原因 ……………………… (34)
　　2. 改善的方法 ………………………………………… (35)
八、不科学的学习方法引起的学习困难 ………………… (37)
　　1. 科学的学习方法 …………………………………… (37)

2. 学习技巧 …………………………………………………（37）
九、意志品质差引起的学习困难…………………………………（38）
　　1. 心理品质差的特点
　　2. 儿童意志薄弱的原因 ……………………………………（38）
　　3. 如何培养儿童坚强的意志 ………………………………（39）
十、紧张不安情绪引起的儿童学习困难…………………………（39）
十一、考试焦虑引起的儿童学习困难……………………………（41）
　　1. 考试焦虑的原因 …………………………………………（42）
　　2. 儿童考试焦虑时主要表现 ………………………………（42）
　　3. 考试焦虑的调整 …………………………………………（43）
十二、厌学心理引起的儿童学习困难……………………………（48）
　　1. 儿童厌学的原因 …………………………………………（49）
　　2. 厌学的表现 ………………………………………………（50）
　　3. 厌学儿童不良的心理活动 ………………………………（50）
　　4. 厌学儿童的心理调适 ……………………………………（51）

第三章　智力因素导致儿童学习困难的纠正

一、检查儿童智力水平的方法……………………………………（53）
　　1. 智力测验 …………………………………………………（53）
　　2. 学业成就和学习能力测验 ………………………………（56）
二、经验判断评估儿童的智力……………………………………（57）
三、学龄期儿童智力发育的特点…………………………………（58）
　　1. 儿童认知发展的几个阶段 ………………………………（58）
　　2. 儿童大脑和神经系统的发育特点 ………………………（59）
　　3. 儿童动作发展的特点 ……………………………………（60）
　　4. 儿童心理发育的特点 ……………………………………（60）
四、精神发育迟滞导致的儿童学习困难的纠正…………………（70）
　　1. 精神发育迟滞的发病率 …………………………………（70）

   2. 精神发育迟滞的病因 …………………………………… (71)
   3. 精神发育迟滞分级 ……………………………………… (72)
   4. 精神发育迟滞的临床表现 ……………………………… (72)
   5. 精神发育迟滞的诊断标准 ……………………………… (73)
   6. 几种常见精神发育迟滞类型的表现与防治 …………… (74)
   7. 精神发育迟滞的鉴别诊断 ……………………………… (81)
   8. 精神发育迟滞的治疗 …………………………………… (82)
   9. 精神发育迟滞儿童的课程重点 ………………………… (83)
   10. 精神发育迟滞的教育 …………………………………… (84)
   11. 精神发育迟滞儿童社会能力训练 ……………………… (89)
   12. 精神发育迟滞儿童的家长指导 ……………………… (102)

第四章 精神心理障碍导致的儿童学习困难

一、特殊学习技能发育障碍引发儿童学习困难的纠正 …… (104)
   1. 特殊学习技能发育障碍的患病率 …………………… (104)
   2. 特殊学习技能发育障碍的发生原因 ………………… (105)
   3. 特殊学习技能发育障碍的表现 ……………………… (106)
   4. 诊断 …………………………………………………… (108)
   5. 诊断标准 ……………………………………………… (109)
   6. 鉴别诊断 ……………………………………………… (110)
   7. 治疗 …………………………………………………… (111)
   8. 预防 …………………………………………………… (112)
二、语言障碍导致儿童学习困难的纠正 …………………… (112)
   1. 语言障碍发生的因素 ………………………………… (112)
   2. 对儿童实施正确的语言训练 ………………………… (113)
   3. 语言发育障碍的检查 ………………………………… (114)
   4. 诊断标准 ……………………………………………… (115)
   5. 鉴别诊断 ……………………………………………… (116)

| 6. 儿童语言障碍的训练 ………………………… (117)
| 7. 语言障碍的类型 …………………………… (120)
三、孤独症导致儿童学习困难的纠正 ……………… (133)
  (一)发病率 …………………………………………… (133)
  (二)病因 ……………………………………………… (134)
    1. 遗传因素 ……………………………………… (134)
    2. 器质性损害 …………………………………… (134)
  (三)临床特征 ………………………………………… (136)
    1. 孤独症的临床特征 …………………………… (136)
    2. 孤独症的基本行为特征 ……………………… (136)
  (四)临床表现 ………………………………………… (136)
    1. 社会交往障碍 ………………………………… (136)
    2. 言语发育障碍 ………………………………… (137)
    3. 兴趣范围狭窄及刻板、僵硬的行为方式 …… (138)
    4. 感知觉异常 …………………………………… (139)
    5. 智力认知结构缺陷 …………………………… (140)
  (五)诊断 ……………………………………………… (140)
    1. 诊断步骤 ……………………………………… (140)
    2. 诊断标准 ……………………………………… (141)
  (六)鉴别诊断 ………………………………………… (143)
    1. Rett's 综合征 ………………………………… (143)
    2. 婴儿痴呆 ……………………………………… (143)
    3. 精神发育迟滞 ………………………………… (143)
    4. 抽动秽语综合征 ……………………………… (144)
    5. 精神分裂症 …………………………………… (144)
    6. 选择性缄默 …………………………………… (145)
  (七)治疗 ……………………………………………… (145)
    1. 教育性治疗 …………………………………… (145)

　　2. 行为治疗 …………………………………………（146）
　　3. 药物治疗 …………………………………………（147）
（八）特殊类型 …………………………………………（148）
　　1. 孤独样精神病 ……………………………………（148）
　　2. Rett 综合征 ………………………………………（149）
　　3. 婴儿痴呆 …………………………………………（151）
四、躯体疾病导致儿童学习困难的纠正 ………………（153）
　　1. 原因 ………………………………………………（153）
　　2. 哮喘导致儿童学习困难 …………………………（154）
　　3. 癫痫导致儿童学习困难 …………………………（154）
五、多动症导致儿童学习困难的纠正 …………………（155）
　　1. 定义 ………………………………………………（155）
　　2. 患病率 ……………………………………………（155）
　　3. 多动症的实质 ……………………………………（156）
　　4. 多动症产生的原因 ………………………………（157）
　　5. 不同年龄期的特点 ………………………………（161）
　　6. 临床表现 …………………………………………（162）
　　7. 父母常见的心理反应 ……………………………（180）
　　8. 检查 ………………………………………………（181）
　　9. 诊断标准 …………………………………………（183）
　　10. 鉴别诊断 ………………………………………（184）
　　11. 治疗 ……………………………………………（189）
　　12. 心理治疗与心理咨询 …………………………（195）
　　13. 家庭治疗 ………………………………………（202）
　　14. 老师对多动症儿童的管理 ……………………（204）
　　15. 中医治疗 ………………………………………（208）
　　16. 饮食治疗 ………………………………………（213）
　　17. 预后 ……………………………………………（215）

18. 多动症的实质 …………………………………………… (217)
六、儿童情绪障碍导致儿童学习困难的纠正 …………………… (218)
  1. 发生率 ………………………………………………………… (219)
  2. 病因 …………………………………………………………… (220)
  3. 儿童焦虑症 …………………………………………………… (221)
  4. 儿童恐惧症 …………………………………………………… (223)
  5. 学校恐惧症 …………………………………………………… (225)
  6. 强迫症导致儿童学习困难的纠正 …………………………… (227)
  7. 癔症导致的儿童学习困难纠正 ……………………………… (231)

第五章 儿童期精神障碍对学习的影响及纠正

一、儿童期精神分裂症 …………………………………………… (234)
  1. 儿童精神分裂症的发病率 …………………………………… (234)
  2. 儿童期精神分裂症的病因 …………………………………… (234)
  3. 儿童期精神分裂症临床表现 ………………………………… (236)
  4. 儿童精神分裂症早期症状和临床类型 ……………………… (237)
  5. 儿童期精神分裂症的预后 …………………………………… (237)
  6. 儿童期精神分裂症的诊断标准 ……………………………… (238)
  7. 儿童期精神分裂症鉴别诊断 ………………………………… (240)
  8. 儿童期精神分裂症治疗 ……………………………………… (241)
二、儿童期情感性精神障碍 ……………………………………… (242)
  1. 儿童期情感性精神障碍的发生率 …………………………… (242)
  2. 儿童期情感性精神障碍的病因 ……………………………… (242)
  3. 儿童期情感性精神障碍的临床表现 ………………………… (244)
  4. 儿童期情感性精神障碍的预后 ……………………………… (246)
  5. 儿童期情感性精神障碍的鉴别诊断 ………………………… (246)
  6. 儿童期情感性精神障碍的治疗 ……………………………… (248)
三、儿童器质性精神障碍 ………………………………………… (249)

1. 儿童器质性精神障碍的病因 …………………(249)
2. 脑器质性精神障碍的临床表现 ………………(250)
3. 影响儿童器质性综合征的预后因素 …………(251)
4. 儿童脑器质性脑损害的治疗原则 ……………(252)
5. 儿童器质性精神障碍分类 ……………………(253)
6. 儿童躯体疾病所致精神障碍的诊断 …………(256)
7. 躯体疾病所致精神障碍的临床表现 …………(256)
8. 常见的躯体疾病所致精神障碍的治疗 ………(260)

第一章 学习困难面面观

一、怎样才是学习困难

在心理咨询门诊,经常会看到一些年轻的父母为孩子学习上的问题而着急。由于社会上面临着激烈的升学压力,一些父母明显地夸大了儿童学习困难的范围,有的父母甚至认为孩子考试七八十分就是学习困难。其实学习困难是指智力基本正常的学龄期儿童学业成绩明显落后的一类综合征,一般是指有适当学习机会的学龄期儿童,由于环境、心理和素质等方面的问题,致使学习技能获得或发展障碍,表现为经常性的学业成绩不良或因此而留级。患有狭义的学习困难的这类儿童一般无智力缺陷,智商(IQ)在70分以上。学习困难的概念源于教育学,最初注意到的是儿童的智力问题,1904年法国教育部委托Binet等人首次编制了智力测验,用于甄别智力低下的儿童。20世纪70年代以来,精神医学、教育学、心理学专家们从各自的专业角度对儿童学习困难进行了大量的研究。

儿童学习困难的最简单的判别方法是家长和教师共同认为该儿童发生了学习困难问题,轻者考试成绩常在60~70分或常不及格;重者考试成绩都在60分以下。

目前,儿童学习困难的发病率日趋增多,1985年全国抽样调查为5%,1991年有人报道已高达17.3%。学习困难儿童使老师失去信心,家长伤透脑筋,而学生破罐破摔,说谎、逃学及偷窃等行为占学习困难学生的50%以上,已明显影响到家庭、社会,已构成

了社会问题。学习困难的发病率在不同的文化背景、社会环境和教育条件下存在着差异,并且受所采取的标准和定义、研究方法的影响。据国外统计,约20%的儿童在学校学习期间发生学习困难。国内攀枝花市(1987年)和长沙市(1988年)调查小学生中学习困难的发病率分别是17.4%和13.2%,男女之比约为2∶1。

此外,还有一部分儿童则属于学习低能,"学习低能"这个概念与"低能儿"、"智力低下"、"智商低"的概念是不同的。"低能儿"是指儿童的智力全面低下,也就是说在各个方面都表现为"傻"气;而"学习低能"是指儿童在学习方面,某一项能力发育落后,这种儿童的智力水平一般在中等或中等偏上,在其他方面与正常孩子没有差别,只是在学习方面吃力。这种儿童经过训练或随着年龄的增长可以得到改善,所以它并不意味着智力和精神上有问题。发生学习低能的儿童,有80%是男孩。他们在行为上往往较同龄儿童幼稚、任性、敏感、容易冲动、缺乏理智,学习成绩具有明显的不稳定性、不连续性及不可预测性。学习低能儿童一般具有以下特征:他们在说话、阅读、写字、算术方面感到吃力,注意力不集中,没有清楚的时间概念和空间概念,记忆力差,动作不协调,行为冲动任性,自我评价低,对自己的事情缺乏计划和安排,不会和同学及伙伴保持关系。

(1)不成熟:这些孩子独立自主的能力还没有发展起来,他们大部分,在这方面表现较差。

(2)抽象思维能力和手脑协调能力差:学习低能儿童对一件需要他们动脑子的事情,就会变得不耐烦。他们不能在密密麻麻的迷宫里找到通路,描图及写字对他们来说也很困难,他们不能轻易地辨认不同的形状,有时不能区别字母、汉字的偏旁、部首之间的差异,还常常把形式相似的词汇混淆在一起,不会依次执行别人给他们的两个指示。

(3)语言障碍:早期语言障碍是学习低能儿童的一种表现。学

第一章 学习困难面面观

习低能的孩子往往有语言方面的弱点,而这一弱点可以影响他的阅读能力。对于有以上表现的儿童应及时找心理医生进行检查、诊断,经过适当的治疗和帮助可以使孩子的学习低能问题得到改善。对于学习低能的儿童来说,小学是他们最困难的时期,随着年龄的增长,在心理医生和家长的共同教育和引导下,他们将发挥出自己的优势。

二、学习困难产生的原因

1. 精神疾病导致的学习困难

以 Rutter 为代表的英国儿童精神病学派根据儿童所患疾病的不同将学习困难分为广义和狭义两种。广义的称为普遍性学习困难,包括精神发育迟滞(旧称智力低下)及普遍性学业成绩低下的有关问题;狭义的学习困难称为特殊学习技能发育障碍,主要包括特殊阅读障碍、拼写障碍和数学障碍。此外,导致继发性儿童学习困难的疾病还有注意力缺陷(儿童多动症)、品行障碍、适应障碍,这些均属于继发性学习困难。各种精神障碍可不同程度地损害儿童的心理功能,导致学习困难。国外的一些学者对几类儿童精神障碍患者的学业成就测验发现,在行为障碍中学习技能水平最差的依次为注意力缺陷、品行障碍和适应障碍,其他障碍的儿童也至少有一项成绩较差。一些学者发现多动症和品行障碍的儿童伴有特殊的学习困难,因为这两种精神障碍有共同的特点。

(1)冲动、注意力不集中、发育延迟。

(2)家庭环境不良,社会经济地位低下,情绪环境不良。

据国内调查,儿童学习困难的首要原因是各种精神卫生问题,占 87.8%。儿童的学业成绩反映了儿童心理活动的功能水平。学习困难儿童普遍存在着较多的情绪与行为问题,以多动和注意力不集中较为多见。此外,在不同性别的儿童中还有各自不同的

特点。在男孩中,以攻击、破坏、违纪等外向性的行为问题较为突出;而女孩则以焦虑、抑郁、退缩等内向性行为问题较为明显。一些精神病学家做了一项前瞻性的研究,学龄期儿童的焦虑、退缩和运动过多及某些知觉问题,比智力及语言能力障碍对以后的学业失败有着更大的影响。学习困难的儿童中约有 1/3 有注意障碍,这些儿童对学习任务不重视,独立性差,是学业失败的危险因素。

儿童本身的智力水平低下也可以导致学习困难。儿童智力发展水平低于同龄正常儿童的平均水平,在智商低于两个标准差以下,即智商在 70 分以下时(智商 70~90 分为边缘状态;90 分以上才属正常),容易出现学习困难。儿童的智力因素受遗传、围生期损伤及早期教育训练的影响。

2. 社会环境导致的学习困难

学习是一个复杂的心理活动,因而可以受到许多因素的影响。在相同的社会背景和教育条件下,家庭环境对学业成绩有明显的影响。国内研究发现导致儿童学习困难的环境因素常有以下几种:

(1)家庭因素对学习成绩的影响

①父母文化程度。父母的文化水平高,其子女的行为表现更合乎社会规范。研究中发现学习困难儿童的父母文化水平较低,职业文化层次也低。父母是否好学上进,除了日常生活中可以影响子女外或许也有一点遗传的影响,但是如果夫妻一方好学上进,另一方不好学,则对子女的影响就较复杂。

②家庭的经济收入。父母的经济收入在很大程度上对子女的心理发育产生一定的影响。国外的研究结果表明,家庭的经济条件对儿童学习困难的产生有很大的影响;但我国的研究则表明,家庭的经济条件对儿童学习困难的影响不明显。

③家庭的和睦程度。夫妻关系是否和睦对儿童的心理发育有很大的影响。国内一些研究证明,学习困难儿童家庭多不和睦,矛

盾冲突较多,对文化知识的价值和个人成就不重视。父母之间的矛盾常常给孩子造成很大的心理负担,使孩子平时表现为无精打采,面带倦容,无心学习,使得学习成绩下降。

④儿童教养方式。教养方式的不同,可以引起儿童心理发育的不同,祖辈教养比父母教养更为溺爱一些。在对学习困难儿童的研究中发现,尤其是祖辈教养及与父母混合教养的情况下,对儿童的教养态度的不一致,娇纵溺爱或过于严厉、苛责,导致儿童心理健康问题,使儿童的社会适应能力差,进而导致儿童学习困难的发生。

⑤早期的不良环境和文化剥夺。由于父母不与儿童进行交流,也可导致儿童的心理发育障碍,特别是语言的发育障碍,致使儿童在学龄期出现学习困难。

⑥父母及家人的疾病。这种情况常常使全家处于不安之中,孩子也会受其影响产生焦虑情绪,进而影响学习,导致学习成绩下降。

⑦父母的期望程度。父母的期望值过高,可以影响儿童的学习成绩。这样的家长一心指望孩子会取得好成绩,而对孩子一味地增加压力,反而给孩子造成学习上的影响,使他们的情绪难以稳定而无法专心学习,在教室听课时耳边也可以响起父母激励、提醒的声音,每当这时儿童就会烦躁起来,连老师讲的是什么也未听进去,进而影响学习成绩。

⑧父母的过分保护。在家庭中受到过分保护的儿童也容易出现学习困难,这种孩子的特点是语文、历史成绩好,而数学成绩较差。这是因为他们常被关闭在家中,常常可以听到父母给自己讲故事、读书。由于不与外界交往,不会花钱,缺乏社会经验,使得数学成绩不好。

(2)学校类型对学习成绩的影响:学习环境对儿童的学习成绩是有影响的,学习环境是指学校的教学水平、师资力量、学校风气、

社会和家庭对学习的重视程度等,如整日在嘈杂的麻将声中,在父母大声争吵和濒于破裂的家庭中,孩子是不能安心学习的。

我国的学校,一向有重点学校与一般学校之分。以往只是在大学和中学这样划分,现在则连小学也有重点和非重点之分了。由于重点学校出来的学生,一般学习能力都较好,特别是学生的学习成绩,因此家长都希望把子女送进重点学校。学校的类型对学生的学习成绩有影响吗?答案是肯定的,学校类型与学生的学习质量有明显的关系。这可能是由于重点学校有以下优势:①老师的教学质量和学校的教学设备较一般学校好;②招生对学生挑选严格;③优等生的比例较高,彼此间相互影响,即使老师的水平与一般学校相似,教育效果也会比较好。

目前,我国的小学一般执行就近入学制度,学校对学生的挑选余地不大,但是不同的学校,其升学率还是有明显的差别,说明老师的教学水平和教学设备的质量还是具有较明显的影响。

(3)老师对学习成绩的影响:老师对儿童的学习成绩的影响作用较大,有时甚至影响儿童的一生。儿童在学龄前,家庭对儿童的影响是主要的,儿童对父母较为依恋,常常把爸爸、妈妈挂在口头上。儿童上学后,老师对其的影响往往超过了家庭,儿童常常把老师所讲的话当做自己的座右铭。许多老师出于对教育事业的热爱或献身精神,常会给学生以终生难忘的影响。一个优秀的教师会引导学生对某一学科产生浓厚的兴趣,一些著名的科学家及卓有成就的社会学家,在回忆往事时常会提起自己之所以对所从事的这门科学有兴趣、有成就,主要是在学生时期受到了某位老师"启蒙"的影响。学生对老师产生好印象之后,不但对这位老师所教的学科有兴趣,甚至对他的日常行为特点也会进行模仿,老师对学生的才能如果认为有些苗头,也会有意无意地在这方面对学生加以引导,并流露出对学生成材的希望。学生为了不辜负老师的希望,也会加紧努力,最后可以取得较好的成绩。老师对于学生是否成

第一章 学习困难面面观

材,如果只加以预测,而不加以培养,则最后成材的机会不是很多。因为人才常常是天赋加培养的结果。有时这个孩子即使是天赋平平,如果努力培养,也有可能出人才。另外,有的老师对学生家庭的印象也会直接影响对孩子的印象,如果老师对孩子的母亲印象不好,自然对其孩子也有看法。一些学习成绩不好的学生正是在老师和家长的关系缓和以后,从而使老师改变了对孩子的评价,儿童一改学习成绩落后的状况,成为班上名列前茅的好学生。

(4)老师、家长和学生之间的相互作用:老师和家长不仅要创造良好的学习环境,还要注意孩子非智力因素的影响,创造良好的、民主的、和谐的师生和亲子关系。如果老师和家长给孩子施加刻板的、抽象的教育太多或寄予的期望值过高,孩子尽了全力仍难以达到目标,久而久之孩子会感到学习太苦没有意思,甚至出现厌学情绪。还有的孩子因某种原因或学习方法等问题,不能达到老师和家长的满意程度,常受到讽刺挖苦,或家长常拿自己的孩子与邻居的孩子及其他学生攀比,长此以往,孩子不但没有激发起上进心,反而连自尊心也丧失了,从而导致学习困难。另外,家长的表率作用对儿童的影响也较大。父母爱学习,孩子从小必然受到影响。父母常常评论、赞许"读书无用论"等不利于学习的观点,对孩子可以产生潜移默化的影响,也容易导致儿童的学习困难。

(5)同学对学习成绩的影响:儿童上学后,不仅受到老师的影响,而且也受到同学和伙伴们的影响。所以,很多家长关心孩子的交友,希望自己的孩子不交坏朋友,这是有一定道理的。儿童的心理发育,最早是通过模仿,以后发展为通过模仿加学习,到了成年以后,随着心理发育的成熟,才较少盲目模仿了。在儿童中,好榜样及坏榜样可以影响一批学生,榜样的影响,有时比课堂教育的作用还要大。所以,老师会经常在班级中发挥一些好学生的榜样作用,使儿童依照优秀学生进行模仿学习。虽然现在常进行学雷锋、学英雄的活动,但是毕竟孩子们没有看到英雄人物,因此离现实还

有一段距离,所以,在班级中树立先进的典型还是非常必要的。攀比也是一种模仿行为,物质享受的攀比也会给学生带来不良的影响。但是,学业上的竞争则是一种良性的攀比行为,家长和老师在鼓励这种行为时,注意实事求是,要根据儿童的能力制定竞争目标,不要订的太高,否则容易使儿童产生自卑、嫉妒或投机取巧的心理。

(6)学业负担对学习成绩的影响:目前,儿童的学习负担是正常还是过重是有争议的,一些人认为目前学生的学习负担是加重的,还有一些人认为,儿童的智力具有无限开发的潜能,因此儿童可以承受较大的学习负担,不存在所谓学习负担过重的问题。事实上,现在升学竞争成为学生及家长心目中的重点问题。为了使学生考上好学校,老师和学生家长不得不层层加码,给儿童留大量的作业,学生也不得不加倍努力,这就形成了学习负担过重的问题。我国从历史上就崇尚"勤学苦读",从古至今流传下来许多发奋学习的故事,并为后人所敬仰。在科学发展的今天,许多卓有成就的人也不承认自己是天才,他们总是强调自己比别人勤奋,因此,勤奋与成才总是联系在一起的。但目前儿童的学习负担是正常,还是过重呢?可以算一笔账,古人和今人每天都是有24小时,而过去所学的总的知识量要比20世纪下半叶的大得多。用同样的时间要去掌握大量的知识,现代人如果不发明较好的学习方法,那只有比古人更勤奋了。的确,目前儿童在小学里学习的知识量较以往明显地增多了,好像是学习负担加重了。许多教师及教育家在不断尝试及改革新的教学方法,使孩子在较短的时间内掌握较多的知识,这对于儿童教育来说无疑是一件利国利民利于儿童智力发育的好事。但是,也不可否认,由于一些老师的教育方法不得当,采取满灌的方法,剥夺了孩子们玩的时间,影响了孩子们的身体健康,这种情况则属于学习负担过重。由此可见,只要采取科学的教育方法,不影响孩子们的身体健康,给孩子们留出适当玩耍

第一章 学习困难面面观

的时间,让孩子们在一定的时间内掌握较多的知识是有可能的,不存在学习负担过重的问题。另外,提高儿童的学习兴趣和学习的自觉性,提高课程的实用性,使学习具有趣味性,这样就可以消除所谓学习负担过重的感觉。

(7)电视对儿童智力发育和学习成绩的影响:电视在我国已经相当普及,电视对成人及儿童的影响都较大。

①如果儿童用太多的时间看电视,势必会减少他与家人的感情交流时间,而儿童与父母的感情交流,在儿童智力发育中占很重要的位置。另外,由于长时间看电视,会占用儿童的学习时间,导致儿童学习成绩下降。有时由于看电视,会占用儿童户外活动的时间,导致日后儿童的灵活性及动手操作能力下降。

②孩子可以被电视中不健康的内容影响,或受暴力及色情内容影响而产生厌学情绪。

③电视的普及在某种程度上可以给儿童提供娱乐,提供大量的知识和信息,使孩子学习及掌握大量在课堂上学不到的知识和信息,对儿童的反应能力及智力发育有很大的好处。

综合以上,电视对儿童的智力发育有很大的好处,但对儿童看电视应加以正确引导,家长采用一些灵活的限制措施,如限定看电视的时间及所看的内容,电视对儿童的智力发育是有益无害的。

3. 心理因素对儿童学习成绩的影响

心理因素常常是导致儿童学习困难的直接原因。心理因素也称为导致儿童学习困难的非智力因素,这是指智力因素以外的一切对人们活动产生影响的因素,包括学习动机、兴趣、情绪、意志行为活动和个性特征都可以影响儿童的学习成绩。因此,对学习困难儿童应注重其心理卫生和健全人格的培养。导致儿童学习困难的心理原因,是因为人们只重视儿童的智力开发,而忽视了儿童的心理因素在学习中的作用。有学者通过对数千例儿童学习困难的情况分析,发现因心理因素引起儿童学习困难者占 93.1%,因智

力及特殊性发育障碍造成的学习困难仅占 6.9%。

(1)学习动机和学习方法对儿童学习成绩的影响：家庭因素与学校因素虽然是影响儿童心理发育的最主要的社会学因素，但是因为家庭和学校都存在于社会之中，所以也不能排除社会的影响。儿童的学习动机直接地或间接地受到社会风气的影响。家庭环境不良或社会环境不良，学习的价值取向偏差，对儿童学习不重视或期望值过高，均可以损害儿童的学习动机，影响学习技能的发展和学习潜能的发挥。另外，学习方法不得当也可以影响儿童的学习成绩。因为学习是依靠多个感觉运动通道的协同活动，某些儿童长期依靠视觉学习，缺乏朗读，或识记方法机械、简单、缺乏丰富的联想，或偏科学习，也常常影响学习技能的掌握和发展，容易出现学习困难。

(2)儿童素质对学习成绩的影响：心理发育不良可以导致儿童的学习困难。儿童的心理发育包括思维、情感、行为、意志、注意力、记忆力、智力、个性、道德观念的形成等方面。儿童的智力虽然正常，但儿童在其他心理方面发展偏差，也会影响学习效果。儿童的素质缺陷，常因为生物因素和环境因素共同影响的结果，素质缺陷主要包括遗传因素、不良气质、不良智力结构和神经心理功能缺陷及某些脑内器质性因素等。这些都可以导致儿童学习技能的发育障碍。对于遗传、智力结构、神经心理功能缺陷，以及某些脑器质性因素导致儿童学习困难，一般容易理解，那么不良的气质是怎样影响儿童学习成绩的呢？气质主要是指每个儿童的特征性的速度、节奏、适应性、能力耗费、情绪、注意力等，以及任何个别的特异性行为。气质是构成一个人以后个性形成的重要的生物学因素，某些特殊的气质可导致儿童的学习困难。以下气质特点可以影响儿童的学习成绩。

①活动水平。包括活动的频率和速度，主要是指儿童在发育过程中的爬、走、跑等活动情况。活动频率和速度较快的儿童较其

他儿童不易发生学习困难。

②生物节律。生物节律是否规律,其生物节律主要是指睡和醒的周期性节律、进食和排泄的时间规律等。生物节律规则的儿童不易发生学习困难。

③分心。儿童是否容易受到外界刺激的影响,而分散了他对原有行为活动的注意。如果儿童的注意力不易分散,则不易发生学习困难。

④探究和退缩。儿童对新的事物是立刻反应,是接受,还是拒绝。对新事物容易接受的儿童不易发生学习困难。

⑤适应性。儿童对新的环境和新的作息时间安排是很快适应,还是中等、长久地不能适应。适应性良好的儿童不易发生学习困难。

⑥注意广度和持久性。包括注意的两个相关的维度。注意广度是指儿童在同一时间内能够清楚地觉察或认识客体的数量。如凝视一辆汽车、摆弄玩具、制作模型和做家庭作业等。持久性是指注意维持在同一对象上的时间。注意广度和持久性好的儿童不易发生学习困难。

⑦反应强度。指对事物反应能力的大小,不管他的方向和性质如何,反应强度大的儿童不易发生学习困难。

⑧反应的阈限。引出一个可以分辨的反应所需要的最小刺激量。所需的刺激量越小者,越不易发生学习困难。

⑨心境的性质。指儿童占优势的情绪反应,即友好的、愉快的阳性心境表露的数量与不友好、不愉快的阴性心境的数量之比。阳性的心境表露越多的儿童不易发生学习困难。

4. 躯体疾病导致学习困难

儿童在学校学习是一个艰巨的任务,而且还是一个连续的过程。有的孩子体弱多病,经常缺课,使得所学的功课连续性间断,学习的内容联系不起来,自然会导致学习困难;有的孩子患慢性病

和先天性疾病,由于没有什么疾病的表现,容易让家长忽略,对这样不健康的儿童采取和健康儿童一样的要求,自然会导致学习困难。另外,患病的儿童往往由于缺课的机会多,而患儿的体力又跟不上紧张的学习,使得儿童在压力下引起学习情绪和学习精力降低。某些躯体疾病,特别是长期住院治疗的儿童,常有学习技能的丧失及退化。其原因可能是:躯体疾病导致患儿的脑功能紊乱,导致其学习能力下降,学习困难;长期住院治疗与社会隔离,使得患儿的学习技能减退。

(1)视力、听力的影响:由于近视、散光、斜视等视力缺陷,使孩子不能充分发挥读书能力。所以虽然一些儿童的身体情况很好,但是由于孩子的视力和听力的问题,也容易引起儿童的学习困难。

(2)患有癫痫的儿童:这些癫痫儿童中有 25% 的患儿并不是真正的智力发育不良,而是由此产生的自卑心理所致,由于孩子的自卑心理导致其对生活采取消极的态度,以致妨碍他们的思维活动;另一部分则是由于抗癫痫药物所致的智力发育障碍。

(3)甲状腺功能低下的儿童:甲状腺功能低下的儿童可以出现智力发育障碍,对于这种患儿应及早诊断,及时治疗,这样可以防止智力障碍的出现。

三、心理医生如何对学习困难儿童进行干预

1. 心理医生及时干预儿童学习困难的好处

目前许多较发达的国家,心理医生参与到儿童的学校教育中去,这已经是很普及的事情了。心理医生主要针对一些孩子的学习困难进行工作。每个学校都设有由心理医生、老师及家长组成的常设机构,每个学生都有心理档案,每年必须进行心理测评,用以指导下一步的教育方案的实施。尤其是对学习困难儿童的心理

素质进行评定,进而帮助患儿找出学习困难的原因。心理医生参与到儿童的教育中,是以"教育学、心理学、生理学、精神医学、社会学、人际关系学"等多种学科相结合的一种新兴的教育方法。心理医生在孩子出现学习困难时及时介入,可以帮助孩子们发现问题,并给予解决,使儿童的个性得到全面的发展,使自己的心理水平得到最大限度的发展,使学习成绩达到最好的水平,并能提高儿童适应复杂社会的素质,使之具有较高的创造性。所以,心理医生对儿童学习困难的干预,要达到的目标就是使智力正常的儿童发挥最佳的技能,发挥潜能,发展自己健康合理的个性,消除人格和行为的障碍,使其更有效地适应社会生活,使其正确地评价自己,认识自己,愉快地接受自己的自然条件,最大限度地控制自己的命运。对学习困难干预的工作方法,是通过测查、分析和观察,以了解儿童行为和能力方面的特点,了解儿童在不同的年龄阶段智力方面各种不同能力的发育程度,以及对儿童由于学习成绩不良而产生的对学习失去信心及学习兴趣下降等问题进行干预,与儿童建立良好的、平等的朋友关系。通过心理咨询和心理疏导、心理训练或药物治疗,使儿童摆脱心理冲突,恢复到平静和愉快的学习中来。对儿童学习中的一些障碍及困难,及时发现加以解决,对孩子的父母给予指导。

2. 对于学习困难儿童心理医生应了解的情况

(1)了解孩子在学习方面的优点和缺点。

(2)学习困难儿童的思维特点将会对其学习产生哪些影响?这些孩子在学习过程中对哪些学习技能掌握比较困难?

(3)对这些儿童是否要进行一些特殊的心理测验以利于诊断?

(4)孩子是否需要特殊帮助?怎样实施这些帮助?

(5)怎样向孩子说明他目前存在的这些问题?家长应持什么态度对待这些儿童?

(6)家长在家里可以进行哪些活动来促进孩子学习能力的发

展?

(7) 目前对于这个孩子切实可行的目标是什么?

心理医生掌握了上述这些情况,就可以对孩子有目的地进行干预和治疗。

3. 分析学习困难儿童所产生的学习技能障碍

根据学习困难发生的时间可导致儿童出现哪些学习技能障碍。学习困难可发生于学校学习的各个时期。各种不良的因素出现越早,作用时间越长,后果就越严重。儿童在学习早期或10岁以前发生的学习困难,常常是基本的学习技能的获得障碍,患有学习技能发育障碍的可能性极大。学习后期学业失败的儿童一般已经掌握了基本的学习技能,主要涉及学习动机的损害和基本技能的应用障碍,可由多种原因导致。但个别可能因为认知能力潜在的特殊缺陷,在学习内容性质发生改变时发生学习困难。如理解空间关系上的特殊能力缺陷,导致孩子的几何成绩较差。

4. 对学习困难儿童诊断及治疗的程序

儿童学习困难是由于多种因素引起的一种复杂的心理障碍。对儿童学习困难的诊治一般采用以下综合措施:

(1) 对儿童要有深入的了解:不只是了解孩子的表面情况,而且要了解孩子的气质特点、人格发展特点、心理状态等。例如,孩子是否好动;孩子做事是否持久;考虑问题是否全面;孩子的注意力、记忆力、意志品质、用脑习惯、智力水平及理想和志向,父母目前的教育方法是否得当、孩子能否接受等。这是改善儿童学习困难的第一步,另外还可以带儿童到心理卫生诊所进行咨询、测查,接受指导。

(2) 客观评价儿童的学习能力:首先对孩子的学习成绩进行分析,弄清哪门功课、哪些内容有困难,然后去心理卫生咨询门诊进行学习能力、智力水平、注意力、社会适应能力和行为问题的测查,给孩子的学习能力作一评价。其中患儿的智力与学习能力并非完

第一章 学习困难面面观

全一致,所以对孩子的学习能力要综合评价。将患儿是因为精神发育迟滞、特殊学习技能发育障碍(如特殊诵读困难)、情绪障碍、行为问题和其他心境障碍所致学习困难区分清楚。

儿童学习困难的分级标准:据我国14省市协作研究有关学习困难评定标准,以水平试卷成绩分级:①严重学习困难:语文、数学平均成绩在60分以下;②轻度学习困难:语文、数学平均成绩在60~70分,但常有不及格者。

(3)开展特殊教育:如果发现儿童有精神发育迟滞及学习能力低下应采取特殊教育。如果孩子为严重的精神发育迟滞,应送患儿去弱智学校;如果是属于边缘性智力的儿童则可以采取特殊的教学方法,如因材施教、兴趣教学、以勤补拙等方法,使其跟上其他儿童的学习速度。

(4)重视非智力因素的开发及培养:大多数学习困难儿童都表现出学习动机不明确,因而在调动孩子学习主动性的同时,要培养孩子的独立性和良好的适应能力,使患儿意志坚强,能够不断地克服学习中的困难。使患儿具有乐于学习、善于学习,有恒心、有耐心、有毅力的学习精神。

(5)重视学习能力的培养:在目前很多学校只是重视具体知识的学习,而往往忽略了学习能力的培养。一些从小背了许多唐诗和认了许多字的儿童上学后学习并不好,由于这些儿童养成了死记硬背的习惯,使他们接受新鲜事物慢,学习不灵活,在刚开始学习时,由于已经积累了一些知识,认为学习并不困难,因而对学习缺乏必要的心理准备,随着所学课程的加深,遇到自己不会时就容易急躁,很容易产生厌学情绪。所以在教学中,还应让孩子不单单死记硬背,而且还要使孩子学会联想、对比、融会贯通地活学知识,会动脑筋、勤动脑筋。另外,还要注意培养孩子良好的注意品质,使其能够专心学习,发展孩子创造性思维及广泛的兴趣和好奇心。

(6)建立良好的亲子关系和师生关系:要改善患儿的学习困

难,就必须创造一个良好的、和谐的学习气氛,特别要注意孩子的心理特点,因材施教,不断地鼓励孩子,创造民主型的家庭模式,激励他们的学习热情。

5. 学习困难儿童的分类

根据学习困难的性质可将儿童学习困难分为一般性、普遍性的各科学业成绩、技能落后和特殊技能发育迟滞。精神发育迟滞必然会出现明显的学习困难及社会适应困难,这里我们不加以叙述,在以后要单独谈到。而边缘性的智力障碍较复杂。因为人的智力是后天学习的结果,智力是学习技能形成和发展的基础,儿童是发展中的个体,如果仅按当时的智力水平不能作为学习困难的惟一解释。

(1)一般性及普遍性学习困难:各门功课学习技能的普遍落后,除了智力因素的影响外,更多的是学习动机的损害和一般心理功能障碍,导致学习技能的发展和应用障碍的结果。

(2)特殊学习技能发育障碍:某项科目和学习技能的局限性障碍及智力结构的异常。

根据学习困难所涉及的技能类型分类:不同课程的科目涉及一种以上的学习技能。基本的学习技能包括:阅读、理解、拼音、计算、书写表达。如算术,不仅需要计算技能,在做应用题时,首先需要能准确的阅读理解,然后需要精确的计算。特殊学习技能发育障碍和学习技能一般性及应用性障碍均可表现为学习困难。因此,应对学习困难儿童做各种学习技能的进一步检查,才能明确诊断。

6. 学习困难儿童家长的指导

心理医生除了要对学习困难儿童进行矫正外,而且还要指导家长正确面对学习困难的孩子。主要应从以下几个方面进行指导。

(1)面对现实,克服侥幸心理:父母要对儿童的生长发育了如

第一章 学习困难面面观

指掌,如果发现孩子动作或语言比同龄儿童迟,要立即去医院检查。精神发育迟滞的诊断,的确令患儿的父母难以接受,但也应当清楚地认识到疾病是客观存在的,比较理智的办法就是正视现实,尽早发现问题,早期干预,早期治疗。越是早期干预,患儿的可塑性越大,否则将会失去时机。

(2)客观评价患儿的智力水平,制定有效治疗措施:如能找到精神发育迟滞的病因,可以对因治疗。边缘性和轻度精神发育迟滞患儿应积极进行早期治疗,早期教育,以勤补拙,这样可以克服孩子脑子笨的情况,而进入正常人的行列。对于中度精神发育迟滞儿童,可以训练其生活技能,掌握生存技能为主。对这类儿童,父母的期望值不能过高,否则会一事无成。对于重度精神发育迟滞儿童主要以康复训练为主,使患儿在别人的帮助下生活能够自理。

(3)指导家长进行必要的心理学知识的学习:家长要熟悉不同年龄阶段儿童的心理特点,客观地了解自己的孩子,对孩子的智力结构、先天优势及不足要有正确的评价,还应了解孩子的个性和发展趋势。要认识到孩子不是缩小了的成人,也不是父母的再版,孩子是一个独立的个体,有他自己的特性。孩子出现了学习困难后,应找心理医生,对孩子的智力结构、记忆能力、语言能力、计算能力、推理能力、想象力、注意力、个性倾向、社会适应能力,做科学地、客观地评价,根据评价的结果进行有目的地培养,并且可以通过特殊教育训练来纠正孩子的智力缺陷和其他方面的不足,或通过一些非智力因素的训练,如进行学习动机的培育,可以使学习困难儿童在学习过程中弥补自己智力上的缺陷,纠正不良个性,使孩子的学习成绩得以提高。

(4)采用药物治疗、对因治疗:患儿学习困难是由于代谢营养或感染中毒等生物因素所致,可对因治疗。常用抗感染药物、解毒剂及补充必要的营养等方法。促进脑细胞代谢治疗:可应用多种

氨基酸、吡拉西坦、脑氨肽、γ-氨酪酸、叶酸等口服药物进行治疗，或肌内注射乙酰谷氨酰胺、静脉滴入脑活素等治疗方法。对症治疗：精神发育迟滞儿童往往伴有精神运动性兴奋，易冲动，攻击性及自伤行为，可采用适量的抗精神病药物，如氟哌啶醇、奥氮平、齐拉西酮等或心境稳定剂丙戊酸钠、奥卡西平、卡马西平等，对伴有癫痫的患儿可以进行抗癫痫治疗。

第二章 提高非智力因素,纠正儿童学习困难

一、学习兴趣缺乏导致的儿童学习困难

咨询案例 10岁男孩,小学四年级学生,爸爸妈妈均为个体户,自己家附近的邻居也都在某市场经商,孩子进入三年级后在班里属于中等偏上,以后到四年级时学习成绩明显下降,第一学期中数学、语文考试均不及格,四年级下学期,孩子对于学习的兴趣越来越下降,经常去爸爸的商店里帮助爸爸,爸爸也经常给孩子以奖励,有时是给孩子买好吃的,有时是给孩子零花钱。时间一长,孩子对经商越来越感兴趣,而对学习的兴趣越来越下降。这样,孩子的学习成绩越来越差,妈妈说他,他却跟妈妈说:"学什么学,真没劲,我爸爸不也是没上几年学,现在照样挣钱,要吃有吃,要钱有钱。"

心理医生认为,这是由于家庭与环境因素引起的孩子学习兴趣丧失。对于这样的孩子,家长应当着重培养孩子的学习兴趣和学习能力。兴趣是指人认识活动所需要的情绪表现,儿童的兴趣虽然已经在幼儿期发生与发展,但是孩子入学后,在学习活动中并不是所有的课程都使其感兴趣且轻松自如地学习的,应当调动孩子的意志活动参与,使他运用意志活动努力迫使自己去学习不感兴趣的课程。许多儿童的学习困难是由于对学习缺乏兴趣所致,这些儿童由于在学业上产生过挫折,因此出现对学习没有兴趣。

兴趣是一个人成功的必要条件,正是由于人们对某一领域感兴趣,才使他们在这一领域中获得成功。德国著名的数学家高斯,从小就对数学感兴趣,因此在数学领域中取得了较大的成就。著名的生物学家达尔文从小就对昆虫感兴趣,所以在以后的研究中提出了物种起源、进化论,从而揭开了物种进化的面纱。因此,人的成功,离不开个人的勤奋和毅力,也离不开深思和浓厚的兴趣。儿童对学习产生兴趣的原因是多种多样的,他们常常由于感到某门功课很有意思,引起好感而产生兴趣;也可以是由于某门功课带有一些神秘的色彩,引起儿童的好奇心而产生兴趣,还可以因为某些知识与自己所掌握的知识经验相矛盾,而激发了求知欲,产生了兴趣;还有的儿童则是由于受到家长和亲朋好友的感染和影响对某一门知识产生了兴趣。因此,虽然一些儿童的学习兴趣具有很大的自发性,但更主要的是依靠家长和老师的培养和教育。心理医生和家长应当从以下几个方面来培养孩子学习兴趣。

1. 了解儿童学习兴趣的发展情况

心理医生和家长要仔细观察和了解儿童喜欢哪些课程,不喜欢哪些课程,不喜欢这些课程的原因是什么,是否是一直都不喜欢,这样可以深入地了解儿童兴趣的发展情况,并做到心中有数,这样可以有的放矢地进行教育和培养。儿童如果对某门功课不感兴趣,感到厌烦,就会出现不同的表现,如有的儿童不喜欢文科,有的儿童不喜欢数理化,有的儿童不喜欢外语、政治等。

2. 分析原因

(1)学习的内容抽象难懂,枯燥乏味。

(2)老师对课程的讲解不生动,缺乏吸引力。

(3)连续在一系列的考试中没有获得好成绩。

(4)儿童的学习目的不明确。

(5)儿童怀疑自己缺乏某一门功课的学习能力。

(6)受外界其他因素的影响。

3. 培养儿童的学习兴趣

根据儿童对学习缺乏兴趣的原因,可以在多个方面来培养儿童的学习兴趣。

(1)可以帮助儿童树立明确的目标和人生追求:一个没有理想的人就像一个没有翅膀的鸟,只有树立远大的理想,才会有为之奋斗的目标。不断努力刻苦的学习是一个人实现自己理想的惟一途径,只有学习才能增长知识,增长才干,才能为实现自己的理想打下坚实的基础。一个人如果一旦确立了其明确的奋斗目标,尤其是自己一生的目标,就会增加自己的学习兴趣。

(2)帮助儿童树立正确的学习动机,激发其求知欲望:由于人的兴趣直接与需要相联系,人的需要越强烈,兴趣就越浓,反过来兴趣也会深刻而稳固的发展为需要,而学习动机则是满足需要的动力,所以要想激发儿童的学习动力,就要激发儿童的求知欲望,并产生满足求知的动机。因此,可以经常地对儿童进行学习目的的教育,引导他们明确学习目的,从而树立正确的学习动机。

(3)采取一些方法让儿童对多数课程感兴趣:应当找一些生动活泼的小问题来吸引儿童的兴趣,并把自己的兴趣吸引到学习上来;有时儿童对学习不感兴趣,可以用新颖的文具把儿童的兴趣吸引过来,这样就很容易培养儿童的学习兴趣。还可以采取灵活多样的学习方式使儿童的学习兴趣得以提高。包括学习小组讨论,知识与现实生活相联系等多种方式来激发儿童的学习兴趣,合理地安排学习计划和作息时间,以避免过度疲劳而带来的对学习的厌倦情绪。另外,还可以在学习中体验自己的学习乐趣,对于自己通过努力学习和辛勤的劳动收获,体验通过学习而产生的乐趣,并以更大的兴趣投入到学习中去。

(4)创造一种良好的学习环境:有学者观察到儿童所处的环境中家长的学习态度,对儿童的学习兴趣有很大的影响。如果父母爱学习,常常与儿童谈学习的重要性,善于给儿童买一些有益的书

籍,这也可以使儿童对各门功课倾注很大的热心,对学习也有积极的热情。家长还应尽量消除学习环境中一些不良的消极因素影响。对于儿童没有学习兴趣时,家长可以运用一些小技巧来激励儿童学习,尤其是在儿童刚放学回家后,则应当让儿童先认真地完成作业再玩,对于这一点千万不能放松或迁就。如果儿童放学一放下书包想玩时,家长可以告诉儿童说:"咱们喝点水,稍休息一下,先做作业,妈妈为你准备了好玩的东西,但妈妈必须看你认真完成作业后才可以给你拿出来玩。"如果儿童说:"妈妈我现在太累,不想做作业。"正确的回答是:"累了稍休息 10 分钟,再做作业。"这样不仅利用儿童感兴趣的玩具来激发儿童的学习兴趣,而且还可以使儿童逐步建立起以学习为主导活动的生活习惯。

(5)保护儿童的好奇心:鼓励他们大胆地提出问题,进行创造性的思维活动,不断地激发他们的求知欲望。对于学习内容枯燥的科目,要向儿童讲清学习的目的和意义,要把儿童的学习目的与祖国的需要结合起来,要使个人的学习兴趣与祖国的需要结合起来,使个人的兴趣服从祖国的需要,使儿童的学习动机向高级阶段发展。

(6)控制学习情绪,使学习兴趣趋于稳定:在培养儿童的学习兴趣的同时,要设法稳定儿童的学习情绪。儿童的学习兴趣具有如下特点:

①容易激发起来,但是却很难以维持稳定。他们的学习兴趣是非常容易受到老师的影响,如果一位老师的讲课非常生动,就会使全班同学兴致盎然,而另一位老师的讲课欠生动,这样全班的兴趣就会一下子降低下来。

②兴趣容易广泛,但难以集中。儿童的兴趣往往非常广泛,往往什么都想学,对什么都感兴趣,今天想学美术,而明天又对声乐感兴趣,缺乏一种中心兴趣。

③容易偏科。儿童不容易理解全面发展的重要性,很容易根

第二章 提高非智力因素,纠正儿童学习困难

据一时的喜爱偏科。

④受教材难度的影响。儿童对学科的学习兴趣受教材难度的影响,如果一门功课太简单,学业负担太轻,就会感到没有学习什么知识,因而缺乏兴趣,如果觉得教材太难,作业过多,就会感到课业负担沉重,就会产生烦躁、焦虑、畏惧的情绪,甚至对学习具有抵触情绪。实际上学习兴趣是学生的情绪在学习上的表现,因此心理医生、老师和家长,一定要注意儿童的学习情绪,应当使他们的学习情绪非常地饱满、积极稳定,这样才能使他们的情绪保持较高涨、强烈和持久。

二、学习能力差导致儿童学习困难

典型案例 11岁男孩,小学四年级学生,父亲是一位医生,母亲是一位护士。自孩子上幼儿园开始,就在学习上需要妈妈帮助,平时上课不注意听讲,每次都需要妈妈在晚上辅导以后才能学会。但是随着时间的延长,课程越来越多,每次妈妈下班后对孩子辅导要持续到10点左右,使妈妈根本没有时间做家务,孩子也非常疲劳。妈妈有时撒手不管,孩子就会出现多门功课的不及格,父母为此经常吵架,妈妈也感到非常疲劳。

心理医生认为,这是一例由于母亲不恰当的帮助使儿童丧失学习能力所产生的学习困难。由于妈妈的帮助使孩子养成了上课不注意听讲的习惯,而一味依赖妈妈在放学后对功课的讲解,这样给妈妈和儿童都带来了巨大的精神负担,并使儿童丧失了学习的能力。对于这样的儿童应注意对其学习能力的培养。

学习能力是指儿童顺利地进行学习所必需具备的技能和技巧。儿童的学习能力,决定着其能否在学校中成功地进行学习的重要条件之一。

怎样帮助学习困难的孩子

1. 让儿童独立学习

家长要把孩子的学习活动变成其自己的独立活动,千万不能对儿童的学习干涉过多,使儿童把学习看成是一项有目的、有系统的专门活动。这样就应当有意识地、积极地调动儿童心理活动的自觉性,使儿童有意识地、自觉地投入学习。同时家长还要耐心地、反复地向儿童强调学习的重要性,并给儿童提出明确的学习任务。家长应当给儿童指出,他具体需要掌握哪些知识,并对儿童的作业提出具体要求,家长可以教会儿童如何尽快地完成指定的作业和学习任务,以及完成这些作业和任务的技巧及方法,如怎样观察、怎样思考,使儿童在学习上具有明确的目标、学习方法实用可行,积极主动地去克服学习中的困难,自觉地完成学习任务。家长对儿童的独立思考能力应当有正确的认识,不要以为儿童聪明就一定善于思考、独立思考。其实,聪明的人有时会懒于思考或者是拙于思考,由于聪明,有些答案常不假思索地就能说出,对于一些聪明的儿童,由于他们经常受到周围人的夸奖,使这些儿童不愿意再进行深层次的思考而满足于现状。

在日常生活中应在以下几个方面对儿童的独立思考能力进行训练。

(1)利用各种机会给予儿童进行独立思考的训练:当家长给儿童讲故事时,要结合故事的内容对儿童进行提问,引导及启发儿童进行思考,给儿童提出个小问题,让儿童进行思考。

(2)经常有意识地创造有助于儿童思考的环境:家长要利用茶余饭后的各种时间,采用闲聊、说笑话、机智回答、脑筋急转弯等各种方式来刺激儿童思考,在儿童希望获得某种喜爱的东西时,要先给儿童提一个小小的问题让其回答,这样有助于训练儿童独立思考的能力。

(3)全面思考:可以采取分析利弊得失的方法来全面思考,这种思考方法,可以使儿童学会对任何问题考虑各方的优缺点和值

第二章 提高非智力因素,纠正儿童学习困难

得参考的地方。通过这样独立思考训练,使儿童发现一些显而易见的答案未必是最好的答案。

(4)归纳推理:这种思考方法又称为举一反三法,可以使儿童思维的逻辑性大大地提高。

(5)标新立异:帮助儿童练习标新立异的思考方法,要使儿童了解标新立异可以使人类不断进步,家长要鼓励儿童丢掉墨守成规,对一定之规敢于提出异议,并把这种行为当做自己的习惯。

(6)保持语言精确:在日常活动中要经常鼓励儿童语言精确,在讲话时就要注意用词要精确,说话条理要分明,这样时间一长可以有利于儿童思考能力的提高,有助于使自己的思维更加提高,感觉敏锐,思维清晰。

(7)类比优选:鼓励儿童注意倾听各方面的意见,并考虑不同的观点,从中优选。

2. 充分运用自己的智力来学习

学习能力的培养,要注意让儿童充分利用自己的智力来进行学习。如计算时,儿童没有掌握技巧,只是用手指头来计算,这样学习效率是非常低下的。所以,应当培养儿童用脑计算的技巧,这样儿童在学习过程中,可以充分发挥其的智力活动,从而提高学习的能力和学习效率。

三、记忆力差导致儿童学习困难

咨询案例 13岁女孩,初中一年级学生,爸爸是会计,妈妈是工人。孩子在小学时学习成绩较好,上初中后由于学习功课较多,因此感到学业负担过重,经常记不住所要记住的功课,有时背一天也记不住几页书,因此感到苦恼,认为自己的记忆力差而就诊。

心理医生认为,我们每个人在一天中总是有意和无意记忆一些事情,记忆在一个人的学习过程中是一个不可缺少的重要因素,

没有记忆就不能进行学习。尤其是对中学生来,学习任务是非常繁重的,每天所需要记忆的知识很多,如何提高和保持自己的记忆力对于提高儿童的学习效率和学习成绩是非常重要的。掌握良好的学习技巧对于提高自己的记忆力是非常重要的,甚至可以起到事半功倍的效果。由于记忆力有其自身的规律,所以要想提高学习效率,培养和发展自己的记忆能力,就要依据记忆的规律来加强自己的记忆力。儿童可以通过以下方法进行记忆:

1. 理解性记忆

对于一条定理和古文的记忆,应在理解的基础上进行记忆,如果我们能理解它的意义,这样记忆起来要比死记硬背快而持久。所以可以对所要记忆的功课充分地理解,首先要记住它的含义,然后再记忆其内容。以理解为基础的意义识记,对记忆的全面性、精确性和巩固性有益,要比单纯的、机械性的识记效果好。

2. 提纲式记忆

对于较长的记忆材料,可以在理解的基础上,把学习材料进行归纳和系统化,根据记忆材料的内容大意进行总结,列出若干个提纲,分开记忆,这样可以使自己的记忆思路清晰,容易记忆,并增强记忆的效果。在学习时,要有选择地记忆,掌握重点和难点的内容进行记忆,因为知识浩如烟海,记住关键的部分就行。还可以根据记忆材料的某些特点来列表,把一些无规律的材料转化为有规律的材料,这样可以有助于记忆。

3. 重复记忆

心理学研究证明,在其他条件相等的情况下,记忆的强弱与其练习的次数成正比。练习的次数越多,越能加强其印象。在日常生活中许多记忆的材料就是因为缺乏反复的应用而遗忘。许多记忆材料就是因为经常重复,而获得印象深刻。在心理学上人们将记忆分为3类,即瞬时记忆、短时记忆、长时记忆。在学习时往往首先是瞬时记忆和短时记忆,这两种记忆如果得不到及时地复习

就会被遗忘,不能形成长时记忆。因此及时复习,会使瞬时记忆、短时记忆变为长时记忆,可以使记忆内容更为持久而不易被遗忘。复习有助于知识的巩固和理解、运用,并可以使短时记忆向长时记忆的方向转化,但是复习一定要依据记忆和遗忘的规律来进行复习。要注意:复习要及时,遗忘后去复习实际上是一个重新学习的机会,一般在学习新材料后 24 小时内进行复习是有益的。如果时间过长由于完全遗忘则会使复习的时间过长,这样就会浪费时间,而在 24 小时内去复习则会省时省力。另外,在复习时必须是多样化,运用多种感官进行复习,因为单调的复习方法会使人产生厌倦情绪和疲劳感。在复习时可以运用回忆和反复阅读相结合的办法进行复习。在一个可以科学地分配学习的时间,在刚开始复习时,最好要集中复习,因为过分的分散复习容易产生遗忘,随着复习时间的延长可以采取分散复习的办法,但是注意在刚开始时,不要间隔时间太长,以后要逐渐延长。

4. 对比记忆

将一类所需记忆的内容放在一起,归纳出它们的共同点和不同点,相互进行比较记忆。

5. 联想记忆

在记忆材料时,充分发挥自己的想象能力,将所要记忆的内容与自己已经知道的一些事情联系在一起进行记忆,也可以用一些相似的形象和谐音进行记忆,这样的记忆较为快捷和牢固。此外,还可以进行意义的关联记忆,学习的材料越有意义,就越容易记忆,对于一些没有意义联系的材料,可以用合辙押韵的口诀组织起来,这样也可以达到增强记忆的效果。

6. 穿插记忆

长期学习同一科目的内容,容易使人的大脑产生疲劳,因此在记忆一段时间后,可以休息一下,更换其他科目的内容,这样可以有效减轻大脑的疲劳,提高记忆的兴趣和记忆的效率。

7. 多感官记忆

在记忆时,可以利用多个感官进行记忆,可以应用听、看、读、写并用的方式,这样可以提高记忆的速度,减少遗忘。

8. 选择记忆高效率的时间

一般来讲,人在清晨和晚上的记忆效率较高,清晨醒来,经过一夜的休息,头脑较为清晰,记忆的效率比较高。而有的人则在夜晚的记忆效率高,这是因为夜晚较为安静,注意力容易集中。记忆的大部分是受注意力的影响,学习时人的注意力越强,则记忆深刻。如一个人如果聚精会神地看一个记忆材料,所观察的印象就能保持得较为持久;如果是视而不见,采取所谓的无动于衷的态度,就很难获得长久的记忆。儿童可以根据自己的学习习惯,选择适合自己的学习时间,来提高记忆效率。

9. 情节生动加强记忆

在学习时,内容越生动,记忆则越深刻、越持久。如老师在上课时风趣生动,课堂内容丰富,就容易记得牢。通过直观形象的记忆可以把抽象的概念与形象的经验联系起来,把理性和感性、把理论和实践联系起来进行记忆。

10. 有目的的记忆

有明确目的的记忆,会使人的大脑处于积极的兴奋状态,使人的注意力高度集中,对外界的信息反应敏捷,记忆清晰。在实践中我们可以发现,有目的的记忆,在学习时只要阅读两遍,比随便阅读10次的记忆效果要好得多。

11. 机械记忆法

机械记忆法也就是背诵记忆法。在开始复习一个材料时,先试着背诵而不去看材料,也就是背背读读的方法,读背结合,这样在学习时,可以发现重点,提高记忆力。

第二章 提高非智力因素,纠正儿童学习困难

四、不愿意动脑子引起的儿童学习困难

咨询案例 10岁男孩,小学三年级学生,妈妈说孩子非常聪明机灵,小时候很可爱,妈妈把满腔的期望都寄托在他的身上,曾经想象孩子将来一定会比自己强,孩子会有所作为的。但是,近来妈妈发现孩子在学习上根本不肯自己动脑子,学习成绩逐年下降,三年级下学期语文及数学不及格,孩子的心也变得越来越野,每天必须是妈妈逼着他写作业,即使是这样,孩子的作业上也是满篇大大的"×",妈妈哄他、骂他、打他等方法都用了,但这个问题仍然未解决,相反孩子对妈妈的抵触情绪非常大,并对妈妈疏远和淡漠了。

心理医生认为,孩子遇事不肯动脑子是一种常见现象,主要有以下几个方面的原因:

1. 智力因素

有些孩子虽然看起来不像是傻孩子,但其智力却有问题。孩子的智力水平不像一般疾病那样具有无或有的概念,智力介于正常水平与低下之间有一个移行部位,心理学家称这部分孩子为智力的边缘状态儿童。而智力处于边缘状态的孩子,往往给人一种貌似聪明,但不爱动脑筋的印象,很容易发生学习困难以及其他学习问题和其他心理障碍。对这类儿童应尽早到医院进行智力和社会适应能力的检查,尽早发现其智力问题。对这些边缘智力儿童,妈妈应积极引导他们发挥其非智力因素,并给予恰当的教育,防止学习困难的发生。

2. 社会适应能力差

一些学习很好、很聪明的儿童,但是其社会交往能力差,遇事不爱动脑筋,在受溺爱的独生子中比较常见。这是由于父母过分溺爱、过分保护,一切替孩子包办,导致了这些儿童遇事不爱动脑

筋,使其独立性和创造性都很差。这样,同样可以导致儿童学习困难的发生。

3. 其他因素

一些患有精神疾病的儿童,生活懒散,精神衰退,遇事不爱动脑筋,这种情况同时还伴有一些怪异行为和想法,有时甚至荒谬离奇。这种情况需要找心理医生及时诊断治疗。对于这样的儿童家长千万不能着急,首先要了解儿童的心理状态,一个看上去很聪明及很调皮的儿童,其实也有自尊心,也具有被别人尊重的欲望,那么家长对儿童不应当是管教,正确的做法则是培养。由于管教是一种强制措施,现在儿童成熟早,发育快,接受周围的信息多,所以他们独立的欲望非常强,但是儿童的思考能力却相对较弱,一味地管教可以引起儿童的抵抗心理,使儿童与家长疏远,并且心地变得越来越野。那么,在这种管教下,孩子非常希望得到解脱,所以他们尽可能地消耗时间。家长在儿童的教育过程中,应当启发儿童的热情,鼓励儿童的主动探索精神,多与儿童交流,尤其是朋友式的交流,如让儿童做作业时,不要说:"孩子,你该做作业了。"而应当说:"孩子,你现在有什么打算?"这种与儿童商量的口气,使儿童乐于接受。对儿童用商量的口吻进行引导,平等地征求儿童的意见,这不仅能够满足儿童"独立"的欲望,而且使其的自我意识增强,使他们能够独立地对自己的时间、自己的生活及学习好好地想一想,并能够主宰自己的生活。家长应努力帮助儿童营造一个良好的学习气氛,如果儿童有几个喜爱学习的小朋友,这可以使其对生活感兴趣,家长应当经常抽出时间来与儿童谈一谈他的小伙伴,谈一谈儿童学校的生活,谈一谈他们的班集体,这样可以对儿童产生积极的影响,可以使其感到自己被家长所注意,所关心,并且能够激起儿童学习的积极性,激起其内在的动力。家长应当努力关注儿童的始终,发现儿童的优点及其积极方面,要及时而真诚地给儿童赞扬,并努力帮助其面对学习中的困难,引导儿童进行思考,

第二章 提高非智力因素,纠正儿童学习困难

学会主动借鉴他人,面对问题,解决问题。对儿童在现实生活中表现出来的可爱地方,及时地赞赏,这样可以尝试着成为儿童的朋友,帮助儿童克服不动脑子的不良习惯。另外,家长还要经常与老师进行联系,因为学校和家庭是不同的团体,儿童在学校要学习许多功课,要遵守复杂的校规,还要与跟爸爸、妈妈不同的老师以及个性不同的小朋友打交道,所以家长一定要及时了解儿童对学校环境是否适应,通过与老师交谈,使家长很快地了解儿童在学校的情况,这样可以有效地帮助儿童减少困扰,顺利发展。

五、学习效率差导致的儿童学习困难

典型案例 13岁女孩,重点中学的初中一年级学生,父母均为技术人员。孩子在小学时学习成绩较好,多在班里考前3名,上初中后发现自己的学习成绩在班里仅为中上等,于是着急,每次学习与复习比别的同学用的时间多,但是感到学习效率不高,每次学习后感到脑子里一片空白。因为学习效率不高而到心理医生处就诊。

心理医生认为,这是因为学习压力大而引起的学习效率不高。因为女孩在小学时是一个优秀的学生,因此到了重点初中后,学习上不再拔尖,这样或多或少会给自己的心态造成影响。因此,要想提高学习效率和学习成绩,首先要调整好自己的心理状态,既要重视目前各门功课的学习,又不能因为学习成绩没有在前几名而自卑,缺乏学习的动力。如果自己确实存在着心理压力,在学习时,可以因为心情的过于紧张而出现注意力的不集中,脑内的杂念丛生,对学习顾虑重重,这样势必影响学习效果。其实这样的学习心态是完全没有必要的,必须改变这种状态,在平时的学习过程中,保持平静的心理状态,不要把考试成绩看得过于重要,要面对自己的现实,在每次的考试之后,分析一下自己在学习上的问题和不

足,了解自己的优势所在,然后制定切实可行的复习计划。在复习时,可以用较短的时间将所学习的理论知识复习一遍,最好能够列出提纲,这样对自己的复习就会有所帮助,可以帮助自己记忆,理清思路,加深对所学知识的理解。然后练习做题,以检验自己所掌握知识的程度,并在做题的过程中检验自己哪方面的知识还掌握得不牢靠,然后有针对性地进行复习。对于不熟练的习题最好多加思考,做完后加以标记,隔一段时间再进行练习,这样可以大大地提高学习效率。在学习的过程中,还要取得家长的支持和帮助,共同创造一个良好的学习环境。自己要安排合理的作息时间,避免在学习上采用疲劳战术,适当地参加一些娱乐活动和体育活动,及时放松一下心情,这样可以有利于提高学习效率。要尽量避免不必要的外界干扰,注意在学习过程中维持正常的人际交往,不要因为过多的矛盾和人际烦恼而分散自己的精力,影响学习效果。

六、精力差与疲劳引起的儿童学习困难

典型案例 14岁男孩,初中二年级,个性非常要强,经常想超越别人,因此在别人休息时也在学习,晚上回家后除了完成老师的作业,还完成自己找的一些习题。每天学习时间超过12小时,但学习成绩不但不升,反而下降,并且出现疲劳、精力差,学习效率低下。

心理医生认为,这是由于学习负荷过大而引起的精力差、疲劳,进而导致的学习困难,该男孩由于个性要强,不允许自己在学习上有一点瑕疵或延误,为了维持自己学习效率,还带来一些问题,如精神差、疲劳、记忆力减退、注意力不集中,并导致学习困难。其实,一张一弛才是学习之道,那种"打持久战"、"消耗战"的学习方式是不可取的。当学习效率低下时,可以放下功课,放松一下,休息一下,这样再学习时就可能获得更好的效果。

第二章 提高非智力因素,纠正儿童学习困难

1. 导致儿童精力差、疲劳的原因

(1)性格因素:具有争强好胜、追求完美的特征,在学习上非常投入,几乎不愿意或没有任何业余爱好与兴趣。希望获得更多的知识,学习上非常专注。

(2)与情绪有关:情绪易波动,易烦躁,易怒,时而感悲观沮丧,难以控制自己的情绪。

(3)学习安排不合理:学习时间过长,不能做到劳逸结合,即使是很疲劳,仍坚持学习。

2. 精力减退、疲劳导致学习困难的征象

(1)记忆力减退。

(2)心算能力越来越差。

(3)做事常后悔,易怒,烦躁,悲观,难以控制自己的情绪。

(4)注意力不集中。

(5)睡眠的时间越来越短,醒后感觉不解乏。

(6)经常头晕、耳鸣、目眩。

3. 预防及改善措施

(1)避免超时学习:因为超时学习会导致亚健康状态,也就是上述症状。

(2)不轻易颠倒生物钟:睡眠是消除一天学习后所产生疲劳的主要方法,如果剥夺了后半夜的睡眠,对人的身体健康有很大的影响。

(3)警惕身体不适:当出现头痛、胸闷、耳鸣、目眩、睡眠障碍、健忘、烦躁易怒、食欲减退时,则应保持高度警惕,应采取措施化解。

(4)改善措施

①保持心情舒畅。在学习之余要有兴趣爱好,学会调节生活,多与人交往,开阔视野,增加精神活力,让紧张的神经得到有效的松弛。

②坚持体育锻炼。运动不仅能增强心肌收缩力,增加机体免疫力,还可以加快人体新陈代谢,消除疲劳。

③合理膳食。要多食用富含维生素 C 的食物,如油菜、小白菜、橙子、葡萄汁、西红柿等;多食用富含维生素 E 的食物,如花生、杏仁、核桃等。

④注意睡眠质量。出现疲劳感,一定要注意睡眠,尤其是要放下学习去睡觉,不要再开夜车。这样积极地休息后,可以明显提高学习效率。

⑤适当娱乐。当学习疲劳了,可以换一种方式让自己放松,如与别人交谈、看窗外风景、闭目养神、赏花、听音乐等,这些都是消除疲劳的好方法。

七、注意力不集中引起的儿童学习困难

典型案例 9岁男孩,小学三年级学生,老师反映孩子上课不注意听讲,东张西望,有时回家后连老师留的作业也都记不下来,做作业速度也非常慢,边玩边做。

心理医生认为,上课走神就是儿童的注意力不能集中在学习上的一种表现。主要表现为上课不专心听讲,稍有动静就东张西望,人在教室心已经飞到外面去了。注意力不集中常常是导致儿童学习困难的主要原因。

1. 导致儿童上课爱走神的原因

(1)神经系统发育迟缓:注意力等心理活动的基础是神经活动。神经系统成熟的延迟和大脑功能失调,都有可能导致儿童的注意力不集中,表现为上课时爱走神。

(2)个体差异:儿童的气质特征受遗传影响,有些儿童活泼好动,兴趣广泛,做事常有始无终;而另外一些儿童则很有耐心,兴趣专一,喜欢安静。所以,针对儿童的气质特征,老师可以为他多创

第二章 提高非智力因素,纠正儿童学习困难

造一些合理的活动机会,这才是预防儿童上课走神的一个好办法。比如在一节课中间,在儿童出现坐不住及走神的现象时,老师可以讲一个笑话,或者叫坐不住的儿童起来回答问题,甚至让他上讲台擦黑板活动,这样再次进入紧张的学习时,可以使儿童重新专心起来。

(3)智力因素:精神发育迟滞可以对儿童的心理活动造成很大的影响,使其注意力涣散,患儿不能理解老师讲话的内容,不能随老师的思路去思考,常表现为爱走神。特别是一些不容易发现的边缘性智力障碍者更是如此。

(4)心理卫生问题:心理卫生问题也就是一些非智力因素,也可以使儿童出现上课走神和学习困难。其主要因素包括志向、兴趣、毅力等方面,这些都受家庭和社会风气的影响。这一类儿童表现为情绪不稳定、焦虑、恐惧及行为和品行问题,如厌学、逃学、说谎、偷窃等,甚至严重的精神疾病,上课也容易走神。

(5)不良的教育模式:这主要是由于家长不适当的或过高的期望值所引起的,使儿童的思想过度紧张,导致儿童厌学,主要表现为上课走神或打瞌睡。另外,一些老师不考虑儿童的心理承受能力,不根据儿童的心理特点和注意力时间的长短,采用满堂灌的教学方法,也是导致儿童上课走神的一个重要原因。

(6)躯体疾病:由于目前饮食过度精细,并且大量的零食中含有色素和食品添加剂,使儿童体内维生素和微量元素缺乏,导致儿童贫血、营养不良,使得这些儿童上课走神。

2. 改善的方法

许多家长对儿童上课走神非常着急,通常可以采取以下措施使儿童上课走神的情况得以改善。

(1)因材施教:根据儿童的气质特点正确地进行引导,并根据儿童的注意力特点进行培养,逐步提高其注意品质。强化儿童的有意注意,使有意注意和无意注意交替进行。

怎样帮助学习困难的孩子

（2）明确学习目的，激发学习兴趣，加强责任感：家长要注意对儿童的教育要形象生动、灵活多样，这样可以逐渐提高儿童的学习兴趣。

（3）提供专心致志的学习环境：尽量减少周围环境中的噪声，在学习环境中避免不适当的摆设，防止儿童受这些摆设的影响，只玩耍而不抓紧时间写作业。家长要以身作则，不要在儿童学习的时候自己玩、看电视。而应当拿上一本书，坐在儿童的旁边陪伴着儿童一起学习，用自身的行为教育和引导儿童，为其树立榜样的作用。

（4）培养儿童的自制力：除了在儿童学习时，采取一切措施来排除外来的干扰，还必须努力培养儿童内在的自制力，让儿童善于控制感情，约束自己的行为，克服内外干扰。

（5）行为矫正：鼓励儿童认真学习，奖励程度应随儿童坚持埋头学习时间的长短而定。要注意开始不要要求过严，否则儿童难以做到。还可以采用家长与儿童比赛安静学习的方法，或让爱走神的儿童与邻居家的一个儿童一起学习，表现好了有奖励。这样一个儿童获奖，可以使另一个儿童增强对自己的控制能力。还可以采用放松训练的方法，这种方法可以帮助儿童学会有张有弛地学习，以提高学习效率。对于易忧虑、紧张、没有安全感的儿童应进行必要的社会支持。儿童有了安全感以后，就容易安心，坚持学习，不会受到外界的干扰。还可以采取肢体接触帮助言语督促，一般在儿童分心时，经家长的提醒即可引起注意，但有些儿童不能耐心听家长讲话，这时家长可以轻轻用手抚摸儿童的肩头，或拉着儿童的手对他讲话，讲完后再问儿童，家长给他讲了什么，如果儿童回答不出来，家长再和蔼地讲一遍，直到儿童真正听进去为止。这种肢体语言的接触，帮助言语督促，对培养儿童的注意力非常有效。

八、不科学的学习方法引起的学习困难

典型案例 15岁女孩,初中三年级学生。平常学习非常刻苦,在学习上付出的时间很多,哪怕是下课时间也不肯休息,生怕自己的学习成绩被其他同学超过,于是晚上加班加点学习,周六与周日参加各种补习班和英语班,刚开始学习成绩较好,但是随着时间的延长,女孩出现疲劳,精力不足,学习成绩有所下降,学习效率也明显低下。

心理医生认为,这是一例非常典型的不科学的学习方法而引发的学习困难。这些不科学的学习方法虽能短期提高学习成绩,但不能长久,相反由此而引起精神力不足,从而导致学习困难。

1. 科学的学习方法

(1)学习上一张一弛:不要把全部精力和时间都放在学习上,尤其是当学习效率下降时,不如停一下,参加一些娱乐活动,如打球或听音乐,当感到身体疲劳去除后,再进行学习。

(2)按照学习进程学习:上课时认真听讲,记笔记,在家要认真独立写作业,对下面的课程进行预习,对学过的进行复习,自学新的课程。实际上,只要按照学习的进程进行学习,就可以不必再参加各种学习班,否则将把孩子的身体累得疲惫不堪,这样反而导致学习效率下降。

(3)遇到学习中的问题及困难,一定要请教老师和同学。

(4)如果完成一个学习目标,则给孩子一个适当奖励。

2. 学习技巧

为了改善学习方法,要充分了解自己的特点,认识自己的长处及不足。此外,还可以借鉴古今中外的学习经验和方法,并在实践中加以应用。

九、意志品质差引起的学习困难

典型案例 12岁男孩,初中一年级学生,自幼聪明伶俐,学习成绩很好,但每天只坚持上课,放学后从不学习,在小学时还能应付,上初中后仍采取原来的学习方式,但感到明显吃力,在期中考试时有一门功课考了80多分,对学习产生了畏难情绪,于是回避学习,经常在电脑上打游戏。刚打游戏时,承诺只玩1小时,但常常达3~4小时,不愿意把时间放在学习上,并产生厌学情绪。

心理医生认为,这是由于孩子意志品质差而导致的学习困难。许多孩子在小时候由于学习内容相对简单,常常凭着自己一点小聪明来学习,从而没有养成刻苦学习的心理品质,因此意志不坚强,容易受到外界影响和引诱,从而不能完成学业。

1. 心理品质差的特点

做事没有持久性、稳定性,付出后希望即刻有所收获,一旦没有收获就想放弃自己的努力。遇到困难甚至小问题也退缩,对自己的行为缺乏控制,不能坚持艰苦的学习,容易被外界的事物诱惑,缺乏责任感,在学习中怕吃苦,怕学习难,只能做简单的作业题,不能做难题。此外,心理脆弱,抗挫折能力差,任性十足,感情用事,生活能力差,这些都是学习的阻碍。

要知道,学习是一个非常艰苦的劳动过程,在这个过程中需要不断地迎接困难的挑战,不断地战胜困难,否则没有坚强的意志品质是不能搞好学习的。

2. 儿童意志薄弱的原因

家长过分娇宠孩子,对孩子的要求百般满足,对孩子衣食住行包办代替,生怕孩子受到磨难。这样一来,养成了孩子意志品质脆弱,抗挫折的能力差。

第二章 提高非智力因素,纠正儿童学习困难

3. 如何培养儿童坚强的意志

意志对儿童的情感及行为具有重要的调节作用,意志是转化行为的关键内部因素。因此,要想把儿童培养成有用的人,就必须用意志来克制其自己的行为。

(1)培养孩子的生活目标:要培养孩子树立明确的、端正的、稳定的生活目标,简单地说"我要成为一个什么样的人","我将来要过一种什么样的生活"。树立了明确的远大的生活目标后,才能转化为强大的意志动力,才能使其克服重重困难,走上一条成功之路。

(2)激发儿童实现目标的强烈责任感:只有明确的目标是不够的,还要有强烈地实现目标的愿望及责任感,这样的愿望和责任感可以提高他们的意志力,增强在学习中战胜困难、奋力拼搏的勇气及力量。

(3)调动儿童积极健康的情感:积极良好的情感对一个人的意志品质具有良好的支持作用,如人在愉快的时候往往不畏惧困难,并且具有战胜困难的勇气。而人在沮丧时,则提不起精神,甚至有一点小困难就退缩。因此,要注意帮助儿童培养积极的、健康的情绪,引导其克服消极的、不健康的情绪,使其保持旺盛的学习热情来坚持学习,直至获得成功。

十、紧张不安情绪引起的儿童学习困难

典型案例 11岁女孩,小学五年级,平时学习成绩不错,但不论是上课提问,还是阶段测验、期中及期末考试,都感到紧张和焦虑。做题时犹豫不决,总想回答全面,但越是如此越不能很好回答,而且学习成绩越来越下降。

心理医生认为,这是由于性格中的焦虑紧张情绪所致的学习困难。在学习过程中儿童的情绪稳定性是非常重要的,一般来讲

紧张不安的情绪对于学习是很有妨碍的,其主要是由于儿童过分地担心学习成绩不理想,担心家长责备、老师批评、同学们嘲笑。一般来讲,这些孩子非常爱面子,因此无论是回答老师的提问,还是在正常的学习过程中,或是在考试过程中,都表现为思想难以平静,知觉范围变窄,思维慌乱或迟缓,无法松弛下来。还有的孩子则是由于心理素质差,在考试、升学等持久及过度的压力下或家长过度的期望值下,孩子过分争强好胜,曾经有多次学业失败经历后而导致,或是由于儿童急切想摆脱学习失败的焦虑心情而导致。此外,紧张不安的情绪往往可以导致水平发挥失常。

改善的方法是先弄清楚自己紧张不安的原因,再进行针对性的克服。

(1)改变认知:如果是由于急于摆脱自己学业成绩不良而引起的,并不是该记住的没有记住,该理解的未理解,则不如放松一下,进行一些娱乐活动,这样往往可以使紧张不安的心情放松下来,设定一个长远的目标,使自己学习成绩在6~12个月追上来,不看自己的成绩,只注重自己是否学习和理解了知识点,这样可以逐渐克服紧张不安的情绪。

(2)肌肉放松法:主要是通过肌肉、骨骼关节和呼吸的放松以及神经的放松来降低机体能量的消耗,从而达到控制情绪强度的目的。对于儿童可以应用想象性放松方法,可以采取各种舒适的位置,在心里默默念着指导语:"我很放松,安静","我很舒适,我的全身肌肉在慢慢地由下而上地放松","我休息得很好,我感到全身都是劲,我很愿意参加各种学习活动",这种肌肉放松的方法不仅适用于学习及考试过程中过度紧张不安或过度兴奋的孩子,也适用于考试后心情抑郁、疲乏的孩子。在进行放松训练时要注意调匀呼吸、身心入静和肌肉放松。

第二章 提高非智力因素,纠正儿童学习困难

十一、考试焦虑引起的儿童学习困难

典型案例 11岁男孩,五年级学生,孩子自幼学习较好,也较争强好胜,孩子的记忆力较好,从上小学三年级考试,参加数学奥林匹克学习,深受数学老师的器重,以后每逢市里奥林匹克竞赛,均被选拔进行比赛,在每次参加数学竞赛时,老师都要布置大量的作业,这样增加了孩子的学习负担。另外,在每次的考试中,孩子都害怕在竞赛中失利,辜负了老师对自己的期望,所以心理压力非常大。久而久之,孩子对这类考试很反感,但他也知道参加这种考试是学校和老师对自己的器重,许多同学想参加还没有这种机会,因此他一点也不敢违抗,并且一刻也不敢放松地抓紧准备,但是住处的楼下有一个菜市场,很早就开始有动静,到晚上8~9点还有噪声,这样常常严重地影响孩子的复习,导致孩子的烦躁不安、焦虑、郁闷,并使自己的复习没有按原定计划完成,第二天上考场,孩子的思想压力非常大,考试时身体疲劳、出汗、头脑混乱、学习成绩一塌糊涂。以后每次遇到考试,孩子就紧张、焦虑、烦躁、出汗、头脑混乱,有时脑子里一片空白,有时在考试前又出现失眠,孩子学习效率大大地下降,学习时注意力不集中,思维能力下降,孩子学习效果也较差,尤其害怕数学考试。

心理医生认为,考试焦虑实际上是由于孩子对考试所引起的一种紧张状态。在日常生活中,我们时常会产生紧张心理,一些因素如外界环境、人际关系、家庭纠纷、身体疾病等,均能使我们处于脑力及体力的紧张状态中。紧张就是指人的精神处于一种压力之下,而出现的局促不安。患考试焦虑症的孩子往往把考试当成一种威胁,因而产生紧张、忧虑、神经过敏和情绪冲动。孩子在考试前和考试中,常易产生焦虑现象。

 怎样帮助学习困难的孩子

1. 考试焦虑的原因

(1)对升学考试的应激反应：考试，从某种意义上讲，决定着老师及同学对儿童的评价，也决定着一个人将来的前途和命运，所以在应考前必有种种复杂的心理出现，会产生紧张的情绪，尤其是在复习时，儿童对这种应激就已经开始产生反应了。

(2)对考试成绩不好的预期性担心：除了担心自己的考试成绩不好以外，还担心别人对自己的评价，担心自己的形象会受到影响，担心自己的前途。这种预期的焦虑和担心显得尤为明显。

(3)平时积累的不足：平时学习不踏实，知识掌握不牢，临考就会紧张、害怕、无所适从。

(4)儿童平素具有焦虑性性格：也就是说遇到大事小事都容易紧张、焦虑。

(5)精神上的压力：一方面由于时间紧、复习任务重、竞争强，考试总是处于高度的紧张中，不能放松，常常陷入疲劳的困境，造成精神上极大的压力。另外，还有来自外界的压力，这种压力往往出现在优等生身上，因为他们在班里及学校是拔尖者，老师、家长及亲朋好友对其抱有极大的希望，对他们的要求高。而他们自己也有较大的压力，他们有以下担心：担心学习落后于同学之后遭到他们的耻笑；担心成绩不佳，辜负老师的期望；担心自己的成绩不如家长之愿，自己对不起他们为自己付出的一切。上述心理负担使他们不能进入正常的学习状态，使得精力不集中，学习效果也差。

(6)自信心不足：在考前和考试中，信心不足，易产生害怕、焦虑、紧张、不安情绪，考试焦虑水平高。

(7)自我要求太高：抱负水平高者，目标定得高，对自己要求严，而实际能力水平低，考前和考试中容易产生焦虑情绪。

(8)缺乏经验：缺乏考试经验的考生容易产生焦虑。

2. 儿童考试焦虑时主要表现

(1)心理上的表现：常怀疑自己的能力，忧虑、紧张、不安、失

第二章 提高非智力因素,纠正儿童学习困难

望、行动刻板、记忆受阻、思维迟钝。

(2)生理上的表现:考试焦虑的儿童常常有血压升高、心率加快、面色苍白、出汗、呼吸加深加快、大小便增加,有的儿童在考试前20分钟内上4～5次厕所。如果上述表现时间过长,会出现坐立不安、食欲减退、睡眠异常,从而影响儿童的身心健康。

3. 考试焦虑的调整

(1)家长首先应当帮助儿童坚定战胜考试焦虑的信心,不要为出现考试焦虑而紧张。要认识到适当焦虑,可以使儿童努力学习,沉着应考,以提高考试效果。如果儿童没有一点焦虑,就会缺乏动力,难以提高考试成绩。

(2)家长还要帮助儿童在平时要打好学习基础,学习要有计划,复习的目标要具体,难度要适中。

(3)家长还要帮助儿童合理安排作息时间,注意劳逸结合,尤其是在复习考试阶段,一定要保持充足的睡眠。否则,到考场后会头晕脑涨,容易的题往往变成难题,熟题变为生题,并因此而出现紧张及焦虑。

(4)根据儿童以往的习惯,找出儿童放松自己的方法,如在考试前领儿童散散步、听音乐、打篮球等。培养儿童广泛的兴趣和爱好,多参加集体活动和体育锻炼,在分散注意力和增强体质的同时,逐步提高心理适应能力。

(5)嘱咐儿童不要将注意力放在身体不适上,要接受现实、正视现实,即使身体不适,也应坚持学习,做自己应当做的事情,而不要总想着摆脱焦虑。

(6)家长应当教孩子学会几种自我调适方法。

①自我放松。在音乐伴奏下,让儿童坐在一个舒适的位置上,依次用力将拳头握紧后再放松,牙齿咬紧后再放松,皱眉后再放松,脖子挺硬后再放松,下肢用力伸直后再放松。在做上述动作时,要仔细体验一下紧张与放松的不同感觉。每次练习半小时,直

到能够随意将身体的任一部位放松为止。以后再有焦虑情绪时,就可以这样慢慢地放松,这样焦虑就可以慢慢地得到缓解。

②大笑。可以通过听相声、看小品的办法,达到使人发笑的目的。当儿童大笑的时候,他的心肺、脊背和身躯都得到快速锻炼,使孩子的胳膊和腿部肌肉受到刺激。大笑之后,可以使血压、心率和肌肉张力降低,从而使人放松。

③深呼吸。当儿童出现焦虑时,往往心跳加快,呼吸变得短而急促。如果在此时进行缓缓的深呼吸,几乎可以立刻静下来。深呼吸的方法是通过鼻子慢慢地吸入空气,使胃和胸腔扩张,然后从鼻子呼气,同时默默地说放松。在学习与复习期间,抽出几分钟做深呼吸,可使其减轻焦躁情绪。

④六秒钟健身法。其方法是:什么也不想,赶紧收紧自己腹部,收拢下巴,扭动自己的身子,打个哈欠。做时一定要把这几个动作连贯起来进行,能够有效地缓解焦虑,增进健康。这种方法特别适用于那些学习与复习十分紧张的儿童。

⑤洗温水浴。孩子在学习与复习疲劳及烦躁时,家长可以帮助或督促儿童洗一个温水浴。有学者指出,温水因加速血液循环和放松肌肉而使人安静。水温使身体变暖后甚至可以引起体内的生物化学变化,从而提高睡眠质量。

⑥进入考场后出现焦虑的处置方法。家长还要教会孩子进入考场后如何应付考场内的焦虑,主要方法是深呼吸和自我暗示。深呼吸是指进入考场后,如出现考试焦虑,儿童可以做多次深呼吸,缓吸缓呼,把心神凝于一点,用以稳定自己的情绪。自我暗示是说儿童可以有意地让自己想象愉快的事情,进行良好的自我暗示:"我行,我一定能发挥我自己的水平,我一定能取得好成绩。"这样可以在某种程度上增强儿童的自信,减轻或消除心理紧张。

(7)家长应当从以下几个方面帮助孩子预防考试焦虑症

①正确而恰当地评价自己。儿童要想消除考试焦虑,首先应

第二章 提高非智力因素,纠正儿童学习困难

对自己做一个恰如其分的评价,不过分夸大别人的优点,也不要夸大自己的缺点,要一分为二地对待自己和别人,消除自卑,并把自卑变为动力。

②增强自信心。要坚信自己的能力,坚信自己并非是弱者,并不比别人差,别人能做到的,自己也同样能做到,不断增强竞争的勇气。

③正确对待考试与竞争。家长要使儿童认识到既然有竞争就会有失败,胜败乃是竞争中常有的事,因此在考试过程中竞争失败并不丢人,更何况胜与败、超前与落后是可以转换的。因此,在各种考试中,不要因一次没有考好而气馁,要在每一次考试后总结经验教训,争取在下次竞争中获胜,要做生活的强者。

④保持心理平衡。家长要引导儿童对待暂时的考试失利,应保持心理平衡。如果儿童终日被忧愁、痛苦、悲哀的情绪所困扰,那就会把一切都看得黯然无光,对自己丧失信心。因此,家长应正确地认识自己的孩子,根据自身的具体情况提出切合实际的要求,保持情绪平稳及心理平衡。

⑤加强性格锻炼。家长应当帮助儿童锻炼个性,让性格怯弱、内向、意志薄弱的儿童,不断地锻炼自己的性格,通过锻炼和自我教育来培养自己坚强的性格,使自己能够经受任何挫折的考验。

(8)对于孩子以下不良个性尤其应当注意纠正

①偏激性格。偏激是儿童常见的不良个性,儿童认识问题片面绝对化,他们认为好的就全好,坏的就全坏。在情绪方面则往往依个人的好恶和一时心血来潮论事论人,缺乏理性及客观,易受暗示及引诱,在行动上常莽撞行事,一旦儿童考试失败,则立即认为自己不行。家长要注意对儿童着眼于辩证思维能力的培养;另一方面则要加强自己意志力的锻炼,要增强儿童控制激情的能力。

②狭隘性格。有人又将狭隘称为小心眼,这种性格的人往往对自己很小的得失便斤斤计较,耿耿于怀,对老师的一次批评就念

念不忘,甚至影响其学习,并对考试产生紧张及厌恶心理。家长要注意对这样的儿童及时进行各种人生观教育,使儿童认识到这种狭隘个性对自己学习、生活的影响,培养儿童集体主义精神,教导儿童进行正确的人际交往,努力丰富儿童的业余生活,拓宽各种业余爱好,使儿童的心量逐渐放宽。

③嫉妒性格。嫉妒是一种忧虑、愤怒和怨恨情绪,这种性格使孩子一旦在学习中受到挫折后产生愤怒与怨恨,这种情况对孩子学习很不利,使孩子整日陷入嫉恨中,使学业不良,引起考试焦虑。家长应当注意通过对孩子意志力的锻炼,对注意力的转移而进行自我调控,使嫉妒心理减轻,把精力投入到学习中去。

④敌对心理。敌对心理是由于个人在遭受挫折后引起强烈不满而表现出来的一种反抗的态度。具有较强敌对心理的孩子,常常把老师、家长、同学的友善态度看成是恶意的,他们轻则置若罔闻,重则寻求报复。在这种情绪状态下,使儿童整日处于愤怒及焦虑情绪状态下,也非常容易引起考试焦虑。家长要想矫正儿童的敌对心理,要关心及体贴儿童,这些儿童内心常常充满孤独,内心极为痛苦,家长应当多关怀及体贴儿童,这样才能缓解儿童的敌对情绪,协调好儿童的人际关系。家长应当正面教育为主,要动之以情,晓之以理,循循善诱,积极引导,正视自己缺点与不足,这样使情绪稳定,争取好的学习效果,缓解考试时紧张及焦虑。

⑤暴躁情绪。暴躁情绪是一个不良的个性品质,多是由于神经质气质的孩子才出现这种情绪,他们一旦在学习上遇到困难,在考试中遇到难题,则表现为沉不住气,易激惹,这是由于缺乏个人修养,缺少自我克制能力所致。这是由于家长在平时对于儿童放纵、溺爱而造成的。家长要想矫正儿童的暴躁性格,应首先矫正对儿童的不良家庭教养,另外还要让儿童认识到这种性格是考试焦虑形成的主要原因。家长要注意因势利导,减少各种激惹性因素,多给儿童鼓励,少指责批评,这样使儿童暴躁情绪逐渐消除。

第二章 提高非智力因素,纠正儿童学习困难

⑥依赖性格。依赖的性格主要表现在对个人自理能力缺乏信心,难以独立,无论是学习还是考试常常优柔寡断,希望家长及老师为自己做选择。这种依赖性格是由于家长过分专制或者过分保护、照顾而形成的。家长应当对儿童关心适度,但不能过度包办代替,家长应当明了考试焦虑的儿童中,大部分具有严重依赖心理,几乎没有个人主见,这样非常易出现情绪焦虑。家长应当在日常生活中有意识地培养和锻炼儿童的独立性,增强自信心及自我做决定的能力。家长应鼓励儿童与独立性强的儿童一起学习,通过同龄人的榜样作用,可以使儿童的依赖性格得以纠正。

⑦孤僻性格。孤僻多见于内向性格者,主要表现为不合群、不愿意与其他人交往,对同学常常有厌烦、鄙视或戒备心理。他们常常非常敏感、易焦虑,尤其是在考试时常产生焦虑及紧张。这种个性的产生可能是由于家长或老师管教过于严厉,或者是由于家庭教育的失误,与幼年的心理创伤也有明显的关系,如爸爸妈妈离异、缺乏母爱。要想纠正儿童孤僻的个性,首先应改善家庭的氛围,增加和谐、温暖的气氛,家长应当加倍关心儿童,爱护、体贴、鼓励儿童扩大人际交往的范围,多参加集体活动及各种社会活动,引导他们从自我封闭中解脱出来。

⑧怯懦性格。怯懦性格以胆怯和懦弱为特征。这种儿童胆小怕事,意志薄弱,遇事退缩,害怕别人讥笑或伤害,人际关系较差,性格内向,感情脆弱,导致儿童性格怯懦的原因是由于袒护娇惯,缺乏意志力锻炼。家长可以有意识地分配一些困难一点的事给具有怯懦个性的儿童去完成,当儿童面对困难时,要给予儿童及时的鼓励和鞭策,家长要对儿童给予信任、鼓励和适当的帮助,这样有助于儿童怯懦个性的改善。

⑨自卑感。自卑是一种消极的自我评价和自我意识。自卑心理强的儿童往往对自己的能力具有过低的评价,根本看不到自己的优势,感到自己处处不如别人,认为自己无所作为,悲观失望,对

于稍做努力即可完成的事情,也往往因为缺乏自信而不能完成。自卑形成的原因,除了个人性格缺陷外,也还有家庭及社会的原因。如家长和老师动不动就训斥儿童太笨,老师常常把注意力集中在好学生身上,或者将儿童的考试成绩从前到后排好,并张榜公布,这样会挫伤儿童的积极性、自尊心,引起自卑。家长要想消除儿童的自卑心理,就要鼓励儿童自信自强,营造一个奋发向上的气氛,消除和避免引起儿童自卑心理的外部刺激。注意培养儿童的自信心,引导他们正确认识自己的长处,通过扬长避短,以勤补拙,使儿童体会到成功的喜悦,培养自信心,克服自卑。另外,还要加强儿童抗挫折能力的培养,引导儿童在受到挫折后奋发向上。

⑩神经质。神经质是一种不良个性,具有神经质儿童的特点是好紧张、易激动、多愁善感、敏感疑虑,容易沮丧,有时甚至伴有睡眠差的特点。这种儿童对各种刺激均易产生强烈反应,情绪激动后又很难平静下来,所以遇到考试或学习上困难,很容易产生焦虑情绪。产生神经质的原因主要是由于家庭中不良的教养态度所引起的。家长不讲民主、专横武断,这样容易引起儿童的神经质。神经质往往给儿童造成较大的烦恼和心理冲突,家长应引起重视,如果要纠正儿童的神经质,一方面要注意儿童意志品质锻炼,努力提高对情绪的自我控制能力,可以让儿童学会肌肉放松,这样可以使儿童通过自我调适,来稳定自己的情绪。

十二、厌学心理引起的儿童学习困难

典型案例 11岁女孩,小学四年级学生,近2个月来经常感到头痛、肚子痛,有时还出现呕吐,到医院检查身体并没有病。孩子的妈妈非常关心孩子的教育,孩子1岁就说话很流利,邻居及妈妈也都认为孩子挺聪明的,在幼儿园上学时,学习也较好,经常考90分以上,在上小学一、二年级时,孩子的学习成绩也很好,经常

第二章 提高非智力因素,纠正儿童学习困难

在班里保持前三名的水平。妈妈对于孩子的学习成绩很满意,经常拿孩子的成绩在单位同事及自己的亲朋好友中夸耀,而进入三年级的第一次考试,孩子学习成绩下降,居然跌到十几名,这样一向宠爱她的妈妈暴跳如雷,并对孩子大发脾气,责骂孩子不用功,而且在学校,孩子也同其他几个学习退步的学生被叫到老师那里训了一顿,而过去常拿问题向自己请教的同学,也不来请教她了,甚至孩子感到连和自己说话的同学也少了,这样她感觉自己在妈妈、老师、同学中的好印象消失了。在这种情况下,孩子感到三年级的功课太难,非常不容易应付,而在第二次考试中,自己的学习成绩进一步下降,到了二十几名,当她看到考得好的同学非常轻松,她几乎失去了信心,每天非常不愿意读书,勉强打起精神继续拼命。

1. 儿童厌学的原因

儿童不爱读书也就是厌学,是由于学习动力缺乏所致,或者是由于儿童在学习过程中受到挫折所致,主要有以下原因:

(1)父母不切实际的要求望子成龙,要求过高:要求过高的后果是容易使儿童产生害怕失败的心理,继而导致上进心丧失和学习动力缺乏。特别是当家长采用强硬专制的手段时,儿童便会以一种逆反的行为报复父母的不公正。要求过低或放纵,大多数儿童是以一种新鲜感走进校园的,如果此时父母对儿童的要求过低,整日忙于自己的事,而忽视了儿童入学后的心理变化,一旦儿童在学习过程中遇到困难,认为学习太苦而失去了兴趣和动力,随之而来的就是厌学。

(2)严重的家庭问题:生活在一个经常发生纠纷的家庭,儿童会心事重重,而无力顾及功课。由于安全感丧失,家庭不断的激烈争吵和高度紧张气氛,使悲伤的儿童无法再对学校产生兴趣。

(3)儿童的自身问题

①儿童心理发育不成熟。儿童虽然智力水平属于正常,但社

会适应能力差,幼稚、缺乏积极的进取精神。

②自信心缺乏。开始儿童对学习很感兴趣,信心十足。但儿童的创造力和与众不同的行为往往被思想保守、生活刻板、只注意分数的父母所压抑,所以儿童不仅不能为自己的独特性、创造性而骄傲,反而会感到自己无能,而自暴自弃。

③学校中的问题。学习负担过重;学校生活过于紧张;学校的纪律过严而刻板;儿童在学校中常常受屈辱。

④恶劣的学习环境。家长不爱学习;学习条件太差;学校和社会风气不好。

2. 厌学的表现

儿童的厌学主要的表现有儿童由于对学习感到痛苦,由苦学而发展到厌学,即逐渐地产生了对学习的厌倦,产生对学校教育的厌恶和反感情绪。凡是有厌学情绪的儿童,容易和老师、家长产生对立情绪。他们中的一些人,有的可以表现为兴奋过度、躁动不安、容易发脾气、好哭闹。有的儿童则相反,他们萎靡不振、胆怯、动作迟缓、做事总爱半途而废,缺乏信心。智力水平差,注意力不集中,思维杂乱、观察问题不仔细、不准确,思维的逻辑性和灵活性较差。厌学儿童做作业比较马虎,有的虽然能够完成作业,但有时有抄袭现象,或者是能完成作业,但经常抄袭作业,或经常拖拖拉拉,不交作业,有时甚至找别人代替完成作业。在厌学儿童中有63%的儿童经常抄袭作业。这是导致他们学习困难的原因之一。

3. 厌学儿童不良的心理活动

(1)推脱责任:这些儿童把简单的失败的原因推向外部,而不能客观地分析学习成绩不良的主观和客观原因、检查自我、吸取教训。他们常常把考试成绩的不好归于老师讲课没有讲清、卷子印得不清楚、老师阅卷不公平等原因。父母对自己照顾不够,帮自己做的决定不正确,自己身体上有某些不适父母没有及时发现和及时治疗,以至耽误了自己。其实,他们的心里对失败的原因很清

第二章 提高非智力因素,纠正儿童学习困难

楚,只是不敢正视自己的不足,用这种方式来掩盖自己的责任。

(2)精神胜利法:具有厌学情绪的儿童,在受到挫折时,不是分析原因,而是回避现实,想法改变周围人对自己的看法。往往容易沉湎于以往成功的回忆中。这些儿童的行为方式、心理特征、思维活动都与这些儿童的年龄不相称,这种自慰心理表明这些儿童对学习的厌恶情绪。

(3)合理化:这些儿童往往把自己学习上的失败变为合理化。当这些儿童达不到所规定的标准时,就否定或指责这个标准不合理,应放弃原来的标准,这样可以达到自我安慰的目的。这种尽量找些看似合理的借口,使目前的失败趋于合理化,这样的自慰可以使儿童减少自我形象与受挫感的反差,避免激烈的内心冲突。

(4)自我保护:这些儿童在学习上受挫以后,举出众多的受挫伙伴,表明自己与其他同学一样,并不是最差的,以推脱因受挫而产生的心理压力,这是一种自信心不足的表现。实际上这是一种错误的社会化比较方式,是为了推脱责任,解脱心理压力。

(5)自我贬低:一些厌学儿童在学习成绩上遇到挫折后,自觉低人一等,极端自卑,感到自己在各个方面都不如别人。不能从科学地分析中坚信自己的学习能力,而自我怀疑,自我否定,认为自己的智力发育落后,不是学习的材料。目前的失败是由于自己的能力不如别人,失败也是自然的事情,这种情况是不能通过自己的努力来更改的。以上这些心理活动,往往会给这些儿童带来更大的心理问题,使得学习困难成为恶性循环,不容易纠正。

4. 厌学儿童的心理调适

那么,应当怎样帮助儿童调适厌学心理?

(1)家长应当重新估价并修改对孩子的要求:儿童厌学现象是家庭教育、学校教育和社会教育的失败,因此家长应当正确地查找原因,如果是因为对孩子期望值过高所致的则应修改,这样有助于平息孩子愤怒和失望的情绪,同时可以促进他的上进情绪。再加

怎样帮助学习困难的孩子

上对孩子学习上的辅导,并且孩子在学习上有进步时给予一定的鼓励,会使孩子的学习兴趣和自信心得到恢复。

(2)创造良好的学习环境:家长要以身作则,不可以在孩子做功课时,自己却玩、看电视等。在孩子的学习环境中,避免放一些杂物,以避免孩子分心,分散注意力。注意发现孩子的优点,尊重孩子的兴趣爱好。

(3)奖惩得当:改变哄着学,骗着学的坏方法,合理应用奖惩办法。在奖励措施上不能只注意物质上的,还要适当增加精神上的奖励成分,以奖励儿童的上进心。老师可以在课堂上表扬儿童的好表现。即使是不爱学习的儿童,老师和妈妈恰当地表示对他们的关注,就可以产生强烈的激励作用。不能用讽刺挖苦的方法,这样不但起不到激励作用,还易使儿童自暴自弃,丧失信心。

(4)家长要关心学校,增强儿童对学校的热爱:这样使学校教育成为儿童有趣、有益的经历。对学校的事漠不关心、消极应对的家长是孩子的坏榜样,容易使儿童对学校失去热爱和兴趣。

(5)变被动学习为主动学习:不要压制孩子的好奇心,而要让孩子了解怎样使好奇心得以满足。在学习过程中如果家长自己都不清楚,应查阅有关书籍,做出解答,也可以和孩子一起读到弄清楚为止,这样会使儿童体验到求知、发现问题的兴奋,使孩子变被动学习为主动学习。

第三章　智力因素导致儿童学习困难的纠正

第三章　智力因素导致儿童学习困难的纠正

一部分儿童的学习困难是由于智力因素所导致的。那么当一个学习困难儿童前来就诊时,就应当对儿童的智力进行测验,以判断这些儿童的学习困难是否是由于因为智力障碍导致的学习困难。这样,针对儿童学习困难的原因来进行对症处理。

一、检查儿童智力水平的方法

如有儿童出现学习困难,若需要评价其智力是否低下,或有的儿童虽然智力正常,其学习困难是否是某方面学习能力缺陷或神经心理功能障碍所致。因此,可以通过以下测验来判断儿童的智力水平。

1. 智力测验

可以了解儿童的智力水平和能力特点。标准化的智力测验主要有以下几种:

(1)斯坦福－比奈智力量表:主要有言语推理(词汇、理解、言语关系等能力)、抽象视觉推理(临摹和图案分析推理能力)、数量推理(计算、心算和逻辑运算等能力)、短时记忆(数字记忆、句子记忆和物体记忆等记忆功能)。

斯坦福－比奈的智力测验适用于 2 岁以上儿童,主要由 4 部分组成,包括①言语推理:测查词汇、理解、言语关系等能力;②抽象视觉推理:测查临摹和图案分析推理等能力;③数量推理:测查计数、心算和逻辑运算能力;④短时记忆:测查数字记忆、句子记忆

和物体记忆等记忆功能。

该测验适用的年龄范围较广,从2岁就可以测查。测验项目排列灵活,较易引起儿童的兴趣,激发其动机。相对于韦氏智力测验的时间来说用时较短。

(2)绘人测验:测验时要求儿童画得最好的一幅画进行评分,根据画像的完整性、协调性和各部位的组合情况,评分换算成智力商。以此来评估儿童的智力水平的高低。

绘人测验适用于儿童一般的智力评估。测验要求儿童画3个人物画,一男一女的画像和自己的画像,选出画得最好的一幅画评分,根据画像的完整性、协调性和各部位的组合情况对73个具体内容进行评分,每个内容评通过与不通过,将通过的分数相加得粗分,用粗分进一步换算成智商。以此评估儿童的智力水平的高低。此测验对儿童的吸引力较大,易被儿童所接受,实施简便,评分也不难。与韦氏智力测验有高度的相关性。

(3)韦氏儿童智力测验:测查儿童一般的智力水平、言语智力水平和具体能力(知识、计算、记忆、抽象思维等能力)。韦氏儿童智力测验适用于6~16岁的儿童。包括以下两项内容:

①言语水平。常识测验(测查一般的知识、兴趣及长时记忆能力);领悟测验(测查判断和社会适应能力);相似性测验(测查抽象概括能力);数字广度测验(测查注意力和短时记忆力);词汇测验(测查词汇、言语表达和长时记忆等能力)。在言语量表分中受右半球脑功能的影响。

②操作水平。数字符号测验(测查注意力、短时记忆力、眼手协调运动和思维的灵活性等能力);图画填充测验(测查知觉和视觉空间组织能力);木块测验(测查空间关系、空间结构和视觉—运动协调等能力);图片排列测验(测查部分与整体和逻辑联想等能力);物体拼凑测验(测查想象力、利用线索能力和眼手协调能力);迷津测验(测查空间知觉、计划和眼手协调能力)。儿童的年龄及

第三章 智力因素导致儿童学习困难的纠正

所受的教育对测验成绩有较大的影响,在操作量表分中也有其他因素影响测验。

那么,智力测验能预测孩子未来的智力水平吗?如果儿童的生活环境与教育状况没有太大的变化,那么个体的智力水平相对稳定。心理学家认为,7～8岁的儿童测得的智力水平,与他们未来的智力有很大的关系。如果单纯测查儿童的智能水平的高低,对父母来说不过是增加了喜悦或添加了烦恼而已。应该认识到智力仅仅是反映儿童期的智能水平的情况,儿童的学习成绩的好坏除了与智力因素有关,在很大的程度上还与非智力因素有关,如学习的动机、学习的兴趣等都可以影响儿童的学习情况,所以儿童的将来发展还取决于是否能刻苦学习,否则只有好的智能水平也不会有好的学习成绩的,更不会成才。

那么,家长应怎样看待儿童智商分数呢?

家长了解儿童的智商是必要的。通过了解儿童的智商可以了解自己孩子的智能发育情况,并针对其不足,进行有效的训练。智商代表儿童的智力潜能。智力潜能是一个人的综合能力。目前,大多数家长对自己子女智力情况评估是错误的,只有15%的家长对自己子女智力情况的评估是正确的,符合心理测验的客观结果。而有许多家长对自己孩子的主观评价远远高于孩子的实际水平。而另有一些家长对孩子的智力潜能认识不足。了解孩子的智力潜能,可以在孩子的教育过程中,依照其优势进行发展,这种训练直接影响着家长的期望在孩子身上实现的程度。

了解儿童智商分数,可对其智力充分利用。儿童的智商分数是一个总的分数,代表着一个人的综合智力,而每个人的智力发展在不同的方面是不平衡的。所以,家长还应了解儿童在语言、算术方面的概括能力和逻辑推理能力,了解这些方面的优势和不足,对智力优势的方面应不失时机地早期开发,对某一些方面的缺陷应早期教育,免得儿童在学习过程中过早地出现偏科现象。

了解儿童的智力结构,可以及时引导儿童的学习兴趣。家长往往把儿童对某一学科的学习兴趣看成是儿童在这一方面有优势,其实要想了解儿童在某一方面的智力发育是否良好,具有较大的优势,还是较差,就必须进行科学的智力检测,这样可以为家长提供较准确的依据。虽然儿童的学习兴趣与其智力有着密切的关系,但是由于儿童的兴趣往往是多变的、不稳定的,而且会由于多方面因素的影响,如受社会环境、舆论导向、学习条件和学习设备的影响,甚至对老师的喜好程度也影响着儿童的学习兴趣,这样可以使一些具有某方面天分的儿童不能发挥自己的特长。所以应尽早了解儿童的智力结构,及时正确地引导儿童的兴趣。

2. 学业成就和学习能力测验

可以了解儿童的学业水平和有无学习能力缺陷,发现其优点和弱点,从而加以指导。学业成就和学习能力的测验主要有以下几种。

(1)广泛成就测验:主要由三部分组成——拼写(测查拼写能力)、算术(测查运算能力)、阅读(测查阅读能力)。广泛学业成就测验适用于评估 5 岁以上儿童的阅读、拼写和算术等学业能力水平。

①拼写。测查拼写能力,如拼写自己的姓名,听写单词等。
②算术。测查运算能力,如进行加减乘除运算。
③阅读。测查阅读能力,如辨认字母、拼读生词。

每个条目评分为正确或错误,将各测验评分相加得粗分,将粗分相加后转换为等级分和标准分,再进一步换算成百分位,据此判断儿童的学业成绩和学习能力的高低。这种测验方法应个别实施,测验时所用的时间较短,此测验与其他智力测验结果结合分析,若两者差异较大可以作为学习困难的辅证。

(2)HR 儿童神经心理的成套测验:可测查儿童的心理功能和能力状况(感知觉、运动、注意力、记忆力、抽象思维能力、言语功

第三章 智力因素导致儿童学习困难的纠正

能),此测验可以反映大脑多方面的功能。HR儿童神经心理成套测验有以下特点:该测验用于测查多方面心理功能或能力状况,包括感知觉、运动、注意力、记忆力、抽象思维能力和言语功能。

①范畴测验。测查分析、概括、推理等能力。

②触摸操作测验。测查触知觉、记忆和手的协调和灵活等能力。

③节律测验。测查注意力、瞬时记忆力和节律辨别能力。

④手指敲击测验。测查精细运动能力。

⑤失语甄别测验。测查言语接受和表达能力的功能以及有无失语。

⑥语声知觉测验。测查注意力和语声知觉能力。

⑦侧性优势检查。判断言语的优势半球。

⑧握力测验。测查运动功能。

⑨连线测验。测查空间知觉、眼手协调、思维灵活性等能力。

⑩感知觉障碍测验。测查有无周边视野缺损,听觉障碍、触觉和知觉障碍。此测验可以评估儿童神经心理功能水平。

另外,还通过左右两侧学习成绩的差异和某些测验间的差异比较,进行脑损伤的定位分析。本测验的优点是可以反映大脑多方面的功能,从比较简单的感知、运动到复杂的记忆和思维,测验标准化,结果数量化。本测验的缺点是:重点不突出、不灵活,测验花费时间长。

二、经验判断评估儿童的智力

目前,我国尚没有标准化的学习成就测验方法,则只好根据老师的经验来大致评估儿童的学习成绩和技能水平的等级。专家们发现,任课老师对学生这方面评价的准确性相当高,与标准化学业成就测验和智力测验有高度的相关性。因此,将老师评定结合学

业考试成绩来评估儿童的学习成绩,是一种有效的、简单的经验评估方法。有人曾经提出人的智力测验可以代替经验评估,但其实是不行的。因为心理学上所说的智力测验是指由专门训练过的合格人员执行,在正规的标准化的各种条件下,应用科学的经过鉴定和考察的测验手段,对人的智力水平进行测查的过程。智力测验的编制十分严谨,挑选了具有鉴别力和不同难度的试题,还经过相当大规模的试用,并对其进行了有效性和可靠性的统计检验。但智力测验只能表示儿童的智力水平,也就是目前儿童所具备的智力"装备",而儿童学习成绩的好坏是由于智力因素和非智力因素所共同决定的,如果没有良好的心理品质、健康的心理素质、充沛的精力,以及刻苦学习的精神,智力资源就不能得到良好的发挥,自然不能取得较好的学习成绩,也就没有很好的学习效果。学校的考试,是考查学生学习效果的,虽然考试成绩与智力因素有直接的关系,但又不完全一致,考试成绩是智力因素和非智力因素共同产生的学习效果。学校经过一年甚至两年,通过观察、考试、作出的评价,是不能用经过一两个小时测查出儿童智商的结果来代替考试成绩的。所以在对学习困难儿童的评定中,这两种测评不能相互取代,而应当互相弥补和参考。

三、学龄期儿童智力发育的特点

1. 儿童认知发展的几个阶段

(1)感知运算阶段(0~2岁):这一阶段婴儿只有动作的智慧,而没有表象与运算的智慧。他们依靠感知运动的手段来适应外部环境。这个阶段的儿童行为发展经过3个层次——本能时期、习惯时期和智慧活动萌芽时期。儿童出生的第一个月只是遗传性反射格式,通过第二分阶段的习惯形成,使一些单一的反射动作加以整合、联结,如寻找声源、用眼跟随着运动的物体等,在9个月到1

第三章 智力因素导致儿童学习困难的纠正

岁开始出现了最初的感知运动智慧。

(2)前运算阶段(2~6、7岁):此期儿童的思维特点以自我为中心,他们很难从别人的观点(角度)看事物。例如,在这一阶段后期可以说出自身的左右,但对对方的左右常常弄错,受自身左右的影响。这一阶段儿童思维的另一个特点是思维的直觉性以及思维的集中性,他们的判断仍受直觉的调节的限制。

(3)具体运算阶段(6、7岁~11、12岁):此阶段的基本特点是开始进行心理运算,能在头脑中依靠动作的格式对事物的关系系统进行逆反、互反、传递等可逆运算。具体运算阶段的儿童虽然在推理、问题解决和逻辑方面已经超过了前运算阶段的儿童,但其思维还具有局限性,抽象的语言推理还不能进行,离不开具体事物的支持。

(4)形式运算阶段(11、12岁~15岁):这个阶段已经达到了成人的成熟思维,是认知发展的最高阶段,能在头脑中将形式和内容分开,能根据假设来进行逻辑推理。

2. 儿童大脑和神经系统的发育特点

脑是优先发育的,出生时新生儿的脑重量已达到成年人脑重的25%。出生后儿童的重量随着年龄以先快后慢的速度增长,第一年的脑重量增加最快,2.5~3岁时脑重发展到相当成年人脑重的75%。此后几年发展渐慢,到6~7岁接近成人水平,占成人脑重的90%,此后缓慢增长,到20岁时停止增长。脑结构与功能的复杂化、完善化是出生后大脑发展的主要方面,根据大脑生理学的研究,儿童大脑重量的增加并不是大脑神经细胞的增殖,而主要是神经细胞结构的复杂化和神经纤维的伸长。新生儿的大脑皮质表面较光滑,沟回很浅,构造十分简单,以后神经细胞突触数量和长度增加,细胞体积增大,神经纤维开始向不同方向延伸,越来越多地深入到皮质各层。与此同时,神经纤维的髓鞘化逐渐完成,髓鞘化是脑内部成熟的重要标志。髓鞘化保证了神经兴奋沿着一定路

线迅速传导。新生儿的脑低级部位(脊髓、脑干)已开始髓鞘化,以后先是与感觉运动有关的部位,再后是与智慧活动直接有关的额叶、顶叶区髓鞘化,6岁末几乎所有的皮质传导通路都已髓鞘化。

3. 儿童动作发展的特点

儿童的动作发展是在脑和神经系统、骨骼肌肉控制下进行的,因此儿童的动作发展和儿童的身体发展、大脑和神经系统的发展密切相关。儿童的动作发展有以下特点:

(1)从上至下:儿童最早发展的动作是头部动作,其次是躯干动作,最后是脚的动作。任何一个儿童的动作发展总是沿着抬头—翻身—坐—爬—站—行走的方向成熟。

(2)由远及近:发展以身体的中部开始,越接近躯干的部位动作发展越早,而远离身体躯干的肢端动作发展较迟。

(3)由粗到细(由大到小):从大肌肉、大幅度的粗动作先发展,小肌肉的精细动作随后发展。随着神经系统和肌肉的发育,儿童开始学会控制身体各部位的小肌肉的动作。

4. 儿童心理发育的特点

(1)婴儿期的心理发育特点

①婴儿的语言发育特点。婴儿期是指0~3岁阶段。儿童的语言发展是以能说出第一批真正能被理解的词作为开始,这种词的出现在1岁左右,而1岁前的乳儿期却为词语的说出和理解做了多方面的准备。5个月左右的儿童进入牙牙学语阶段,发出一些类似于成人语音中所使用的那些音节的重复,但这只是一种发声游戏,婴儿从中获得快感,但没有意义。8~9个月婴儿已经开始表现出能听懂成人的一些话,并做出相应的反应。这些能理解,但不能主动说出词语,我们称之为被动性语言。儿童1~1.5岁开始说出有意义的单词,儿童以一个单词代表一种意思,表达自己的愿望。这种情况说出的单词称为单词句,单词句往往意义不明确,词性也不确定。1.5~2岁出现双词或三词组成的语句,语义比单

第三章 智力因素导致儿童学习困难的纠正

词句明确,但结构不完整,十分简短,仿佛电报文字,故称为"电报句"。这种语句自1.5岁后就发展很快,有人调查了2岁左右的儿童,这种语句的组成形式有2000句之多。2~3岁是儿童学习口头语言的关键时期,儿童3岁时词汇量已达到1000左右。其中大部分是动词、名词、形容词为主的实词,随后各种虚词才陆续出现。此外,句子也逐渐转化为完整句,复合句的比例迅速增长,陈述句、疑问句、祈使句和感叹句4种句型相继出现,但句子结构不完整,句子成分残缺,次序颠倒还经常发生。这时儿童喜欢与成年人交谈,喜欢听成年人讲故事,并能理解其内容。言语表达多情境性,缺乏连贯性。

②婴儿期的感知觉发育特点。新生儿能够用眼追随移动的物体,婴儿的视觉集中的时间和距离随着年龄的增长而增长。3~5周的婴儿仅能集中注意5秒钟,注意距离为1~1.5米;6个月时调节眼睛晶状体功能已经达到正常成年人的功能水平,已能注意远距离的物体。婴儿的视觉方面已能分辨几种基本色,依次为黄、红、绿、蓝(也可因社会文化条件的不同在次序上有所不同)。这时期的儿童已经掌握一定量的有关空间、时间的词汇,在空间知觉方面已能辨别上下、远近,但还不能指出前后、左右,3岁已经能正确运用早上、晚上的时间概念。新生儿已有了听觉,83%的新生儿出生24小时后对听刺激1~2次就能引起反应。新生儿还能区分音高、音响和声音持续的时间,对成人说话的声音特别敏感,能准确地使自己的身体运动与讲话的声音模式同步。新生儿的嗅觉和味觉都已经有了相当的发展,如让新生儿闻两种不同气味,当多次闻一种气味,其身体及呼吸反应变化减弱后,再出现另一种气味,这时他反应又强烈起来。说明新生儿已经觉察两种不同气味。新生儿味觉系统也早已开始发育,如半个月的婴儿就能对糖水、盐水有不同反应。如对糖水就做吸吮动作,苦水就做怪相。新生儿对不同复杂程度的黑白线条表现出不同的凝视时间,一般偏爱较复杂

的曲线图形。2～3岁婴儿的感知觉渐趋精细。

③婴儿期的注意力发育特点。注意不是一个独立的心理过程,而是心理过程中的共同特征。注意有随意注意和不随意注意之分。婴儿出生后不久即出现注意,新生儿在觉醒状态时可因周围环境中发生巨响、强光等刺激而产生无条件地定向反射。正在吸吮的婴儿停止吸吮动作而转向刺激发生的地方。这是一种原始状态的注意。婴儿时期的注意不断地发展、丰富,除了强烈的外界刺激能引起注意外,凡能直接满足于机体需要的有关事物也能引起注意。1岁左右的儿童在独立完成动作的过程中促进了注意的发展,出现了随意注意的萌芽。逐渐能按照成人提出的要求完成一些简单的任务,并指向有关的对象,婴儿的注意是极不稳定的,对一个注意的对象只能坚持几秒钟。1岁左右的婴儿凝视成人手中的表一般不超过15秒钟。随着年龄增长,儿童注意的稳定性逐渐增大。

④婴儿期的记忆特点。条件反射的出现就是记忆开始的标志,运动性记忆出现最早(出生后2周左右),其次是情绪记忆(半岁左右),然后是形象记忆(6～12个月),词的逻辑性记忆最后出现。2～3个月的婴儿当他凝视的玩具从视野中消失的时候能用眼睛去寻找,表明他有短时记忆。在日常生活中,3～4个月儿童出现对人和物的认知,6个月认知较明显,如能辨认母亲及陌生人,但婴儿的记忆保持时间较短,1岁再认的潜伏期只有几天,2岁时可延长到几周,3岁时可以保持几个月。1岁左右出现明显的回忆。2岁时再现潜伏期只有几天,3岁时延长至几周,4岁时可至几个月。

⑤婴儿的思维发育特点。2～3岁婴儿的思维具有直觉性,依靠感知和自身的动作进行思维,离开了动作,思维就终止了。这个时期已经能利用语词对事物进行一些分级概括,如按照物体的大小、颜色、形状等外部特征对事物进行分类,但还不能根据事物的

第三章 智力因素导致儿童学习困难的纠正

本质特征来概括。他们对一些概念的理解常因突出非本质特征而扩大或缩小了概念。

⑥婴儿的情绪和个性发育特点。新生儿有两个基本情绪,即愉快、不愉快,都与生理需要的满足与否相联系。随着需要的变化和认知能力的发展,引起情绪的动因内容以及情绪表达方式越来越丰富。1岁婴儿已经有恐惧、厌恶、愤怒、快乐、高兴、情爱等情绪表现。婴儿微笑一般在出生后7～8周出现,2～3个月对人的接近、语言发生了兴趣,6～7个月开始对母亲产生依恋,对陌生人有怯生现象。依恋情绪是婴儿寻求并企图在躯体上保持与另一个人(母亲或其他亲近的照顾者)亲密关系的表现,主要表现为微笑、啼哭和咿咿呀呀、吸吮及身体接近的依偎和跟随等。同时也具有怯生感、恐惧感,提防和害怕陌生人,当亲人离开时有苦恼反应(分离恐惧),15～18个月达到高峰。7～12个月的婴儿最普遍的恐惧之一,就是对陌生人的焦虑,这时期的婴儿把陌生者同他所熟悉的人物相对比,来回注视陌生人和他所熟悉的亲人的脸,产生恐惧和焦虑而哭叫。婴儿期的依恋通常是有利于儿童的发展的,而1岁婴儿的焦虑体验是早期教养中对成长影响的一个重要因素。所以一些专家指出,在此期间应让1岁婴儿的焦虑体验减少到最低限度,给婴儿以最大的舒适感和安全感。

(2)幼儿期的心理发育特点

①幼儿期的语言发育特点。幼儿期是3～7岁,是一生中词汇量最增长最快的时期。与3岁时相比,7岁时的词汇量大增长3～4倍。3岁时词汇量为800～1000个;4岁词汇量为1600～2000个;5岁时词汇量为2200～3000个;6岁时词汇量已经增长到3000～4000个。幼儿已能掌握各类词,对词义逐渐明确,并有一定概括性。此期间各种空间方位词(上下、前后、里外、中、左右等)都开始出现。提高最快的是在3～4岁时,3岁时能辨上下,4岁时能辨前后、里外,5岁能以自身为中心,判断左右方位的相对性,以

对方为中心判断左右,一般要到7岁左右才能掌握。时间词是在3～6岁开始逐渐掌握,首先掌握今天、昨天、明天,然后是上午、下午、晚上和今年、去年、明年。到6岁已能全部掌握。幼儿语言中已经有相当比例的代词,由于代词(你、我、他)具有明显的相对性,需随语言环境和交谈者角色的变化而变化,要理解这些词,不仅需要相当的语言能力,还需要进行复杂的智慧活动,随时调整和转换理解的参照点。故4～5岁幼儿在语言环境变化的情况下,也常会错误地理解或错误地应用你、我、他、你的、我的、他的这些代词。幼儿的语句基本上掌握了各种语法结构,但对一些结构复杂的句子,如被动句和双重否定句,还不能很好地理解,一般要到6～7岁才能掌握。幼儿的言语表达由连贯性言语取代不连贯性言语。另外有了自我中心语言(自己对自己说话不起交际作用的自言自语,经常是伴随着动作和游戏而产生,有时遇到困难和问题时进行的思考)。所以,它是一种既具有外部语言特点,又具有内部语言特点的,由外部转化为内部言语的过渡性语言。自言自语在幼儿期占很大的比例,到7岁左右开始下降,代之而起的是内部语言的发展。

②幼儿期的思维发育特点。幼儿的思维,已经开始摆脱动作的束缚,学会在动作之前就能在头脑中依靠事物的外表和现象进行思考,使思考可以超越时空的限制并具有一定的目的性和预见性。此期间,儿童的思维还不能离开事物的具体形象,思维具有直觉性。对事物也是具体的、形象的概括,因而常常是非本质性的概括。由于经验的贫乏,幼儿有不少推理是不合逻辑的,经常用自己的生活逻辑和主观愿望代替事物客观的逻辑。由于他们认知的直觉形象特点,往往只依据事物外在的、非本质特征作出判断。

③幼儿期的想象力发育特点。幼儿具有丰富的想象力,集中表现在幼儿象征性游戏(如过家家、开汽车等)及创造性的游戏(如搭积木、具有想象力的游戏),5～6岁儿童象征性游戏已发展到顶

第三章 智力因素导致儿童学习困难的纠正

峰。随着儿童生活经验和知识的增长,许多只能在想象中才能获得满足的东西已成了现实,因而这类游戏逐渐消退,代之而起的是竞技性游戏。幼儿丰富的想象力还表现在幼儿的绘画、泥工、讲故事等活动中,随着年龄的增长,幼儿从事这些活动的目的性、创造性和独立性也越易增强。

④幼儿期的注意力发育特点。幼儿期不随意注意与随意注意都在发展,特别是通过游戏活动,在向儿童不断明确游戏任务的过程中,促进幼儿随意注意的发展。但是,幼儿儿童的注意的特点仍以不随意注意占优势,对鲜明、新颖、具体形象、变化的事物都能自然而然引起幼儿的注意。注意广度(感知的范围),是指在同一时间内能清楚地把握所注意对象的数量。在心理学的实验中已经证明,在0.1秒钟速视条件下,正常成人一般能把握8~9个黑色的圆点,或4~6个无联系的外文字母或4~5个无联系的汉字。对幼儿来说,在0.1秒钟的速视条件下,呈现4~9个黑色的圆点,已能正确地辨认圆点数,并随着年龄的增长而增加。73.5%的4岁幼儿能辨认2个圆点,66.6%的6岁幼儿已经能辨认4个圆点,44.6%的幼儿能辨认6个点。但是有一部分幼儿直至小学2~4年级时,还有极少数(10%~16%)才能辨认9个圆点。幼儿2~3岁时可以集中注意10~12分钟,5~7岁能聚精会神15分钟左右。

⑤幼儿期的记忆力发育特点。幼儿期主要是不随意的记忆,在教育的影响下,记忆开始发展。幼儿记忆很容易受成年人暗示,也很容易发生现实与臆想混淆现象,为此幼儿十分相信童话和传说中的人物和情节,也会编织一些自己十分向往却根本不存在的事情,成人还往往认为幼儿在撒谎。幼儿期还存在明显的"记忆恢复"现象,其所接受的信息再现水平不如相隔几天后的再现水平,这说明儿童的大脑不是消极再现材料信息,而是有积极主动加工过程。幼儿在识记过程中很少使用记忆策略,他们还不能利用语

词作为记忆的中介物来帮助记忆。到了6～7岁虽然可以在别人的提醒下利用词为中介物来提高记忆的效果,但他们自己尚不能去主动地利用。

⑥幼儿期的情绪发育特点。幼儿期的情绪体验已经相当丰富,一般成年人体验到的情绪大部分已经为幼儿所体验。只是在引起情绪反应启动的原因、情绪表现的方式上与成年人有所不同。幼儿的情绪是完全外显的,内心有什么反应,在情绪上就表示出来。幼儿的情绪完全缺乏控制。有时会莫明其妙地大发脾气,或出现极度的恐惧,幼儿常常把想象中的事情,如黑暗、鬼怪、动物等,当做现实中的事物,并引起相应的情绪反应。此时的儿童对伤害、斥责、讥笑的焦虑也增加了,已经有了一些较高级的情感体验,理智感也更为突出,主要表现在好奇和好问,还喜欢拆装玩具,这些都是儿童探究性的表现。

⑦幼儿期的社会性发展特点。幼儿期在社会文化的影响下,幼儿已经认识到了男女性别及行为上的差异,4岁前男女儿童与同性及异性同伴玩得都十分融洽。4岁之后男女儿童游戏的内容开始分化,5岁后更加明显,儿童意识到适合自己性别角色的行为从而产生同一性。幼儿在与同成人及同伴的交往中自我意识有所发展,对自我形成了某种看法,如自己是漂亮还是难看的,自己是聪明的还是笨拙的。这些自我意识通常都是家长及老师对儿童的评价,积极的评价往往会使儿童产生一种满足感和自信感,这对于儿童今后的学习会有所帮助;而否定的、消极的评价往往会使儿童产生自卑感和孤独感,使得儿童在今后的学习过程中自信心不足,容易导致儿童的学习困难。尤其是长期的否定及消极的评价更是如此。此时幼儿形成了个性心理特征和个性倾向,这些常常是一个人个性的核心部分。虽然在以后的成长过程中,也能对其不良的个性特征加以改造,但不会再有本质的变化。除非儿童遭遇生活中重要的变故或客观条件发生了极大的变化,否则已经形成的

第三章 智力因素导致儿童学习困难的纠正

行为模式很难再发生变化。所以,应重视幼儿期的心理教育,将其培养成具有良好个性及人格结构的人,有利于今后的学习。

(3)学龄期儿童的心理发育特点

①学龄期儿童语言发育的特点。学龄期是指6~12岁的儿童。这时他们的语言已经有了较大的发展,主要分为口头语言发育和书面语言发育。

儿童入学后口头语言迅速发展,对语言的理解力逐渐增强,能全面地理解老师逐渐复杂而完整的语言表达。在此期间儿童独白语迅速发展,如复述课文或开会发言,这种独白式语言比对话语言要求有更多的预先思考,要求善于选择词汇,组织内容,主次分明,目的指向清楚,促使儿童口头语言更加完整、连贯。

由于上学开始使用书面语言。如阅读课文、造句、写作等。书面语言是在口语的基础上形成和发展的一种更高级形式的语言,它可以在人与人交往中发挥更大的作用。使用书面语言的解剖生理基础与口头语言不同。因此,在临床上发现有的儿童因书写无能、阅读无能而造成学习困难,但口语表达仍完好无损。

内部语言是一种发音隐蔽的默语,句子压缩、简略,具有自我调节的功能。是语言发展的高级形态,其发展与书面语言及思维的发展密切相关。低年级小学生尚不习惯于出声思考,到了后期先思考再说,或先思考再动手的能力逐渐加强。

②学龄期儿童知觉发育的特点。学龄期儿童在学校学习时,低年级儿童已能指出除基本色以外的几种混合色,如紫红、粉红、橙黄色等,经过专门训练,对颜色差别的感受性有了很大的提高。语言听觉敏感度已接近成人。对三维立体形状知觉通过数学、几何和图画教学迅速发展。刚入学的低年级学生对左右方位的辨别只能以自身为标准。但在教学的影响下,很快就能以客体为中心分辨左右。小学生辨别空间方位能力,一般在三年级左右才能发育成熟,并能在词的水平上辨认空间方位。

③学龄期儿童注意力发育特点。学龄期儿童在学校学习时，随意注意与不随意注意两种注意都有了很大的发展，不随意注意也有了新的特点，更多的是与学习兴趣相联系，老师教学直观性、生动性的教法，以及引起高尚情感的激情演讲和产生美感的图画等都能引起儿童持久的不随意注意。此期儿童能集中注意的时间，7～10岁儿童约20分钟，10～12岁儿童可达25分钟，12岁后能达30分钟。

学龄期儿童不善于分配自己的注意，其主要原因是对要注意的事物不熟悉，而未达到自动化的程度。当儿童写字的技能熟练后，他就能分配他的注意，一边听课一边记笔记。注意障碍的儿童通常表现为分心、注意的不稳定，不能将注意长久地集中在任何事物上，注意力经常不断地由一个客体转移到另一个客体上。此外是注意范围的减少、注意的分配能力变弱等。

④学龄儿童的记忆发育特点。小学生的记忆能力迅速发展，主要有3个方面的表现。从机械性的识记占主导地位逐渐向理解记忆占主导地位发展；从无意识记占主导地位向有意识记占主导地位发展；从具体形象识记占主导地位的词向词的抽象识记逐渐增长发展。小学3～5年级学生能更多地采用内在的记忆策略，他们在长时记忆中对一些表面上无联系的识记材料能通过组织、加工等策略使之系统化。这样在提取时就比较方便、容易，可以获得较高的记忆效果。低年级儿童主动系统化的记忆还较少，主要是机械化的记忆，也就是死记硬背。随着年龄的增长，系统化及逻辑推理性的记忆明显增多。

⑤学龄期儿童思维的发育特点。学龄期儿童的思维正处于具体形象思维向抽象思维发展的过渡阶段。小学低年级儿童思维以具体形象为特点，到了小学高、中年级，抽象逻辑思维逐渐增长。他们已经能在客体现象变化、形状或空间位置变化的情况下，而在思维中保持事物数量或物质的不变性，从而产生"守恒"的概念。

第三章 智力因素导致儿童学习困难的纠正

小学儿童在解决一些概念性问题时更多的是采取求实的、具体的途径,他们往往紧紧地抱住觉察到的现实不放;而对可能性的思索得很少;在判断推理某种现象时,他们也多采取经验归纳法,而更少假设推理。他们的结论往往是从自己已有的经验出发,而较少能脱离具体经验。这种能力到后期,即小学高年级开始有了转变。

⑥学龄期儿童个性发育特点。小学生入学后,其学习活动已经成为主导活动,而社会交往面扩大了,一些与学习、同学、老师有关的社会情感越来越占主导地位。如理智感、荣誉感、友谊感、责任感等都有了一定的发展。此时儿童的情感正处于过渡期,从外露的、易激动的表现,向内向化、稳定的表现发展。小学生的道德品质有一定年龄特点,如对道德概念的认识,是从直观的、具体的、比较肤浅的认识逐步过渡到较抽象的、本质的认识。一般小学低年级儿童多从行为客观后果的严重性出发而判断事情的好坏。而小学高年级的儿童(9~11岁),则从行为的主观动机去作判断。如有一个小朋友在家中乱翻东西时将一只玻璃杯碰在地上而将玻璃杯打坏;而另一个小朋友在帮助妈妈打扫卫生时将一茶盘玻璃杯打坏。小学低年级儿童一般从行为客观后果的严重性来判断事情的好坏,认为将一茶盘玻璃杯打坏的小朋友不好,因为他打坏的玻璃杯较第一个小朋友多。而小学高年级学生则从行为的动机出发,认为那个帮助妈妈干活的小朋友好,虽然他在干活中打坏了许多杯子,但也比不干活乱翻东西还将杯子打坏的小朋友要好得多。小学生在此期间对自我已经有了评价,这种评价往往来自别人(老师、同学和家长对他的评价),此时小学生还缺乏对独立评价自己的能力。小学生已经具有能对其他儿童的行为进行评价的能力,但往往针对某个具体的行为,到小学高年级时才能从个性品质上来分析判断别人。

四、精神发育迟滞导致的儿童学习困难的纠正

精神发育迟滞在国内外曾经有过许多同义词,如精神幼稚症、精神发育不全、精神低能、智力薄弱等,其并非是一个独立的疾病,而是很多先天或后天的原因所造成的精神发育的受阻及精神发育的不完全。所以精神发育迟滞是由于遗传、先天或后天获得的种种有害因素,在胎儿期、围生期或出生后直到18岁前损害了大脑的结构和(或)功能,造成精神发育受阻或发育的不完全。中国精神疾病分类方案及诊断标准第三版修订版中(CCMD-3)对精神发育迟滞是这样定义的:精神发育迟滞是一种综合征,其症状特征为智力低下和社会适应困难,可以同时伴有某种精神或躯体疾病,或由后者所继发,在发育成熟前发病。

1. 精神发育迟滞的发病率

精神发育迟滞较为常见,在美国及西欧国家约占人口的3%,据我国不同地区的流行病学调查结果显示,本病中重症患病率为1.1‰~5.0‰,湖南省4~16岁儿童精神卫生流行病学调查(1990年)结果表明,包括轻症精神发育迟滞的患病率高达2.22%。由于调查的方法不同,诊断标准的不一致,不少轻症的患者可能漏诊,所以各地所报道的发病率还不一致,并且差别较大。但是在这里还是可以看出来,精神发育迟滞的发病率还是较高的。有研究结果显示,农村人口精神发育迟滞患者发病率较城市为高,可能是由于两个原因所致。

(1)农村卫生保健条件不如城市,所以造成脑损害的因素较城市为多。

(2)偏僻的农村近亲婚配情况较多,所以不良的有害的遗传因素作用的机会较大。另外,在流行病学的调查中还发现男性患者略多于女性患者。

2. 精神发育迟滞的病因

(1)出生前因素

①遗传异常。常染色体显性遗传,包括结节性硬化、神经纤维瘤病、着色干皮病、Sturge-Weber综合征、萎缩性肌强直症。常染色体隐性遗传,包括苯丙酮尿症、脂质沉积症、黏多糖病、脑白质营养不良症等。

②染色体异常。先天愚型(21-三体综合征)、18-三体、13-15三体、染色体缺失或易位、构造畸形、脆性X综合征、Turner综合征等。

③先天颅脑畸形。家族性小头畸形、先天性脑积水、胼胝体缺如、神经管闭合不全、脑膜膨出等。

④母体在妊娠期受有害因素的影响。感染(包括巨细胞病毒感染、风疹病毒感染、单纯疱疹病毒感染、流感病毒感染、弓形虫感染、先天性梅毒或其他细菌感染)、药物、毒物或化学毒素、放射线的影响、母体健康情况(营养不良、内分泌异常、缺氧状况、妊娠中毒症、严重躯体疾病、年龄过大等)、胎盘功能不足、先兆流产、多胎妊娠。围生期因素包括早产、未成熟儿、产程过长、宫内或出生时窒息、产伤、新生儿颅内血肿等。

(2)出生后因素

①中枢神经系统感染,如脑炎、脑膜炎等。

②核黄疸。

③颅脑外伤。

④脑缺氧。

⑤甲状腺功能低下。

⑥重金属或化学药品中毒。

⑦代谢性或中毒性脑病。

⑧颅内出血。

⑨幼年重度营养不良。
⑩儿童早年缺乏文化教育的机会。

3. 精神发育迟滞分级

精神发育迟滞按严重程度分为边缘、轻、中、重、极重几个级别。根据中国精神疾病分类方案与诊断标准第三版修订版中(CCMD-3),精神发育迟滞按其严重程度分为以下5级:边缘智力:智商(IQ)为70～84分;轻度精神发育迟滞:智商(IQ)为55～69分(包括轻度智力低下、愚鲁);中度精神发育迟滞:智商(IQ)40～54分(包括中度智力低下、痴愚);重度精神发育迟滞:智商(IQ)25～39分(包括重度智力低下);极重度精神发育迟滞:智商(IQ)<20分(包括极重度智力低下、白痴)。

但是在实际工作中,我们并不是以智商的水平来评价一个人的精神发育情况,因为根据IQ划分精神发育严重程度不够全面。实际上精神发育迟滞患者并非只表现为智力缺陷,患者通常还有社会行为不正常,表现为适应环境能力、处理人际关系的能力及适应职业的能力缺陷,而常常有精神行为的不正常,如冲动行为、易激动、刻板动作、强迫行为等,所以对于其严重程度分级应参考其临床表现尤其是一个人的社会能力才较为全面。如一个人的智商是51分,但是其社会能力较好,能够进行简单的劳动和洗衣服,并且自己在社会中能够养活自己,那么这样的精神发育的严重程度就不能评为中度精神发育迟滞,而应当评为轻度的精神发育迟滞。

4. 精神发育迟滞的临床表现

(1)轻度精神发育迟滞:大多数精神发育迟滞(75%～85%)是属于此型。早年发育较正常儿童差,语言发育迟缓,但仍有一定的表达能力,往往在幼儿园后期或入学以后,才发现有学习困难,领悟力低,分析综合能力欠缺,思维较简单,经过努力勉强可以达到小学毕业水平,有一定的社交能力,成年后具有低水平的职业适应能力,常表现为温顺,缺乏主见,对环境变化缺乏应对能力。

(2)中度精神发育迟滞:约占精神发育迟滞的12%。自幼语言、运动功能发育都较正常儿童缓慢,而且语言发育常不完全,词汇贫乏,不能完整地表达意思,学习能力低下,经过耐心训练可以从事简单的非技术性的工作。

(3)重度精神发育迟滞:占精神发育迟滞的7%~8%。常合并某些脑部较重的损害,可以同时有脑瘫、癫痫等神经系统的症状,多在出生不久之后即被发现精神及运动发育明显地落后,年长后也能学会简单的语句,不能自理生活,不能接受学校教育,不能接受训练以学会简单的技能,无社会行为能力。

(4)极重度精神发育迟滞:占精神发育迟滞的1%~2%。完全没有语言能力,对周围环境及亲人不能认识,对危险不知躲避,仅有原始情绪反应,如以哭闹、尖叫表示需求食物或对人和事不满意。有时有爆发性攻击或破坏性行为,全部生活需要人照料。

5. 精神发育迟滞的诊断标准

(1)中国精神疾病分类方案与诊断标准第三版修订版中(CCMD-3),对精神发育迟滞是这样诊断的:①在发育成熟前起病;②智商(按Wechsler量表)低于70分;智商在70~85分为边缘智力;③有不同程度的适应困难。

(2)轻度精神发育迟滞的诊断标准是:①智商55~69分;②学习成绩较差,在普通学校中学习时常不及格或留级,或工作能力较差,只能完成较简单的手工操作,能学会一定的谋生技能及家务劳动;③能自理生活;④无明显的语言障碍。

(3)中度精神发育迟滞的诊断标准是:①智商40~54分;②不能适应普通学校学习,只能计算个位数加、减法;③可从事简单的劳动,但质量差,效率低;④学会自理简单的生活,但常需督促、帮助;⑤能掌握日常生活用语,但词汇贫乏。

(4)重度精神发育迟滞的诊断标准是:①智商25~39分;②不能学习和劳动,不会计数;③生活不能自理;④言语功能严重受损,

不能进行有效的语言交流。

(5)极重度精神发育迟滞的诊断标准是：①智商在25分以下；②社会功能完全丧失，不会逃避危险；③生活完全不能自理；④言语功能缺失。

6. 几种常见精神发育迟滞类型的表现与防治

(1)地方性克汀病：又称地方性呆小病，多发生在地方性甲状腺肿流行区。地方性克汀病的患病率明显地与地方性甲状腺肿的患病率相关。还有一种称为地方亚临床克汀病(亚克汀)，即在缺碘地区的所谓正常人群有相当一部分人，虽不能构成地方性克汀病的诊断，但实际上并不正常，表现为轻度智力落后，轻度身体发育落后和神经系统损伤。如协调运动差，运动速度慢，动作灵活性和准确性差，听力和前庭功能障碍，身高和体重低于常人及轻度骨发育落后。在非甲状腺疾病流行区发现的病例称散发性呆小病。

①地方性克汀病的临床表现。精神发育迟滞：智力低下程度比较严重，中度及重度者占60%。安静、反应迟钝、精神萎靡、活动少，少部分患者性情暴躁、哭笑无常，言语障碍及听力障碍都比较常见。躯体发育延迟，患者身材矮小且不匀称，身体下部量短于上部量，骨骼发育迟缓，不少患者合并运动功能不良，重者可见瘫痪，体重低于同龄人，性发育也迟缓，轻度患者性发育完全并可以生育。实验室检查显示，甲状腺功能基本正常，血清蛋白结合碘及丁醇提取碘大多减低，甲状腺吸^{133}碘率增高，血清胆固醇稍低。X线检查显示患者骨龄落后于实际年龄、颅脑脑回压迹可增多，蝶鞍偶见增大。脑电图基本频率偏低，节律不整，大多出现阵发性双侧同步Q波，可见a波。重度患者的心电图可见低电压，T波低平或双相，Q-T间期延长或不完全性右束支传导阻滞。

②地方性克汀病预防与治疗。地方性克汀病是可以防治的疾病，但关键是早期发现，甲状腺素对脑功能的影响在不同的年龄是不同的。如果在患儿1岁以内或更早预防，患病率会大大降低，若

第三章 智力因素导致儿童学习困难的纠正

未得到及早诊断及早治疗,对智力发育及形体的影响是永久的。胎儿期缺碘或碘缺乏纠正不足,碘摄入每日小于 20 微克,则会有地方性克汀病出现,如轻度缺碘或碘纠正不足,不足以造成克汀病。为此,应提倡病区育龄妇女注射或口服碘油,同时对新生儿进行微量脐血 T_3、T_4、TSH 检测,以做到早发现、早诊断、早治疗。在预防克汀病的过程中正确应用含碘食盐,因为如果使用不当,不但达不到用含碘食盐的目的,还会影响菜的口味。碘盐是碘化食盐的简称,它是由食盐按两万分之一至五万分之一比例掺拌碘化钾或碘化钠而成,用来防治碘缺乏病,如婴幼儿的克汀病,使用含碘食盐必须做到两点,即避光存放,勤购少存。碘食盐中的碘盐、碘化物遇光易氧化分解为分子,失去防治克汀病的作用,长久存放难免氧化,宜勤购少存;食用时防高温,由于菜温、油温过高都会使盐中的碘挥发而达不到预防克汀病的目的。因此,切记用热油爆炒食用碘盐,宜在做菜出锅时、烧煮中间放盐,这样既可避免和减少碘的挥发,而且菜的口味也好。

(2)苯丙酮尿症:这是一种氨基酸代谢病,是遗传代谢缺陷所致精神发育迟滞较常见的类型。由于苯丙氨酸羟化酶的先天缺乏,体内苯丙氨酸不能转化成酪氨酸而引起的一系列代谢紊乱。

①临床表现。精神发育迟滞,智力损害一般较严重,但出生时往往正常,数月后即发现患儿发育延迟,烦躁,易激惹,反应迟钝,明显的语言障碍。90%的患儿有白皙的皮肤,淡黄色的头发和蓝色的虹膜。神经系统体征:震颤、肌张力异常、共济失调、腱反射亢进甚至瘫痪。1/4 患儿合并癫痫。不少患儿合并湿疹,尿中有特殊的鼠臭味。80%的脑电图常在 1 岁前出现异常的脑电波。血中苯丙氨的含量(Guthite 细菌抑制法):>4 微克,可视为阳性。一般>20 微克诊断意义较大。三氯化铁试验反应为绿色。2,4-二硝基苯肼试验反应呈黄色,该试验较其他试验敏感性高些。但在新生儿期可以呈尿阳性反应,所以本试验不宜做新生儿筛查。

②治疗方法。严格限制苯丙氨酸摄入。由于苯丙氨酸又是身体生长发育必须的氨基酸,因此血中苯丙氨酸维持在 5％～10％的水平较为合适,治疗时用低苯丙氨酸水解蛋白来喂养患儿,但因价格昂贵,一般难以坚持。此时,可用饮食治疗,如食用羊肉、大米、大豆、玉米、淀粉、糖、蔬菜、水果等低苯丙氨酸的食物,同时应限制如小麦、蛋类、肉、鱼、虾、乳类等含丰富的苯丙氨酸食物的摄入,定期根据血浓度调整饮食。决定疗效好坏的主要因素是开始治疗时间的早晚,生后立即开始治疗效果最好。一般认为生后3个月内开始治疗,日后智力发育可以正常。但如在6个月以后才开始治疗,以后仍可能存在智力低下。在4～5岁以后才开始治疗者,智力不会改善。通常主张5～6岁可以停止饮食治疗。影响疗效的另一个因素是与治疗前苯丙氨酸浓度的原始水平有关,血中浓度越高,控制就越难,日后的智力越差。

③预防措施。预防本病的根本办法是避免使本症的患者出生,可运用分子生物学技术进行监测。方法:通过采集患儿父母外周血,得到 DNA 分析图谱,获得该家长的 RFLP 信息。在通过羊膜穿刺抽取羊水细胞分离提取 DNA,得到胎儿的 DNA 图谱,通过胎儿与家庭成员的苯丙氨酸羟化酶基因的 RFLP 位点多态性连锁分析,便可以对胎儿作出产前诊断,适时流产,避免产出患儿。

(3)染色体异常所致精神发育迟滞:染色体异常在精神发育迟滞的发病中占有重要的地位,在中、重度的患儿中可达到35％,轻度为8％。染色体异常的种类很多,常染色体引起的躯体症状和智力损害较为严重,性染色体引起的症状较轻。有的只部分患者涉及智力损害。主要类型有:先天愚型(21-三体综合征,Down 氏综合征)、先天性睾丸发育不全、先天性卵巢发育不全、脆性 X 综合征。

①先天愚型。临床表现为精神发育迟滞轻—中度,多数是中度,其智力随着年龄的增长而逐步降低,年龄从1岁增长至10岁,

第三章 智力因素导致儿童学习困难的纠正

其平均智商(IQ)则从 58 分下降至 40 分以下。也有专家认为,在青少年期智商(IQ)相对稳定,以后才降低。大多数研究表明环境因素是影响智商(IQ)的重要因素,在良好环境中抚养的患者智商(IQ)相对较高,不同类型的患者智力低下的程度可不同,一般来说,三体型者最严重,易位者次之。易位型中以平衡易位者智力受累程度较小。由于患儿安静、温顺,为特殊教育训练提供较好条件,虽然在文化技能上很难达到小学 1～2 年级水平,但适应能力可有明显的改善,有一定的生活自理和劳动能力。患儿开始学说话的平均年龄为 4～6 岁,95％有发音缺陷、口齿含糊不清、口吃、声音低哑;1/3 以上有语音节律不正常,甚至呈爆发音。大多性情温和,常傻笑,喜欢模仿和重复一些简单的动作,可进行简单的劳动,少数患者易激惹、任性、多动,甚至有破坏攻击行为,某些则显示畏缩倾向,伴有紧张症的姿势。患儿在出生后的一段时期其运动功能与正常同龄儿差别可能不大,但随年龄增长其差别增大。在不同的患者中运动发育的情况也相差很大,先天愚型患者可执行简单的运动,如穿衣、吃饭等,但动作笨拙、不协调、步态不稳。

先天愚型患者母体妊娠期较短,平均为 262～272 天。出生时身高较正常新生儿短 1～3 厘米,头围基本正常,双顶径在正常范围,前后径相对较短,枕部平坦。大多数呈短头畸形。前后囟及前额缝宽,闭合迟,常出现第三囟(后囟上方的矢状缝增宽)。该病患儿出生后几天睡眠较深,吸吮、吞咽十分缓慢,甚至完全不能。故弄醒和喂养十分困难。80％的患儿肌张力普遍低下。

患儿多见双眼距宽,两眼外角上斜,内眦赘皮,耳位低,鼻梁低,舌体宽厚,口常半张或舌伸出口外,舌面沟裂深而多,手掌厚而指短粗,末指短小常向内弯曲或有两指节,40％患儿有通贯掌。跖纹中,踇趾球区胫侧弓状纹,趾与第二趾指间距大,关节韧带松弛或见肌张力低。约有 1/2 的病例并发先天性心脏病,易患传染性疾病和白血病。

诊断时一般根据特殊面容、异常体征、智力低下可做出诊断，但上述特征并非是先天愚型患儿所特有的，进一步确定诊断需要做染色体检查。Hall 提出在以下 10 个体征中具有 6 个以上时即可诊断。拥抱反射消失（阳性率为 85%）；肌张力低（阳性率为 80%）；面部扁平（阳性率为 90%）；眼裂上斜（阳性率为 80%）；耳发育不良（阳性率为 60%）；颈后皮肤增厚（阳性率为 80%）；通贯掌（阳性率为 45%）；关节活动过度（阳性率为 80%）；骨盆发育不良（阳性率为 70%）；小指中指骨发育不良（阳性率为 60%）。另外，产前诊断可以通过测母体甲胎蛋白、非结合雌三醇、绒毛膜促性腺激素，并结合母亲妊娠时间进行筛查，可筛查出 61% 的先天愚型胎儿的妊娠；近年来发现，母血中尿素抗嗜中性白细胞碱性磷酸酶活性增高，其阳性率为 79%。确切的诊断需羊水穿刺进行细胞遗传学检查。

②脆性 X 综合征。临床表现为男性患者中度以上智力低下占 80% 以上，女性多表现为轻度智力障碍、学习困难或智商正常。学龄前组大多为轻度智力低下，学龄组大多为中—重度智力低下。随着年龄的增长，智力水平下降。患者计算能力差，无数字的基本概念，只能机械计数，抽象思维和推理能力方面均有明显缺陷，概念形成及完成任务的能力也明显降低。语言障碍也是该综合征常见的特征。多表现为会话和语言的表达能力的发育严重迟缓，学语年龄延迟、词汇量少、语言重复单调、模仿语言、持续语言，有时有特征性的语言障碍—碎语，表现为讲话的速度快而起伏不定，语言、词、短语的重复。绝大多数患者有多动、注意力不集中，以年龄小者较为突出，随着年龄的增长而减轻，多动程度与智商无关，甚至智商高者更明显。常有孤独症的表现，几乎大部分患者都有孤独症的特征，90% 有对眼凝视回避，88% 有拍手、咬手或刻板动作。大多数患者表现为胆小、羞怯、温顺，但有少数患儿脾气烦躁、倔强。可以有自残现象，主要发生在受挫折和受刺激以后。

第三章 智力因素导致儿童学习困难的纠正

患者多见头围增大、脸长、前额突出、虹膜颜色变淡、耳轮大、腭弓高、嘴大唇厚及下颌大而凸出等。女性智力低下者面部异常更多见(占50%)。患者身材较高。

巨睾症为特征性改变,多在青春期发生,年幼儿少见,一般认为睾丸体积大于同龄人的最高值即可称为巨睾。正常人平均睾丸体积为18立方厘米,大于25立方厘米者为巨睾。测量睾丸体积的公式为(长×宽)的平方×3.14/6。

本综合征患者癫痫的发生率为25%~45%,特点是:睡眠期间歇发作,脑电图异常,对抗癫痫药物反应良好。癫痫发作的类型以强直性痉挛发作多见,其次为复杂的部分性发作,发作一般不频繁,开始于儿童或青少年,成年后症状消失。

其他异常包括共济失调、腱反射亢进、伸性跖反射、睑痉挛等神经系统体征。结缔组织功能失调的表现,过度伸直指关节、大手、大足、二尖瓣脱垂、主动脉延长等;皮纹异常,有弓形纹、反箕形纹增多,而正箕形纹减少,指嵴纹总数和绝对嵴纹数值增高。男性患者性腺功能低下,成年患者阴毛呈女性分布和乳房女性化,但可生育;女性生育能力增强,智力低下者更甚。

对于该症,叶酸治疗由于脆性位点仅在缺叶酸的培养基中容易发现,并且该疾病的检出率明显增高,所以一些专家在脆性X综合征的治疗中引进了叶酸治疗,在治疗过程可见患儿的行为、情绪及神经系统症状的改善,如过度活动减少、注意力协调运动和言语能力有提高,当停用叶酸后症状有恶化。但目前还有一些专家认为叶酸治疗本症尚在试验阶段,其安全性尚待观察。尽管如此,叶酸试用于治疗脆性X综合征患者,使其情绪、行为产生改善的意义远非限于临床上治疗有限的病例,而是向染色体疾病发起挑战。使用剂量一般为0.5~2毫克/千克体重/日,能改善患者行为和运动能力、语言质量等,一般认为对智力的改善不明显,对成年患者无效。

中枢神经系统兴奋药治疗,有报道效果好于叶酸,对于改善注意力缺乏、活动过度有较好的效果。中枢性兴奋剂主要有哌甲酯、右旋苯丙胺,以及抗癫痫药苯妥英钠均可试用。在相对低的剂量时,患者反应最佳,剂量大时易出现情绪不稳、爱发脾气等现象,另外对男性脆性 X 综合征者常需要治疗间歇性暴躁的行为问题,最常应用的有硫利达嗪。

也有专家认为 β 受体阻滞药如普萘洛尔、纳多洛尔和锂盐治疗有效。

③先天性卵巢发育不全。先天性卵巢发育不全综合征,又称 Turner 综合征。该型约占女性精神发育不全的 0.64%。临床表现为身材矮小,大多数患者的智力正常或轻度降低,语言智商较操作智商高,视觉空间定向障碍,对自身以外的空间左右失定向。Benton 视觉保留试验异常,绘画能力缺陷。患者通常显幼稚、温顺、容易相处,尽管缺乏女性第二性征,但他们十分女性化,成年女性性欲较低。由于身材矮小可能导致患者神经过敏,少数患者有神经性厌食。

患者外生殖器呈幼女型,性腺不发育,子宫及输卵管小,卵巢呈条锁状,卵母细胞或囊状卵泡常缺如,原发性闭经,不育,阴毛稀少、阴道黏膜薄、无分泌物。

有眼睑下垂,内眦赘皮,后发际低,低位大耳,高腭弓,颈蹼,黑色素痣等。常伴有骨骼畸形,以肘外翻,第四、五掌骨短小多见。25%合并心脏畸形、肾畸形,部分患者可合并甲状腺炎及糖尿病。该病多在新生儿期可见四肢淋巴结水肿,持续数月,少数病例可以持续 1 年以上。

对于该症,主要应治疗原发性闭经,促进性腺和身体的发育。11~12 岁开始给予雌激素治疗,口服己烯雌酚 0.25~0.5 毫克/日;青春期后可采用己烯雌酚和黄体酮行人工月经,可导致月经来潮和性生活,但因无排卵,而不能怀孕。对年轻、骨骺尚未愈合的

第三章 智力因素导致儿童学习困难的纠正

患者给予蛋白同化激素如苯丙酸诺龙等治疗,以促进生长发育,该药无明显的不良反应,此药为一种具有明显促进合成代谢和相当低的雄激素效应的合成类睾酮药物。应用过程中应定期随访和测骨龄。同时应辅以钙剂、多种维生素和甲状腺素片,并加强营养,最近也有报道用生长激素治疗本病。

④先天性睾丸发育不全。临床表现为患儿在青春期前缺乏明显临床症状,仅少数有轻度智力低下和行为异常,青春期则出现男性第二性征发育不全的表现。本病大多数患者智力正常,约1/4患者有轻度智力低下,在核型为XXY的患者中,智商小于50者很少见,X染色体越多,智力低下的发生率及其程度越严重。精神上以感情淡漠、主动性缺乏和思维贫乏为特征。患者表现为害羞、性格孤僻、沉默寡言、不善交际,某些患者表现出对父母过分不正常依赖。上学后常逃学在外游荡,甚至可能出现不端行为。部分患者有神经质倾向,甚至精神病症状,本病患者中精神分裂症的发生率较正常人群高几倍。

患者外表男性,但睾丸小(长径约2cm以下),小阴茎,可有隐睾、尿道下裂,性欲低,无精子,一般不能生育(可以生育的例外情况为46XY/47XXY嵌合体)。10%～30%患者呈女性化乳房,体毛稀少,无胡须,皮肤细嫩,皮下脂肪发达,喉结不明显,身材修长,以下肢增长明显。可有小头畸形,桡骨骨性联合,肘外翻,膝和髋外翻等。眼部畸形如严重视力障碍、虹膜、脉络膜和色素膜裂开、虹膜缺如等。皮肤改变有掌部弓形纹增多、嵴纹指数减少。

7. 精神发育迟滞的鉴别诊断

(1)精神发育暂时性延缓:儿童慢性躯体疾病、病后虚弱状态、营养不良、服用镇静药物或环境不良、学习条件欠缺等,都可以造成儿童反应性呆滞、思维贫乏,容易被误认为智力低下及精神发育迟滞。如果改善其生活条件及学习条件或身体康复后,其智力可迅速恢复。

(2)癫痫:频繁的癫痫发作及服用苯巴比妥、卡马西平、丙戊酸类抗癫痫药物,都可以使患儿困倦、呆滞、类似精神发育迟滞。

(3)儿童精神分裂症:也可以有学习成绩低下、淡漠,对周围环境接触及适应不良,但大多数患儿并无真正的精神发育迟滞。

(4)视、听障碍以致适应环境及学习困难:早年耳聋严重者常有语言发育障碍,不要把这些情况误为精神发育迟滞。某些脑病所引起的失语、失用、失写也影响学习及语言能力,但其一般智力良好。

(5)儿童多动症:有注意力不集中、学习成绩差、不遵守纪律、适应社会能力差等特点,类似精神发育迟滞,但检查其智力常常在正常范围之内,经督促学习成绩可以显著改善,服药治疗可以好转,以上这些表现可以同精神发育迟滞相鉴别。

(6)其他:正常儿童中也有一部分言语能力、运动能力发育缓慢,但一般理解及适应环境的能力则仍正常,一旦功能发育,能迅速赶上正常儿童,在各个方面都不显落后,与精神发育迟滞不同。

8. 精神发育迟滞的治疗

(1)病因治疗:对于遗传代谢性疾病,如苯丙酮尿症、半乳糖血症、枫糖尿症、肝豆状核变性等,如果能够早期诊断,应及早进行饮食治疗,可以避免发生严重的智能障碍。对于先天性克汀病,应给予甲状腺素治疗,可以改善其智能低下。某些先天性颅脑畸形,如先天性脑积水、狭颅症,应进行手术治疗,这样可以减轻大脑压迫,有助于患儿的智力发育。以上疾病只占精神发育迟滞的少数,多数患儿不能进行病因治疗。

(2)药物治疗:多年来,许多医生用过很多药物企图帮助精神发育迟滞儿童加强脑发育,增强智力,如谷氨酸、γ-氨酪酸、吡拉西坦、吡硫醇、脑磷脂等,但都没有肯定的效果。近年来,在临床上所使用的脑活素,对中、重型精神发育迟滞的患儿促进言语及运动功能的发育,有一定疗效,但是对于极重症患儿无效。用法:5~10

第三章 智力因素导致儿童学习困难的纠正

毫升脑活素,置于5%~10%葡萄糖液中静脉滴注,每日1次,5~10次为1个疗程。对于脆性X综合征患儿,可以采用叶酸治疗。

(3)脑移植:近年来,国外有用脑移植来治疗精神发育迟滞。近几年来,国内也有少数地方开展此治疗,但疗效尚待评定。

(4)基因治疗:对于一些单基因遗传性、代谢性疾病,国外已在开展基因治疗,理论上应有前景。

(5)教育及训练:对于大量智商(IQ)为50~70的精神发育迟滞患儿,随着年龄的增长,脑功能也有缓慢的改善,所以特殊教育及耐心辅导,能帮助其智力及运动能力的提高,以适应生活及简单的职业需要。对于重症及极重症患者,则终身需人照料,但仍然可以通过长期的训练,教会其简单的卫生习惯和基本生活能力。

9. 精神发育迟滞儿童的课程重点

(1)轻度精神发育迟滞儿童的课程重点:轻度精神发育迟滞儿童所必须学习的内容有算术、社会、沟通、安全、健康、职业、动作与课外活动等方面的内容,目的在于培养患儿日后能够在社会上有效地生活与工作。

①学龄前精神发育迟滞儿童教育课程的重点应当放在语言发展、动作发展和感知训练方面。教育之前应以不同年龄的基线测试每一个儿童,再按其不足进行有计划的训练。

②小学和中学阶段(6~14岁)精神发育迟滞儿童课程的重点,除小学读、写、算、自然、美术、劳动和体育、音乐等教育技能科目外,加强社会适应,语言知觉和动作自理等训练,使之学会说话和书写技能,并能运用语言理解能力学习其他知识,以应付生活所需。

(2)中度精神发育迟滞儿童课程重点:学龄前及小学阶段的中度精神发育迟滞儿童课程,应以生活自理和感知动作技能训练为主,兼及社会适应,沟通与实用技能等。在具有此等技能的相当程度基础之上,方能到中学阶段进行职业训练。中度精神发育儿童

的课程内容主要有7个方面。

①生活自理。主要培养自我照顾能力,包括饮食、大小便、穿着、梳洗和安全(也就是躲避危险)。

②人际交往。培养患儿与他人有效沟通的能力,包括运用语言、手势等和别人进行适当的沟通。不仅能听懂,也可以自我表达。

③适应社会。学习控制自己的情绪,乐于助人,并且发展其热心和诚实的品质,以及对异性的适当态度。

④感知功能。培养儿童适当的感知觉与主动技能,如跑、跳、身体知觉、手眼协调和动作的敏捷性。

⑤实用技能。将有限的读、写、算等技能,用于日常生活中去,使之适应与满足日常生活的需求。

⑥职业与经济技能训练:包括使用日常家用电器,帮助家长做家务活,使用铁锤和油漆刷等的有关就业工具,以及工作习惯、态度与技能等训练内容。

⑦休闲活动技术训练。如学习骑自行车、游泳、音乐、舞蹈、美术等活动技能与业余兴趣爱好。

(3)重度精神发育迟滞儿童课程重点:以往认为重度精神发育迟滞儿童需要终身养护,不具备学习技能,但现在众多教育家和医学家经过长期实践,认为只要教育得法,患儿也能学会一些基本生活技能。其中最必须学习的是饮食、穿着、梳洗与大小便的生活自理。由于重度精神发育迟滞儿童伴有明显的注意力、知觉、动作和手、脚的控制障碍及沟通障碍,需要在实施训练以前,设计适合患儿的训练方案,选择适当的辅导器材,并采取必要的激励措施,矫正其身心缺陷,然后方可以学习生活自理技能。

10. 精神发育迟滞的教育

对于精神发育迟滞的患儿的父母、亲属乃至整个社会来说,患儿是一个沉重的负担。严重者长期由家庭、政府或集体单位供养

第三章 智力因素导致儿童学习困难的纠正

生活,他们影响家庭、国家或集体经济及亲属的工作、学习、生活。有的轻度精神发育迟滞患儿进入普通学校,学习成绩低劣,成为小伙伴戏弄、侮辱的对象;有的则游荡街头,甚至受坏人唆使而发生犯罪行为。因此,精神发育迟滞儿童问题也成为一个重大的社会问题。在我国,精神发育迟滞儿童的就学率仅占 0.03%。所以,这方面的工作还很薄弱,应引起医学界、教育界的重视。重视对精神发育迟滞患儿的教育和训练,这不仅只是保护和同情弱智者,更重要的是容纳智力残疾者,并将把他们当作常人去教育,使其进入人生主流,以减轻社会及家庭的压力。事实上,通过教育可以使精神发育迟滞的患儿智力水平和适应能力得到最大限度的发展。保证弱智儿童像正常儿童一样享受学习的权利,对他们实行特殊教育可以使他们身心得到最大限度的发展,从而成为自食其力的劳动者,做到残而不废,这是社会的需要,也是弱智儿童的需要。

精神发育迟滞儿童的教育实践证明,大多数弱智儿童经过早期诊断和早期教育,他们的缺陷是能够得到相当程度的补偿的,并成为生产财富的公民。其中一些人还可发挥其才能,成为国家的专门人才。因此,对精神发育迟滞儿童施行特殊教育,不仅仅是一个人道主义的举动,这也是经济建设的需要,也是开发人才资源的一个必要措施。

那么精神发育迟滞儿童的智力商数可以提高吗?其实,智力商数不是一成不变的,环境因素能影响智力测验的分值,儿童早期的智力发育、儿童有限的生活经历都可以影响智商的分数。原美国国家早期儿童教育实验室主任亨特,在 1961 年就预言,可以通过给早期发现的精神发育迟滞儿童以激励来将其智力分数提高 30 分。在其多年的精神发育迟滞儿童的早期教育实践过程中,亨特已经将一些精神发育迟滞儿童的智商提高了 50~70 分。所以可以说,一个有潜力,但丧失了文化背景的精神发育迟滞儿童,可以通过训练使其从智力迟钝水平提高到正常甚至优良的水平。这

就需要家庭和社会给精神发育迟滞儿童某种刺激性环境,他们长大以后可能会对任何事情都予以关心,对任何事情都有兴趣、有动机,使其智力得到较大的发展。精神发育迟滞儿童的教育应尽早进行,如果3～6岁时对精神发育迟滞患儿进行早期教育,他们当中的一部分人可能接近或达到正常智力水平。国内外很多心理学家和幼儿教育家都做过这方面的研究,证明确有效果。海勃尔的研究表明,受过早期教育和训练的精神发育迟滞儿童,智商可以提高30分,等于智商提高了一级。因此,对精神发育迟滞儿童的早期发现并尽早采取教育措施,非常重要。6岁以前是最好的教育时期,最迟也应当在7岁以前进行特殊教育。

(1)精神发育迟滞儿童的教育类型

①可教型精神发育迟滞儿童(智商50～75分)。可教型精神发育迟滞者成人智力与8～12岁正常儿童的智力差不多,在标准化的成绩测验中,他们能够达到3～7年级水平。大多数可教型精神发育迟滞者能够掌握初级学校课程,可教型精神发育迟滞儿童占精神发育迟滞儿童总数的80%～90%。他们与正常人中最低档次的部分情况是相同的,即一部分为临界正常。

②可训型精神发育迟滞儿童(智商30～50分)。可训型精神发育迟滞者的成人智力具有一个4～8岁正常儿童的智能范围,而且在标准化的测验中,能够达到一年级或者二年级水平。大多数可训型精神发育迟滞儿童可望在生活自理和社交能力上有所发展,其中还包括口头交流的能力。

③监督保护型精神发育迟滞儿童(智商30分以下)。监督保护型精神发育迟滞者成人的智能将永远不能超过一个4岁正常儿童的智能水平,生活自理和相互交流等技能也是接近于零。几乎所有监督保护型精神发育迟滞者都终身需要监护式的照料。

(2)精神发育迟滞儿童的心理特点:在精神发育迟滞儿童的教育训练过程中,一定要针对他们的特点进行训练和教育。

第三章 智力因素导致儿童学习困难的纠正

①感知觉方面的特点。轻度精神发育迟滞儿童的感觉器官如眼睛、耳朵等,通常没有明显的病变,但对事物的感受能力比不上正常儿童,往往视而不见,听而不闻。他们的知觉速度缓慢,而且知觉范围狭窄。另外,他们不会积极主动地去观察周围的世界,往往满足于对事物表面的、片面的了解。例如,在认识事物时,他们常常会被物体的外部特征所吸引,从而忘记了自己的主要任务。中度及严重的精神发育迟滞儿童视、听器官还会有病变。

②记忆方面的特点。精神发育迟滞儿童的记忆过程缓慢,新的材料需要多次反复的强化才能记住。他们记忆的容量小,不能够同时记住比较多的材料,而且对所识记的材料保持也不牢固。他们经常缺乏对记忆材料意义的理解,不善于有目的地去记住或回忆这些材料,回忆和再现内容也往往是断断续续的、凌乱的、很不精确的。

③语言方面的特点。精神发育迟滞儿童的语言发展缓慢或异常。大部分精神发育迟滞儿童2~3岁以后才开始说话,许多年龄较大的孩子还保持着正常儿童3~4岁时使用的语言,极个别的还保持着情境性语言。他们的词汇很贫乏,对词义掌握不好,语法结构也常常是不完整的。一些儿童的词汇仅限于一些物体和动作的名称,很少使用形容词、副词和连词等;他们的句式也很简单,极少使用复杂的句子。有的十来岁的儿童甚至不能说出一个完整的句子。另外,还有一些儿童有发音缺陷、构音困难、口齿含糊。

④思维能力的特点。由于感知觉、记忆的缺陷,尤其是言语发展的缺陷,使精神发育迟滞儿童的思维能力发展受到了很大的限制。思维的具象性是这类孩子的基本缺陷。他们在思考问题时,常受一些单个的直接形象的支配,不能理解隐藏在事物或现象后面共同的、本质的东西。精神发育迟滞儿童对数的概念理解也深受实物的影响,大部分人习惯于用指头计算,难以心算或以表象运算。与思维的这种具体形象性相联系,精神发育迟滞儿童的概括

能力很差。此外,精神发育迟滞儿童对提出的问题不善于推理,更不能进行逻辑思维。注意力不集中或者集中注意力的时间较短。

⑤个性特征。精神发育迟滞儿童由于疾病、不良的生活条件和教育环境等因素的影响,产生了一系列独特的个性特征,容易兴奋、易哭闹、任性、胆小、懒散、依赖性强、自信心差、自言自语多等。精神发育迟滞儿童的情绪体验比较简单,他们感受到的只是满意和不满意,几乎没有分化的程度,没有细致差别的体验。他们对生活中的一些重要事件的体验是极其肤浅的和表面的。有的孩子情绪变化很快,说哭就哭,说笑就笑。他们一般不能根据客观情况的变化改变自己的情绪和情感,容易感情用事。他们的高级情感如良心、义务感、责任心等比正常儿童形成得更晚、更困难。在意志品质方面,精神发育迟滞儿童常常不了解自己行动的目的,不善于支配自己的行动去达到预定的目的,依赖性很强。他们缺少毅力,害怕困难,欲望的诱惑、消极的情绪都可以使他们改变计划好了的行动。上述心理特点可以相互影响、相互制约。感知觉的缺陷影响了记忆、语言和思维能力的发展,思维的障碍有必然加重其他心理活动的障碍;个性特点对某认知活动的各方面的影响也是很大的。

(3)精神发育迟滞儿童导致学习困难的特点:精神发育迟滞儿童导致学习困难的特点多动;知觉-运动失调;情绪容易突然暴发;笨手笨脚;易分心;任性;记忆学习材料困难;理解抽象概念差;阅读、书写、识数能力差;理解他人的语言或表达自己思想的能力差。

(4)精神发育迟滞儿童的教育目标:对精神发育迟滞儿童的教育目标主要有4个。①才能(或性格特点)的充分发挥。包括说话方式(或能力),阅读,书写,算术,美学兴趣的培养。②人际关系。包括人与人之间的相互尊重,发展友谊,有礼貌,了解家庭中的民主,社交能力及社会服务的培养。③经济效益。包括职业,了解职

第三章 智力因素导致儿童学习困难的纠正

业信息,进行职业选择,职业鉴赏以及对职业的适应。④公民的职责。遵守法律,对人宽容,了解社会,了解正义和民主,了解在政治上公民的权利和义务。第二十三届国际教育会议提出的对精神发育迟滞儿童培养目标是:"精神发育迟滞儿童,对于人民是一种经济的社会的和文化的负担,精神发育迟滞患者中的绝大部分在受到应有的教育后,可成为有益的公民。"美国 Kirk 医生对精神发育迟滞患者提出 3 个适应目标:"职业的适应、社会的适应和个人的适应(指个人生活自理),其中职业适应是自立于社会的基础,是最终的目标。"日本在精神发育迟滞儿童的教育课程的标准中提出的最终目标,是自立生活的适应。

各个国家对精神发育迟滞儿童教育训练的目标不一致,但最终的目标都是使精神发育迟滞儿童能够"适应社会和康复",在社会的正常条件下劳动与生活。国家教育委员会颁发的关于《全日制弱智学校(班)教学计划(征求稿)》中规定精神发育迟滞儿童的培养目标和任务是:"认真贯彻德、智、体、美全面发展的方针,从弱智儿童身体和智力的实际情况出发,对他们进行相应教育,教学和训练,有效地补偿其智力和适应行为的缺陷,为使他们成为有理想,有道德,有文化,有纪律的社会主义公民,适应社会生活,自食其力的劳动者打下基础。"在对精神发育迟滞儿童的培养过程中,可以根据患儿的精神发育严重程度来确定培养的目标。

11. 精神发育迟滞儿童社会能力训练

精神发育迟滞儿童的社会能力包括社会适应能力和社会交往能力,这些方面的能力是促进儿童心理发展的必要条件,也是评估儿童心理健康的一个重要标准。儿童的社会适应能力,是指儿童独立处理日常生活与承担社会责任,达到与其年龄和所处的社会文化条件所期望的程度。也就是指儿童适应其周围的自然与社会环境的有效性。儿童的社会交往能力,是指儿童运用言语和姿势、动作和表情等非语言手段,与人们进行沟通的能力,对精神发育迟

滞儿童进行社会能力的训练可以改善患儿的人际关系,使其获得友谊、帮助和安全感、力量感,提高自信心和自尊心,有助于患儿在社会上更好地生存和适应,顺应环境中的困难。

(1)影响精神发育迟滞儿童的社会能力的因素:有以下因素可以影响精神发育迟滞儿童社会能力的形成。

①人际关系。精神发育迟滞患儿的人际关系好,可以产生结合性情感,表现出对儿童人际关系中的肯定、接纳和积极态度,使其获得友谊、帮助和安全感、增强力量感,提高自尊心和自信心,有助于患儿社会能力的发展;精神发育迟滞儿童的人际关系不好,则产生分离性情感,使之持否定、排斥、消极的态度,从而陷入孤独、恐惧、痛苦和压抑的境地,削弱了儿童的社会能力。

②与周围接触的多少和其性质。精神发育迟滞儿童如果与周围人接触少,父母又过于保护,或干涉太多,也就会阻止儿童社会能力的培养。

③学习社会时的动机。如果精神发育迟滞儿童与人们接触交往后,感到有兴趣和满足,将激发精神发育迟滞儿童与人接触的动机和欲望;反之,就会回避这种接触机会。

④语言是社会能力的发展基础。精神发育迟滞儿童能够应用语言,把自己所想的及所感受的事物以语言形式表达出来,将可以助长患儿与人交往的积极性,促进其社会能力的发展。如果精神发育迟滞儿童的语言理解和表达能力不强,则可以引起一些不必要的混乱和矛盾,削弱儿童的社会能力。

⑤是否为患儿创造了一个有一定规则的舆论环境。允许平等发言,以大家的意见处理问题,也是精神发育迟滞儿童进行社会能力培养过程中的一个重要环节。

⑥家庭因素。父母对精神发育迟滞儿童持有温暖、接纳、爱护的态度,其子女能自我接纳、愉快及情绪稳定;反之若持拒绝、冷酷、控制态度,则将造成患儿的自卑、焦虑、退缩、过分顺从、无安全

第三章 智力因素导致儿童学习困难的纠正

感和攻击性较强,有反社会行为,而使其与社会脱离。

(2)社会能力训练的方法

①改进教养方式。首先要改进不利于社会交往的教养方式,这些不准确的教养方式主要有让精神发育迟滞儿童自己独自呆坐,不加以引逗,不与他们交谈,完全忽视了患儿的交往活动。有的家长过分溺爱孩子,致使孩子过分地依恋家人,而不与别人进行交往。有的家长对儿童过分严厉,以致儿童发生胆怯、退缩,不敢与人交往。

②创造广泛交往的条件。为儿童创造条件,使其能较多地接触其他孩子。可以让患儿与其他孩子一起做游戏,自由交往。使其能够适应不同的环境。

③指导儿童进行交往。家长应积极指导精神发育迟滞儿童主动、大方、有礼貌地和成人进行交往。有食物时懂得分享,在群体活动中,主动积极地帮助他人,承担社会责任,并能够清楚地表达自己的意见,耐心听取他人的意见;学会控制自己,不随便发脾气。

④预防和制止不良的交往。精神发育迟滞儿童和周围人,尤其是同伴往往可以发生争吵、骂人、厮打或互相不理睬等不良的交往行为,可能导致患儿的紧张不安,影响其心理健康,破坏孩子之间的团结。所以必须预防和制止此种不良交往的发生。

⑤培养自我服务的习惯。及时鼓励精神发育迟滞儿童学会生活自理的能力,这是适应社会活动的重要组成部分。应鼓励患儿自己的事情自己做,面对困难不气馁,做错事不责怪别人,努力进取,发展其适应社会的能力,促进其独立性和自信心。

⑥教育方法。精神发育迟滞儿童缺少适应环境的技巧,所以应在儿童的关键时候(如攻击其他儿童时),及时指出这种行为对儿童社会适应的影响。这种及时的帮助,可以使儿童获得洞察力。对这些儿童指导的方法是具体指出其不良态度后,在一段时间内尽量不干预,如果患儿出现乱发脾气,可以采取"冷处理"的方法进

行对待。平时让患儿参加影响有严格规则的活动,对尚未养成生活习惯的患儿,可以先让他暂时离开父母一段时间,这样对患儿有一定的好处。

对自我控制能力差,打骂他人,反对权威的精神发育迟滞儿童,这类儿童对社会的危害较大,对这些患儿应采取帮助儿童对周围环境有正确的了解,按以往接触到的经验,提高独立处理引起挫折的外在障碍的能力,并预知行为可能产生的后果。培养和分辨及积极运用自己感受经验的能力,训练其减低内在紧张情绪、放松自己。

⑦行为干预。精神发育迟滞儿童往往伴有某些行为障碍,或特殊的功能障碍,因而可以用行为矫正治疗,常可以取得较好的疗效。一般性行为疗法可采取阳性强化法、阴性强化法、间歇强化法和惩罚等行为矫正法。也可以采用电脑教学,这种教学法可以让儿童按一下字键,或触摸荧光屏上的展示内容的某一部分,即可完成作答手续,并立即获得答案对与错的反馈。这种辅助教学不但能使精神发育迟滞儿童按各自程度进行学习,而且颇能维持儿童的学习兴趣。许多生理残疾者和语言障碍的精神发育迟滞儿童,可以运用其进行训练,以增加与别人的言语沟通能力。

精神发育迟滞儿童有注意缺陷,可以设计附戴在他们衣服或学习课桌上的感应器,一旦分心,即将有关生理信息传送到电脑处理并发出有关信号,提醒他们。对患儿的记忆力缺陷,也可以设计自动提醒装置,督促其从事一些例行事项。另外,也增进重度精神发育迟滞儿童的生活技能,已陆续设计出一些各种协助进食、排泄和沐浴等活动的器具。

(3)职业适应性训练:对精神发育迟滞儿童教育的另一个主要目标就是对职业业务的适应。如果精神发育迟滞儿童长大以后没有职业能力,他们将终生成为社会的负担。所以对精神发育迟滞儿童的职业能力教育是必要的。

第三章 智力因素导致儿童学习困难的纠正

其主要的职业适应性训练应包括以下几个内容:

①职业用语言。包括书信;求职报告;完成申请表格的填写;字典及电话号码本的使用;口头表达;通信设施的使用;电话交谈。

②算术。把钱存入银行;预算开支;买东西;支配工资;缴纳租金。

③社会科学。了解政府的行政机构;了解职业信息;了解工作要求;了解公民的职责。

④科学。养成良好的、健康的习惯;合理地计算时间步骤。

⑤职业及技能。可以掌握以下一门手艺,即木工活、金属打印、缝纫、烹调、打字、照料孩子、住宅的修理。

通过以上职业训练可使精神发育迟滞者与社会充分地适应,并可以弥补智力低下的特征。

(4)学习训练

①循序渐进的学习方法。对精神发育迟滞儿童的学习不能像普通儿童的学习那样要求,应当采取一种循序渐进的方法。这种教学法是将教学材料分成若干个小的教材,以课程分成一系列去加以划分,然后按计划循序渐进进行教学。这种教学方法明显地适用于精神发育迟滞儿童教学。该学习方法是通过重复、操练和复习等形式来进行的。主要方法是把题材分为小类型,具有一定顺序的学习单元,按其顺序进行学习。在学习中要注意老师和家长必须把应该学习的教材按照合理的顺序安排好;把应该学习的教材分成为若干个小的步骤,这样学生才能完全掌握此教材的内容;循序渐进的教材是在个别使用的基础上设立的,这样每一个精神发育迟滞的儿童都可以按照自己感到方便的步骤进行学习;儿童对每一个步骤都作出反应,并通过积极参与而学到东西;对于儿童的答案应该及时通过正确的答案来得以证实及纠正;一种较好的循序渐进的教材应当让精神发育迟滞儿童的 90%~95% 做出正确答案的机会,所以使患儿学习的结果常常是成功多于失败,以

此增加患儿学习的信心。

②打字训练。计算机是精神发育迟滞儿童教育中一种基本的器械,它显示了精神发育迟滞儿童是有能力通过使用器械来学习的。实践也证明,精神发育迟滞儿童能够操纵教学器械,并在他们使用的过程中获得好处。打字有着极大的灵活性和适应性的特点,而且还能够给予孩子成功的感觉。

在打字训练以前,老师或家长应做一些准备工作,通常应在教室前面或家里墙上挂张大型图表来给儿童介绍键盘上的布局及安排。此外,儿童还应人手一份键盘图表。在第一节打字课开课的前一天晚上,就应该把计算机放进教室。可以提前几天通知儿童,这样可以增强他们对此课的兴趣。上课时老师讲解怎样将纸放进计算机里,讲解键盘,并讲授与使用这种机器有关的特别规则,这节课应在患儿精神振作、机灵活跃的早晨进行。老师或家长要教儿童用手指打字。还应告诉儿童假如机器发生故障,不能自己修理,应请求老师帮忙。儿童刚开始练习打字时,不要试着去打字词,而应该先打一连串的字母,以求能够"感觉"到熟悉机器。以后可以教儿童学会打自己的名字。随着全班学生掌握了打字技巧,老师可以挑一些短小的阅读篇章,从一两页开始,让儿童用计算机来练习书写。打字要求:尽量在所给的时间内打得准确无误;重点放在打字的技巧上而不是速度上;每天可以练习1小时;在完成当天的练习后可将患儿所打的字存放起来,以便和今后的作业相对照、比较,对判断儿童是否进步,对孩子的继续努力和进步也是一个促进。

"编号打字"是一种可以帮助学生掌握键盘知识实用有效的方法,当精神发育迟滞儿童已经熟悉基本的打字操作方法时,打字课上老师就把教室遮暗,把一个标准键盘结构的幻灯片投射到教室前面的屏幕上,或使用他们自己的机器和键盘图表,老师开始讲解编号打字。这种打字的方法是:一排中的每个字母都编上号,从左

第三章 智力因素导致儿童学习困难的纠正

边的字母开始,每排的第一个字母都标上号码"1",因此q、a、z三个字母都是"1"。讲解完,老师告诉儿童,并可以让他们用铅笔轻轻地把这些号码标到自己键盘图表上合适的地方。儿童需要横着去数一排字母,并将其与编上号的图表加以比较,根据具体可见的实体或根据头脑的记忆,就可以找到任何一个字键。这是一种非常理想的找字键的方法,任何一个觉得这种方法比较方便容易的儿童都应该马上使用它。编号打字形式与图表的联合使用,被认为能够明显提高打字的速度和准确性。这个使用过程大约一周时间。此后,一旦基础技能开始巩固,也就应该着手把与打字有关的、可以提供鼓励和刺激作用的学科结合起来进行训练。

打字对拼写教学的各个阶段(引导、练习、测验、复习等)水平是很有成效的。研究表明:那些使用计算机的精神发育迟滞儿童比那些没有用计算机的儿童,拼写能力提高40%～50%。在初步掌握打字技巧的同时进行拼写训练,可以很快地引导学生练习打听写作业。随着他们这种打听写作业技巧的熟练,听写的数量和难度可以逐渐加大。

经过约2周包括编号打字的训练,老师或家长就应应用"打字速度测验"测量精神发育迟滞儿童的动作协调性,并对儿童学习情况有一个详细的了解。但是,打字速度测验的过程中,精神发育迟滞儿童对考试容易产生焦虑情绪。这时应告诉患儿:随着他们所做练习的完成,他们已经获得了一定的速度,老师此时对他们进行测量是为了增进他们动作的协调性,以及了解他们的学习情况,以便对他们的情况有一个感性认识。这样一般可以打消患儿的顾虑。速度测验是在一间遮光的教室里进行的,老师在投影仪上装上一篇精选的阅读短文材料的幻灯片即可进行。要求学生先在纸上打上自己的姓名、性别、分数字样,要其在1分钟之内能打多少就打多少字。一共进行3次测验,测验每隔3周进行1次,或者在学生已经在空白计算机上的操作技巧熟练自如时,并对他们动作

协调和感性认识能力的提高也较满意时,进行测验。

在打字训练过程中,随着精神发育迟滞儿童动作协调和感性认识能力的提高,儿童的记忆力也明显增长,这时可以对患儿进行阅读训练。通过打字进行阅读训练可以进一步提高学生眼、手的配合协调能力,并把阅读功能与日常活动联系起来。阅读训练方法:患儿准备好电脑,老师准备好不同等级阅读材料的幻灯片,并挑选一份让儿童来看。当所选的材料投射到屏幕上去的时候,老师点名让儿童朗读其中一个短小的部分,至多一节或两节。当儿童读完整篇材料时,老师就应该换掉该片子,把挑选好的5~10个选择题目投射到屏幕上,老师可以让儿童用计算机打抄下所有的问题和答案。在每个问题的正确答案上打一道线。这个练习需要15~20分钟,时间到了或相当多的儿童已经完成,老师就叫已经完成任务的儿童休息一会儿,自己则去帮助那些没有完成的儿童。当最后所有人都做完后,老师轮流逐个叫他们朗读一个问题,以及该问题所有可能的答案,并指出他认为是正确的答案。此外,还应进行"认准中心思想"训练,老师把一张含有5~9个可能与所学材料中心思想有联系的句子都让儿童打下来,并在两个或三个与刚才所读材料直接相关的句子下面打一道线。这种训练对儿童的思维能力有很大提高。这种阅读方法,使患儿对句子的结构、段落形成,口头与书面词汇的掌握比没有使用计算机训练的儿童提高要快。

精神发育迟滞儿童听写训练可以扩大书面和口头的词汇,在利用计算机训练听写之前,应与患儿讲清什么是听写,以及听写与职业的联系,如秘书职业就需要掌握较好的听写能力。训练要求:应让患儿尽自己最大的努力去完成,此时老师应要求儿童不必紧张,老师并不要求儿童做得完美无缺,也不希望练习上满篇都是错误。做法:先让每个儿童在纸上打下自己的姓名、日期,再打下1~30的数字。把每道题放在相应的数字后面。要求儿童认真听,并

第三章 智力因素导致儿童学习困难的纠正

尽量不走样地把听写内容打下来,老师应以慢速朗读,并且每句话重复两到三遍,以便让每个儿童尽可能地多写一点。在听写完30个句子之后,老师把练习纸收上来,并予以评分保存,留作与后来的练习对比。以后可以使听写成为日常学习的一个固定部分。被选择用来听写的句子应该逐渐加大难度。以后,可以进行段落听写。在段落听写的过程中,老师应该首先向全班举例解释什么是段落,段落在写作过程中起什么作用。为了在听写过程中提供比较丰富多彩、生动灵活的内容形式,老师可以在仅仅3~4段落中加进长达10个句子的方法来延长练习时间。这样花样的变换儿童既可以做句子听写,也可以做段落听写。

③拼写训练。为了把拼写课程有成效地讲授给精神发育迟滞儿童,老师开始要把材料分成若干份,再让儿童在2周时间内完成其中的一部分,每个部分的多少在开始时应把握在5个字左右,以后逐渐增加到100个字左右。拼写材料每个部分本身水平应该是相等的,并且在一学期里完成15~16部分的材料内容。教学开始时,应按照班上学习速度最慢的精神发育迟滞儿童的情况进行,以后逐渐增加难度,拼写材料训练一般应在小学二年级水平开始。拼写训练,可以采用10天一循环的教学法:第一天老师对10天中每一天完成的任务作详细的说明,老师让儿童准备好计算机,并发放拼音材料,老师指示儿童将生字表上的每一个字的拼音打10遍。老师把全部的拼写练习保存在一个文件夹里,并且将往后的练习也依次单独存放在文件里。第二天老师再叫那些没有完成昨天打10遍练习任务的儿童接着打。当全体同学都完成后,老师再让儿童拿出他们的字典,翻到一个指定的字词,老师等儿童找到这个词后,可在黑板上写出该词的意义。再用其他词汇解释这个词,而老师所用的词汇,应是近年新学过的课程。下一步老师指示儿童把刚才学过那个词的意义完整打印出来。这堂课是在讲解及打抄中过去。第三天老师给予儿童指示在字典中每一页中第一个词

找出来,并给予讲解。其讲解的目的是用来扩大患儿词汇及口头表达能力。如果时间允许的话,可以让患儿根据这些词汇来造句。第四天在全体同学都完成了前三天所布置的练习之后,老师可以告诉他们:要给他们30分钟进行单元预测。可以允许儿童在一起研究或单独准备。30分钟后老师再进一步给儿童讲解字典的使用方法,要求儿童一旦在字典里找到这个词,就在计算机上拼写出来,并打出该词的意义和造句。完成该部分作业后,应给予儿童一定时间的练习,接着老师以慢速朗读其字词,并在需要的地方重复朗读,儿童就开始打字听写。第五天主要讲解字母表中字母的顺序,以及这些顺序是怎样被排列在字典上的,并可以选精神发育迟滞儿童能够理解的词进行讲解。第六天如老师发现落后于班级学习进度的患儿太多时,最好花上一天时间来进行复习,即使这样做会使当天的练习往后拖,以至使整个循环训练都得往后顺延一天也是值得的。当老师对大多数儿童的进步感到满意时,可以接着进行以下的课程,打抄新近才学的拼写字词。第七天在儿童已经或多或少比较令人满意地完成了上述所列的任务时,应进行新的一次测试。此时,老师应向儿童讲明希望在此次测验中获得好成绩。因为他们已经快要完成全部练习了。老师要为这次试卷打分,并与以往的测试结果比较。测试之后,老师往下讲解词类,并教给儿童怎样辨别名词、动词、形容词等。给一些字词叫儿童分清属于哪一类词,使他们懂得应该怎样使用每一个词。第八天学习中心是掌握同义词、反义词,并在黑板上写出几个词的范例,让儿童去找其反义词和同义词。为了证实儿童对该词的理解与否,老师在听写中可以包括这样一些同义词及反义词。这个步骤是扩大口头以及书面词汇的一个很有效的措施。第九天练习中应着重讲解音调的概念,教不同的儿童以正确的读音进行朗读及拼写训练。拼写练习的第十天,给儿童20分钟复习,复习可采用造句的形式进行。并复习刚学的拼音练习。如果儿童询问不会拼写的词,老

第三章 智力因素导致儿童学习困难的纠正

师应坚持让他们去查字典。然后发卷子考试,老师将考试成绩记录在案。

④图片和幻灯训练。利用图片和幻灯训练患儿的阅读能力。选择适合于精神发育迟滞儿童的各种各样阅读材料,利用幻灯及图片让精神发育迟滞儿童阅读。并依据材料的内容进行提问,每篇材料应该既提供给患儿一种挑战,又给予他们一种成功感。在教学过程中,如果确定某些孩子具有完成较高水平学习任务的能力,就可以利用这些孩子来提高整个班级的学习成绩。让一个"有天赋"的精神发育迟滞儿童朗读一幅幻灯或图片,接着再叫一个较差的孩子也朗读同一个内容。这种程序可以进行好几轮。当发现较差的儿童有进步时,就可以让这种成绩较差的儿童朗读没有提示过的材料,刚开始时可以让他们相互合作,一前一后地读。这样可以使较差的学生与较好的学生的距离逐渐缩短。在精神发育迟滞儿童照幻灯及图片朗读时,学生乱拼或猜测字词时,不要一味过细地纠正。在第二次或第三次朗读时,这时可以深入细致地纠正。有时候让一个朗读能力较好的孩子坐在一些朗读能力较差的孩子旁边,对较差的孩子是有帮助的。

⑤计算机学习训练。在精神发育迟滞儿童的训练中,可以有效地利用计算机来进行学习训练。电脑在精神发育迟滞儿童训练中的优点是对于一个问题精神发育迟滞儿童想重复多少次就可以重复多少次。这是一种不受外界及他人干扰的装置,每个人可以按照自己的学习能力进行学习,不受别人学习进度的影响,学习缓慢的儿童也不至于在那些思索敏捷的强者面前感到窘迫;它可以让老师对课程加以科学性的发展及提高;可以使那些具有被剥夺权利和背景的精神发育迟滞儿童能学到一些基本的、有教育意义的技巧;提供了一个记载着每个儿童的学习成绩、随时可以查看的履历,并可以为课程的修改提供信息。所以,在训练的过程中心理医生和老师一定要有意识地利用计算机教学,使儿童的智力得到

训练。

⑥教学器械的应用。在精神发育迟滞儿童的教育训练中,我们还要注意利用一些器械加强其学习的效果。利用器械教学,这在对精神发育迟滞儿童教育中已经确认具有很好的效果。因为它同时可以运用神经肌肉运动技能。目前在精神发育迟滞儿童的训练过程中多采用教学器械主要有键盘自动指导仪、强化学习磁带和录音机。

键盘自动指导仪主要是为锻炼神经运动技能而设计的教学器械。其组成是含有类似键盘的机器,一台显示器包括一排可以显示儿童打出的字母或字词、数字的灯。精神发育迟滞儿童可以通过一个键钮来回答问题。如果该儿童回答正确,键盘上会出现另外一个数字或字母、字词由他打。如果儿童回答不正确,他就不能再按其他键钮,直到他选择了正确的答案为止。所以还应有一个记载打字速度和打错次数的记录。

强化学习磁带可以让儿童坐在机器旁边的一个位置上听着磁带发出的指示,必要时操纵机器便可以回答问题。学生可以利用它核查那些与磁带上讲的不一样的答案。这样一来他学会了给予正确的答案,也学会了操纵机器的方法。

精神发育迟滞儿童常伴随说话迟钝。这些儿童的言语训练可以通过录音来辨别不同的说话声音。通过录音机进行言语训练的时间比语言老师辅导所需的时间要少得多。录音机在精神发育迟滞儿童的教育中是很有用的工具,因为它可以不断给儿童提供反馈,如儿童在任何时候都可以听到自己在阅读中的错误,字词的发音,从而想办法纠正这些发音。另外,人们还可以发现,它能使性格内向的精神发育迟滞儿童变得外向。

⑦使用字典学习。查字典了解词义:使用字典对于精神发育迟滞儿童的整体发展也是有益的。儿童在课堂上对字典的使用,是这些儿童能与现实社会相联系的一个重要纽带。在字典发下

第三章 智力因素导致儿童学习困难的纠正

后,老师要给予儿童们30～45分钟时间去查字典,并查阅一些简单的字词,老师可以将字典的图表钉在黑板上。使用字典的方法,字词的拼音拼写,字词的意思,词汇的扩展等。老师可利用字典中找出的简单字词,给予不同词义的讲解。精神发育迟滞儿童在查字典的初期,就应该掌握一个重要的技巧,就是依照字典的顺序排列查找。老师在教授这一技巧时,应准备若干份字词表,让儿童按字母的顺序排列起来。开始时这种字词表可以是非常简单的,以后逐渐加大难度。当儿童已经掌握字母顺序的概念时,老师可以让儿童在字词表中记下关于那些字词的不同概念,如词义、发音、词汇的扩展等。当老师对较多儿童都感到满意时,应对儿童进行测验。准备测验的字词应是学生以前未见过的,给出拼音,让儿童去查字典并写出词意来。在测验前可用1～2天时间进行预测。应进行与测验完全相同形式的内容。

在精神发育迟滞儿童对应用字典有了一定程度的了解以后,他们就要准备下个阶段字典练习——字典拼写。这种训练的目的是提高精神发育迟滞儿童查阅已听到发音字词的能力。刚开始时,可发一些简单字词的音,以后单词逐渐越来越难。儿童听到一个字词的发音时,就应当很快在字典上找到它,而后告诉老师这个发音所在字典上的页码以及正确的拼音。为了使儿童在学习过程中产生信心,老师一开始所发音就应在班级的平均水平上。一般在字典练习开始一周后,给予测验,要求儿童说出页码和字词的拼写。正式测验开始时对每个单词的查阅不得超过3～5分钟,而且这个时间限度应该随着儿童学习能力的提高,而缩短到约2分钟。字典练习水平应该随着时间的推移,而逐步增加难度,一旦儿童能够在字典上熟练地找到老师所发的音,老师应继续给予训练。同时老师还可以逐步加大教授精神发育迟滞儿童的语言知识。

⑧利用图书馆进行训练。在精神发育迟滞儿童他们的学习能力达到中等水平之后,可以将图书馆教育引进他们的教学计划中

去。当然这必须在儿童对拼写、字典及阅读技巧有所训练后进行。开始老师可以准备一些利用图书馆的教育材料,比如如何利用图书馆、如何借阅查找所需书籍。接着发动全班讨论其内容。在儿童全面了解了图书馆后,老师可以给学生提研究问题。老师应给予儿童一节课的时间去做一个题目,然后再收上作业本评改打分,再把本子还给儿童,最后在课堂上讲评。对儿童利用图书馆是否进步,可以利用考试进行检查。一般布置儿童写一篇短小的有关图书馆设备使用的研究文章。这不仅对扩展深化利用图书馆的技能本身有用处,而且对语言及阅读能力有好处。另外,在利用图书馆进行特殊训练的过程中,默读是其基本的要求,精神发育迟滞儿童具有阅读能力后,就可在一个星期中,挑选1~3节课让每个儿童都到图书馆去,在那里挑选一本书及一本杂志,自己在那里阅读。这节课最好是安排在那天最后一节课,时间在30分钟左右。图书馆对精神发育迟滞儿童的教育训练有以下优点:可以使儿童对大量的书籍产生浓厚的兴趣;使儿童每周花在阅读上的时间明显比以前多;把利用图书馆既当学习知识,又当作娱乐活动的习惯得到了发展强化;掌握了利用图书馆的技巧;学会了对书籍的爱护及管理。

12. 精神发育迟滞儿童的家长指导

对于精神发育迟滞儿童的教育训练,亟须在家庭中得到维持与延续。家长如果能在日常生活中对儿童进行同步训练,效果更好。

对精神发育迟滞儿童家长进行辅导的主要内容有:

(1)协助家长消除顾虑,使其从对该病的误解中解脱出来,面对现实,理性地接受自己子女的缺陷,取得心理平衡,并明白孩子也具有一般"正常"儿童的一切权利。

(2)提供有关精神发育迟滞的有关资料,如症状、诊断、儿童的潜能及受训练的程度等,以同商讨训练计划。

第三章 智力因素导致儿童学习困难的纠正

(3)提供有关社会服务资源,以及申请或使用方法。

(4)介绍精神发育迟滞儿童在生活上的特殊需要,指导家长如何满足儿童的需要与如何衡量其效果。

(5)指导家长学习和发展有关教养儿童的知识与技巧。

(6)指导家长以明智态度去教训和训练患儿,做到不过分保护、不当面取笑、不与其他儿童攀比。

第四章 精神心理障碍导致的儿童学习困难

一、特殊学习技能发育障碍引发儿童学习困难的纠正

特殊学习技能发育障碍是指由于一种或两种以上基本心理过程的异常,导致表现在言语、阅读、书写、听写、拼音、认知、综合能力或运动技巧能力等方面发展的缺陷,这种学习困难类型的儿童心理行为之间发展有明显差距,在学习成就与其智力水平或其他能力之间存在着明显的缺陷。然而不是由于严重的智力低下、感觉器官缺陷、情绪障碍或因缺乏学习机会所造成的。国际疾病分类第十版精神与行为障碍分类中(ICD-10),对学习技能发育障碍是这样定义的:从发育早期阶段起,儿童获得学习技能的正常方式受损。这种损害不是单纯缺乏学习机会的结果;不是智力发育迟缓的结果;也不是后天的脑外伤或疾病的结果。这种障碍来源于认识处理过程的异常,由一组障碍所构成,表现在阅读、拼音、计算和运动功能方面特殊和明显的损害。

1. 特殊学习技能发育障碍的患病率

特殊学习技能发育障碍的患病率估计较为困难,据国外报道患病率为2%~5%,也有报道在校儿童有学习问题者为10%~16%。据Bryant及Mcloughlin复习21篇文献所报道学习能力障碍的患病率为3%~28%。Kirk认为,学习能力障碍的患病率

第四章 精神心理障碍导致的儿童学习困难

不超过 7%。一般多见于男孩。阅读困难是特殊发育障碍一种表现形式,美国学龄前儿童中阅读困难的发生率为 4%～25%,并有逐年上升的趋势。日本学者报道,阅读困难在日本发病较少。Rutter 于 20 世纪 70 年代在英国怀特岛调查发现,特殊阅读障碍的儿童占 10～11 岁儿童的 4%。在伦敦市区调查中发现为 8%。

2. 特殊学习技能发育障碍的发生原因

(1) 生物学因素

①遗传因素。本病有明显的家族遗传倾向,Bakwin 调查了 676 对双生子,发现单卵双生子同病率为 84%,双卵双生子同病率仅为 29%。有文献报道学习能力障碍儿童的家族成员中 3%～88%有阅读问题。单卵双生子读字困难一致性达 100%。18%～40%阅读困难儿童的父母或兄弟姐妹具有相同的问题;患儿中有家族史者为正常儿童的 4～13 倍。也有学者认为,学习能力障碍是由于中枢神经系统觉醒不足,因而不能抑制过度活动和感觉传入,可能是由于遗传因素而影响大脑皮质抑制和觉醒功能。

②解剖、生理异常。研究发现,特殊学习技能发育障碍的儿童有轻度的脑结构异常,如皮质异位、对称性改变、多发微小脑回及皮质神经元发育不良等。脑血流有局部灌流量的不足,脑电图轻度异常,如慢波增加、提示觉醒不足、诱发电位潜伏期延长、波幅低。脑功能有侧化不全,研究发现语言障碍与左半球损害有关,视空间障碍与右半球异常有关,并有与功能相应的顶-枕-颞叶联络皮质改变。

③围生期与发育异常。研究发现特殊学习技能发育障碍的儿童在胎儿期体内雄激素水平过高,可能导致诱导分化和机能侧化不全。儿童在围生期有可疑脑损害史者较多,现已证实阅读障碍儿童学前大多有言语发育延迟或语音发育障碍。

(2) 心理学因素

①心理社会因素。儿童在幼儿期常常有冲动、多动、注意广度

和注意的选择性差、养育麻烦等问题。入学前后有情绪焦虑、抑郁和学习情景的适应性差。

②认知结构及神经心理学异常。大量心理学研究发现,儿童的智力水平低于正常平均水平,而且存在着智力结构问题。

③神经心理功能缺陷。有听知觉、视空间知觉、空间记忆、视—听转换的问题。

④学习与方法的策略问题。皮质功能联络区发育不充分或缺乏适宜的语言刺激环境,学习方式偏颇或习惯不良,可以造成学习困难。

(3) 环境因素

①心理社会因素和文化教育对儿童早年的智力发育有一定的影响。

②家庭环境不良和早期母子关系问题可能与学习心理障碍有关。

③情绪冲突可能增加焦虑、恐惧、抑郁或攻击行为导致学习困难。

④缺乏早期环境刺激和幼年期严重营养不良可能影响儿童脑发育和学习的技能,如人体必需的微量元素缺乏可影响小儿的生长发育和学习能力。

⑤教养方式及长期的文化剥夺在一定程度上可导致语言能力的发育迟滞。

3. 特殊学习技能发育障碍的表现

(1) 特定阅读障碍的临床表现:特定的阅读技能发育显著损害,并不能用智力、视力问题或教育不当来解释。常表现为阅读理解困难、阅读中对单词的辨认困难、朗读困难,以及完成任何需要阅读参与的作业能力都可能受累。常常出现省略、替代、歪曲或添加单词或词组,不能回忆阅读内容,当读完后不能讲出所读的大致内容。对字符的分辨也有困难,如分不清楚 p 与 b、甲与由等。让

第四章 精神心理障碍导致的儿童学习困难

其朗读课文常阅读速度慢,开始朗读时容易出错误,阅读时,跳过一行或重复同一行,长时间停顿或"不知读到什么地方了",短语划分不准确,句中的词序颠倒或含糊不清、错漏较多。因此,这类儿童的语文成绩差,数学应用题成绩也差,主要是由于不能理解题意,故无从入手进行计算。儿童常伴有拼写困难,随着年龄的增长及不断接受教育,其阅读困难可以有不同程度的改善,但是拼写困难可以持续到青少年期,这类儿童还常常会合并语言困难或语言障碍。因此,除学习困难外,还常常有社会适应困难。在学龄期儿童常伴有情绪和(或)行为紊乱。在学龄早期情绪问题更常见,但到年龄较长至青少年期,则较常出现品行障碍和多动综合征、自尊心低下、学校适应不良,以及与伙伴相处不好等问题也合并存在。

(2)特定拼写障碍:主要表现为拼写技能显著受损,但没有特定的阅读障碍的病史和表现。儿童的拼写能力显著低于他的年龄、综合智力和所在的年龄水平,其症状不能用智龄低、视力问题、神经系统疾病或教育不当来说明,其口头或书写单词的能力均受损,常常不能正确拼读单词,也可同时伴有不正确书写单词。与上述的特定阅读障碍不同,其拼写错误主要涉及语音的准确性。

(3)特定计算技能障碍:儿童的计算能力显著低于他的年龄、智龄及所在年级的水平,其缺陷涉及对基本计算技巧,即加减乘除的掌握。例如,不能理解某种运算的基本概念,不能理解数学术语和符号,不能辨认数学符号,难以进行标准数学运算,难以理解哪些数字与所要解决的计算能力有关,难以将数字正确地排列,加入小数点或符号,难以对数字进行空间组合,不能正确地掌握和运用乘法口诀表等。以上情况可以单独存在也可以同时存在。儿童阅读能力和拼写能力应在其相应的智龄的正常范围内。其计算技能障碍不是由于智力低下,视、听障碍,神经系统疾病或教育不当所致。儿童听知觉和语言技能多数正常,但空间视觉和视知觉技能受损,儿童也可能伴有社会-情绪-行为问题,可伴有社交困难。

4. 诊断

(1)心理学方法检查

①学业成就测验。一般应结合智力测验来进行,只要在语言表达、听力理解、写作表达、基本阅读技能、阅读理解、数学计算和数学推理等7个方面,有一项严重落后即可以诊断为该病。或者通过儿童的学习成绩落后两个年级以上来确定。

②智力测验。常用韦氏儿童智力测验。主要用来排除精神发育迟滞,并可以进一步做智力结构分析。

③神经心理测验。可以对大脑侧性优势、感知觉、运动、语言、空间知觉运动、抽象思维及概括、记忆等多种神经心理功能做出评定,以进一步明确学习技能障碍的类型和神经心理学机制。

(2)筛查:对于特殊学习技能发育障碍儿童可以采用问题筛查。①能否分辨出两张图、两个字或两件物品之间的不同,能否分辨两种声音的不同,或以手摸触两件东西说出它们之间的不同点;②能否指出空间的方位、能否分辨左右;③能否立刻记忆所听到的、所看到的事物;④能否用口语或手势模仿测验者的言语或动作,能否模仿动作;⑤动作是否协调,是否表现出笨拙;⑥能否对于口语或视觉刺激保持注意力集中;⑦是否表现有情绪和行为的异常,是否过分活动或冲动行为。如有上述异常,则应做进一步检查,如进行详细的体格检查,神经系统检查及精神检查,神经心理、生理测验,脑电图,CT扫描或磁共振检查,以确定诊断及其性质。

(3)早期发现特殊学习技能发育障碍:以下几点可以为识别特殊学习技能发育障碍提供一些线索。①不能分辨出两张图和两种物品之间的区别;②不能分辨两个字或两种声音的不同;③不能对两种事物,通过触摸或感觉的方式,说出它们之间的不同;④在空间不能正确地指出方位,不能分辨左右;⑤不能立即记忆所听到的、所看到的以及所感觉到的事物;⑥不能用口语或手势模仿测试者;⑦视与动作不协调或动作笨拙;⑧对口语和视觉刺激不能维持

第四章 精神心理障碍导致的儿童学习困难

注意力;⑨有高度注意力涣散的现象。

如果儿童出现了以上几点,就有必要做进一步的检查,最好去儿童学习困难门诊进行诊断治疗。

5. 诊断标准

(1)特殊学习技能发育障碍的诊断标准:中国精神疾病分类方案与诊断标准第三版(CCMD-3),关于特殊学习技能发育障碍的诊断标准是①存在某种特定学习技能障碍的证据,标准化的学习技能测验评分明显低于相应年龄和年级儿童的正常水平,或相应的智力期望水平,至少达2个标准差以上;②特定的学校技能障碍在学龄早期发生并持续存在,严重影响学习成绩或日常生活中需要这种技能的活动;③不是由于缺乏教育机会、神经系统疾病、视觉障碍、听觉障碍、广泛发育障碍,或精神发育迟滞等所致。

(2)特定阅读障碍的诊断标准:指一种特定学校技能发育障碍,主要特征是特定阅读技能发育显著损害,并且不能完全归因于智龄低、视力问题或教育不当。①符合特定学校技能发育障碍的诊断标准;②阅读的准确性和理解力明显障碍,标准化阅读技能测验评分低于其相应年龄和年级儿童的正常水平,或相应智力的期望水平,达2个标准差以上;③有持续存在的阅读困难史,严重影响与阅读技能有关的学习成绩和日常活动。

(3)特定拼写障碍的诊断标准:指一种特定学校技能发育障碍,主要特征是特定拼写技能显著受损(包括口头与笔头正确拼写单词的能力都受损),不能完全归因于智龄低、视力问题或教育不当。①符合特定学校技能发育障碍的诊断标准;②有文字符号书写表达的学校技能障碍,其准确性和完整性均差,标准化书写表达能力测验评分低于其相应年龄和年级儿童的正常水平和相应智力期望水平,达2个标准差以上,但阅读与计算技能在正常范围内;③有持续存在的书写表达困难史、严重影响与书写表达技能有关的学习成绩和日常活动。

(4)特定计算技能障碍的诊断标准:指一种特定的学校技能发育障碍,主要特征是特定计算技能损害,其缺陷涉及对基本计算技巧即加减乘除的掌握(不涉及更抽象的数学技能如代数、三角函数、几何或微积分),且不能完全用精神发育迟滞或明显的教育不当来解释。①符合特定学校技能发育障碍的诊断标准;②有基本的运算、推理能力的障碍,标准化计算测验的评分低于其相应年龄和年级儿童的正常水平或相应智力期望水平,达2个标准差以上,但阅读的准确性、理解力和书写表达能力在正常范围;③有持续存在的计算困难史,严重影响与计算能力有关的学习成绩和日常活动。

(5)国际疾病分类方案(ICD-10)中的诊断标准主要根据以下5条。①特定的学校技能损害必须达到临床显著的程度。如阅读、拼音、计算等有1种或以上的学习技能障碍,较应有水平相差1年以上,或标准化学业成就测验结果有1项低于20%以下;②这种损害必须具有特定性,即没有明显智力低下标准化智力测验,智商在70分以上;③损害必须是发育性的,即须在上学最初几年即已存在,而不是在受教育的过程中出现;④没有任何外在因素可以充分说明其学习困难;⑤不是任何视听损害或神经系统损害的直接结果。

6. 鉴别诊断

(1)精神发育迟滞:儿童学习困难严重,学习成绩普遍较差,病史有智力低下及社会适应能力缺陷,智力测验智商低于70分。可以采用智力测验、社会适应能力评定及其他心理学测验来鉴别。

(2)多动症:多动症儿童大多数有学习困难,其中约有1/3的儿童伴有学习技能发育障碍,这种情况可以并列诊断,而其他多动症儿童可能与其不同学习困难,同时伴有注意力不集中,冲动任性,动作笨拙,精细动作不协调。特殊学习技能发育障碍儿童也可以出现多动行为,可以根据症状出现的先后次序、学习技能检查,

第四章 精神心理障碍导致的儿童学习困难

加以鉴别,必要时用精神兴奋药诊断性治疗,观察症状变化,进行试验鉴别。

(3)其他原因引起的学习困难:一般为普遍性学习困难,儿童已经掌握基本的学习技能,主要为学习功能损害或心理障碍所致学习技能的丧失或应用障碍,多为学习后期的学业失败。可以根据其临床特征、起病时间和病史与学习技能检查作出鉴别,必要时可做神经心理测验,进一步明确鉴别诊断。

(4)孤独症:孤独症起源于婴幼儿时期,是特有的、严重的、全面的发育障碍。临床特点为严重的孤独、对别人缺乏情感反应,言语发育障碍、刻板运动和对环境奇特的反应。大多数儿童智力低下,自我管理能力缺陷。极少数儿童具有特殊的能力,如对音乐、计算和机械记忆等,即所谓的"白痴天才"。

(5)精神分裂症:大多数起病于学龄期,因精神病理影响而导致不能适应学校学习,但表现有行为异常、思维障碍、幻觉妄想等症状可以加以区别。

7. 治疗

特殊学习技能发育障碍是从感知障碍的基础上延续而来的。随着生理发育和教育进程,大多可自行缓解或减轻,但常遗留有拼写障碍并持续终身。约 1/3 患儿继发品行障碍和反社会行为,或导致成年期社会适应不良,出现抑郁、自杀和精神障碍的风险高于一般人群。如果对患儿进行早期干预,给予特殊教育,调整改善环境可以使其有较大进步。影响特殊学习技能发育障碍预后的主要因素有:①发病年龄早,损害重者预后较差;②遗传、脑器质性因素明显者预后较差;③有语言发育迟滞者预后欠佳;④有明显环境、心理因素影响,又能尽早进行干预者预后较好。

对特殊学习技能发育障碍的治疗措施有以下几点:

(1)支持性心理治疗:主要培养患儿的学习兴趣,以鼓励为主,增强自信心和学习动机,改进学习方法。

(2)教育补习和强化训练:①明确学习技能障碍的种类和神经心理学缺陷,父母在家庭教育中有针对性地开展基本技能训练;包括知觉、运动、语言、操作、运算、动作技巧等训练,同时教会他们掌握各种实用技能及解决问题的能力,提高他们智力潜能和社会适应能力。②配合学校开展特殊教育和强化训练。

(3)药物治疗:对于合并多动症者,可以应用哌甲酯结合行为治疗。合并情绪障碍者,可酌情采用抗焦虑、抗抑郁药物。可辅以促进脑细胞功能的药物,如吡拉西坦、γ-氨酪酸,也有人应用大剂量维生素、微量元素、脑活素等药物治疗。还有一些患病的儿童则表现为刻板或强迫动作,可应用抗强迫药物,如氯米帕明或盐酸舍曲林。

8. 预防

(1)早期预防:加强围生期卫生保健,做到优生优育,防止烟、酒、毒等有害物质的侵害,正确开展早期教育。

(2)早期干预:发现儿童有学习问题和语言发育问题时,应指导父母改进教养条件与方法,尽早接受心理保健与咨询,纠正发育偏差,防止病情进展。

二、语言障碍导致儿童学习困难的纠正

语言障碍是指语言的理解、表达以及交流过程中出现的障碍,包括各种原因引起的言语发育迟滞、发育性语言困难、后天获得性失语等。言语障碍是指口头语言中的发音、发声及言语节律性的障碍,包括发育性发育障碍及口吃等。

1. 语言障碍发生的因素

(1)听力:儿童语言的发展与生活环境密切相关。其中语言发育的大部分是经过对他人言语的倾听和模仿,逐步学习获得。而倾听和模仿有赖于人的听力,如果是一个聋儿,由于无法聆听,难

第四章 精神心理障碍导致的儿童学习困难

以模仿他人说话,所以影响语言发育。

(2)语言器官:语言器官不健全的儿童,其语言难以让周围人听懂。

(3)中枢神经系统的疾病:患有中枢神经系统疾病的儿童,均可影响感觉刺激的接收,影响整合发育器官肌肉的协调;因而影响语言的发育。

(4)生活环境和教育条件:如果有环境剥夺和教育剥夺的儿童,其语言发育必然迟缓。

2. 对儿童实施正确的语言训练

言语发育是经过模仿成人而学会的,因此应与儿童多说话,经过锻炼,儿童通过多看、多听、多说、多想和多模仿,通过感受与实践,逐步提高语言的理解和表达能力。

(1)对儿童进行语言训练的方法

①父母多与儿童交往,多说话。

②不能只是简单的命令,而且还要使平时的语言内容丰富,具有强烈的吸引力。

③与儿童交往时的语言要有优美的语句和动听的声调。

④与儿童交谈时要有规范的语法和生动的表情,这样儿童可以学到完美和丰富的语言,而不讨厌说话并愿意与别人说话,使语言器官得到发展。儿童2~3岁是口头语言训练的时机,父母要抓紧时间多与儿童说话。

(2)在婴儿说话的时期,可以对其进行言语训练。

①6~7个月儿童,父母要给儿童看各种景色事物,听各种声音,用语言告诉其内容,留下记忆,为口语学习打下良好基础。

②婴儿要理解父母说话意思时,可以采用"模仿游戏"、"命名游戏"等方法,促进其语言发展,如喂汤时,说"汤";看见小汽车时就说"汽车"。

③儿童3岁后应送进幼儿园接受正规语言训练,鼓励参加集

体游戏活动,在玩的过程中与小伙伴交流,增加词汇量。平时经常带儿童去大自然中,去认识各种花卉、树木、颜色名称和日月星辰,学会利用感觉器官去发现问题,提出问题,训练其耳聪目明和口齿伶俐。

(3)在儿童语言训练中的注意事项

①在训练过程中,父母一定要发音准确,速度稍慢,使其听清、听准。

②如儿童发音有错误时,可以再示范,不要取笑他,因为一些平时较沉默寡言和敏感的儿童,经过被取笑后,往往因害怕暴露说话的缺点会更加缄默不语。

3. 语言发育障碍的检查

一般可以依据正常语言发展推断儿童语言是否正常,如出现以下情况应提高警惕。

(1)幼儿至2岁,仍未说任何字语。

(2)3岁后大部分语音仍含糊不清,难以理解。

(3)发育能力较正常发展时序晚1年以上。

(4)3岁后仍有声母或韵母发音的省略。

(5)至3岁仍不会说简单句子。

(6)幼儿说话时,大多使用韵母发音,很少使用声母发音。

(7)5岁时句子结构仍有明显错误。

(8)5岁以后仍以简单语音代替困难语音。

(9)5岁后仍不能流利地说话。

(10)5岁后说话仍有不正常的节律、速度和语调。

(11)7岁后某些字音仍有省略、歪曲、替代现象。

(12)声音单调、平直、音量太大或太小,或音质极差。

(13)音调与儿童的年龄、性别不符合。

(14)有显著的鼻音过重或缺乏现象。

(15)在连贯说话时有混淆、颠倒与省略现象。

第四章 精神心理障碍导致的儿童学习困难

(16)无论何种年龄,都因说话而局促困窘。

此外,还可以应用语言障碍的检查工具来进行测验,用于语言障碍的测验,主要有图片词汇测验、伊利诺斯心理语言能力测验、中国的葛福构音测验、毛连韫"国语构音测验"等。

4. 诊断标准

中国精神疾病分类及诊断标准第三版(CCMD-3)中,其特殊功能发育障碍的诊断标准是言语和语言的发育障碍,指在发育早期就有正常的语言获得方式的紊乱,表现为发音、语言理解,或语言表达能力发育的延迟和异常,这种异常影响学习、职业和社交功能。这些情况并非是因神经或言语机制的异常、感觉缺损、精神发育迟滞或周围环境因素所致。

(1)特定言语构音障碍:一种特定言语发育障碍,表现为患儿运用语音的能力低于其智龄应有水平,但言语技能正常。

①发音困难,讲话时发音错误,以致别人很难听懂。患儿说话时的语音省略,歪曲或代替的严重程度,已超过同龄儿童的变异范围。

②语言理解和表达能力正常(韦氏智力测验语言智商、操作智商及总智商>70分)。

③不是由于听力缺陷、口腔疾病、神经系统疾病、精神发育迟滞,或广泛性的发育障碍所致。

(2)表达性语言障碍:一种特定言语和语言发育障碍,患儿表达性口语应用能力显著低于其智龄的应有水平,但语言理解力在正常范围内,发音异常可有可无。

①言语表达能力明显低于实际年龄应有的水平,2岁时不会说单词,3岁时不能说2个单词的短句,稍大后仍有词汇量少,说话过短,句法错误等,其严重程度超过同龄儿童的变异范围。

②语言理解能力正常。

③标准化测验总智商正常(韦氏儿童智力测验操作智商及总

智商>70分)。

④不是由于听力缺陷、口腔疾病、神经系统疾病、精神发育迟滞,或广泛发育障碍所致。

(3)感受性语言障碍:指一种特定的语言发育障碍,患儿对语言的理解力低于其智龄水平,几乎所有患儿的语言表达都显著受损,也常见语音发育异常。

①言语理解能力明显低于实际年龄应有的水平。1岁时对熟悉的名称无反应,2岁时仍不能听从日常简单的口令,以后又出现不能理解语法结构、不了解别人的语调、手势等意义,其严重程度超过同龄儿童的变异范围。

②伴有语言表达能力和发音的异常。

③非语言智力测验智商在正常水平(韦氏儿童智力测验操作智商>70分)。

④不是由于听力缺陷、口腔疾病、神经系统疾病、精神发育迟滞,或广泛发育障碍所致。

5. 鉴别诊断

在进行鉴别时,主要是要鉴别特殊言语发育障碍与其他言语障碍的不同。以言语障碍为主要表现的疾病,除特殊言语发育障碍外,还有精神发育迟滞、耳聋、孤独症、选择性缄默等疾病,所以特殊言语发育障碍应与这些疾病相区别。

(1)精神发育迟滞:特殊言语发育障碍的儿童非语言能力较好,而精神发育迟滞儿童的非语言能力差;特殊语言发育障碍儿童的语调较为幼稚,而精神发育迟滞儿童的语调大多正常,有个别也较为幼稚。

(2)耳聋:特殊语言发育障碍的儿童对外界的声音反应良好,而耳聋的儿童对外界的声音反应缺乏或较差;特殊语言发育障碍的儿童语调幼稚,而聋儿的语调不幼稚,但是异常的。

(3)孤独症:特殊语言发育障碍的儿童的非语言能力较好,而

第四章 精神心理障碍导致的儿童学习困难

孤独症儿童的非语言能力较差、中等或偏低;特殊语言发育障碍儿童对声音的反应正常,而孤独症儿童对声音的反应时好时坏;特殊语言发育障碍儿童可以正确地使用手势,而孤独症儿童缺乏手势的使用;特殊语言发育障碍的儿童没有创新词和模仿言语,而孤独症儿童常有创新词和模仿言语;特殊语言发育障碍儿童无言语使用的不定现象,而孤独症儿童有言语的使用不定现象;特殊语言发育障碍儿童的语调较幼稚,而孤独症儿童语调通常是异常的。

(4)选择性缄默:特殊语言发育障碍的儿童无言语使用不定的情况,而选择性缄默的儿童则有言语使用不定的现象;特殊语言发育障碍儿童语调常幼稚,而选择性缄默的儿童语调正常。

6. 儿童语言障碍的训练

(1)儿童语言障碍的训练原则

①训练前,先进行全面、细致的言语功能评测,搞清楚说、听、读、写等障碍程度及病变范围,使训练有针对性。

②如听、说、读、写、口语与书面语言有多方面受损,训练的重点与目标应以口语矫正训练在前。

③应当早期训练语言障碍儿童。儿童语言最重要的矫正时期,在学龄前期。此时,父母在儿童语言发展上扮演着相当重要的角色。在训练学龄前期儿童语言问题时,应与其父母讨论,了解双方在训练时的职责,共同辅导语言障碍儿童。

④训练计划要适合儿童语言水平,对语言兴趣的程度,生活情趣及经济文化和社会背景等因素。针对个别需要,应先易后难,循序渐进。

⑤训练过程中要不断了解问题,继续诊断语言障碍的前因后果,并根据障碍的程度,随时改变教材和训练计划。

⑥注意设置一个适宜的语言环境,激发儿童语言交往的欲望,促进训练效果。

(2)语言缺乏的训练方法:语言缺乏主要见于听力障碍、脑性

瘫痪、重度精神发育迟滞或孤独症的儿童。对于这类儿童,如果他们具有一定的语言理解能力,但不会说话,可以教给他们手势、手语或沟通板之类的装置,以便于增加与人们的沟通能力。沟通板上可以使用图形或文字显示出儿童的吃喝、如厕等有关基本需要的内容,其复杂程度应按照儿童的发展水平而定。沟通板的大小、形态和摆放方式则应切合儿童的个别需要,以其最方便的反应方式为宜。聋哑儿童与其他儿童一样出生几周后即开始发育,由于听不到自己发出的声音,过一段时间后就停止发音,此时应再教他发音,训练为唇读及理解人们的说话;运用适合社区的手势语进行交谈,到3岁就可以开始教写字认字,读些简单的词,以画和写字表达自己的意思。一些脑性瘫痪的儿童,对语言的理解尚可,但说话较为困难,在乳儿期也曾有过咿呀学语,但不能令人明白其意,对这类儿童应早期发现,在促进发育的基础上,训练他们的拇指和食指对捏操作十分重要,经过长期训练,日后有会说话可能。

(3)发育迟缓的训练方法:语言发育迟缓即是语言发展水平比一般同龄儿童低。目前,进行语言发育迟缓的训练方法有3种。

①发展法。又称为自然法,它是一种遵循正常语言发展历程,为儿童提供系统化和具有激励性的语言训练方法。训练初期可安排些游戏活动,与儿童建立良好的沟通气氛。一般先训练语言理解能力,再在适当示范下,学习简单发声,然后依次训练学习单词和句子等更复杂的表达方式。具体操作可以按顺序分为几个步骤。第一,让儿童安静下来,倾听环境中的声音,如汽车声、讲话声等;还可播放一些录有简单人语、狗叫、鸟鸣等各种声音的录音带,同时告诉儿童他听到的是什么声音。第二,在听音训练的基础上,要求儿童模仿父母的发音口形,先从简单的发音开始,如"啊"等,再逐步增加复杂性。第三,听语音指物,经过前述训练后,父母指着物体如桌子、杯子等发音,以后再让儿童根据父母的发音指出所说的物体(或图片)。第四,指物(图)说名称,多次重复后,父母指

第四章 精神心理障碍导致的儿童学习困难

向某个物品,让儿童说出物品的名称。进行此训练时应注意环境中的东西不要太多太乱,如桌面上仅放当天教学用的两件物品(如一个球和一个柑子),而将其他无关的东西均收起来,以免分散注意力;所学名称的难度应根据儿童的情况缓慢逐渐增加。第五,学习简单的口语对话,父母应口音清晰,最好采用标准的普通话。第六,学会念儿歌、诵读诗歌等。

②行为纠正法。运用操作条件反射原理,协助语言发展迟缓的儿童进行言语训练的模式。

③认知法。着眼于教给儿童拼字、发音、字义、语法规则,以及从事语言表达时所必需的知觉,选择注意与思考技巧。

(4)构音异常矫正训练:儿童的构音技能约在9岁时得到充分发展,故学龄前儿童发音不准确是允许的。经过学习,在上小学稍后,发音应达到正常,否则应考虑构音异常。矫正构音异常的方法,应根据构音异常的性质而定。一些因唇裂或牙齿畸形所致构音异常儿童,应以外科手术修补或进行矫正处理后,再辅以构音方面的练习与辅导,效果显著。幼儿园和小学一二年级有构音不准确的儿童,由老师提供教材、教具及例行方法,一周辅导1次,其他时间由父母负责,但不要特别指明其发音不准确问题。矫治构音异常儿童时,可分3个步骤。①教导儿童辨认自己的错误构音及正确的标准音;②从单音、音节和生字,教导标准音;③教导儿童在日常生活中利用标准音进行说话,教导练习发音时,可具体采用"分析法"、"自然会说话"或是"综合法",按实际情况决定。

(5)发音异常训练:声音是由气流穿过的口头语,振动声带产生的。声音穿过喉腔、口腔、鼻腔等不同的管道空间,形成各种不同的发音。正常的声音应与儿童的年龄、性别相称,不论是音质、音调或音量所引起的发音异常问题,首先必须考虑其可能的成因,再针对其原因进行必要的处理。训练发音的方法可以用录音机,将儿童发育异常的情形录下来,然后该儿童分辨自己的发音与正

常发音的差异,激发其寻求改变的动机。也可以应用"咀嚼法",父母与儿童都面对镜子张大嘴,模仿咀嚼满口饼干或软糖动作,持续数分钟(有时可用实物练习)然后让儿童继续咀嚼,并发出细微声音。咀嚼发声成功以后,要其说出简单的单字和短语,仍维持咀嚼动作。再应用同法数1至10,如不成功,重新练习咀嚼运动;成功可使儿童建立信心,继续由其大声朗读短文,日常交谈。数周后,再教儿童减少夸大的咀嚼动作,使其恢复下颌正常运动,而能维持目前的发音。最后,儿童应达到只要想到此方法就能妥善发声,养成良好习惯。

7. 语言障碍的类型

(1)言语发育延迟:言语发育延迟是指儿童口头语言明显落后于同龄儿童正常发育水平,为一组由生物、心理、社会等多种因素引起的语言发育障碍。言语发育延迟是语言障碍中最常见的一种形式。临床表现除语言落后外,可伴有发育、语言质与量及交流等方面的异常,具体情况随不同的原因而表现有所不同。

儿童的言语发育是有规律的,儿童一般在1岁左右就开始说话了,儿童的言语发育有明显的个体差异,所以有的儿童说话早,有的儿童说话晚,并不足为怪。但是这种差异是有一定范围的,如果儿童说话迟,超出了一定的范围就是病态了。言语发育延迟,包括儿童对言语的理解能力和表达能力都有明显落后于同龄儿童的语言能力的发育水平,或儿童18个月龄仍不会说单字者;30个月不会说单词者;30个月不会说短语者均属于言语发育延迟。常见的疾病有精神发育迟滞、特殊言语发育障碍和失语症、幼儿孤独症、听力损害、选择性缄默。一般2～3岁是儿童言语发育的高峰,如果错过了脑的可塑期这一阶段,就会失去语言训练的最佳时期。

①病因。一般常见的原因有几种。第一,精神发育迟滞是语言发育延迟中最常见的原因,轻度者表现为说话延迟,中度者词汇量少而单调,句法结构简单,语言的理解及表达能力均降低,重度

第四章 精神心理障碍导致的儿童学习困难

病例完全不能发展语言能力。第二,部分脑性瘫痪儿童可能出现言语障碍,可表现为言语发育迟延,口吃,发育异常等。第三,凡是在语言发展未完成以前发生听力损害均可引起语言发育异常。轻度听力损害者表现为对声音反应减弱,听阈增高,对高频声音完全没有反应,说话时声音失控,无抑扬顿挫变化,发高频的摩擦音(如s、f 等)有困难,严重听力损害者对声音完全没有反应,言语可能完全不能发育,形成聋哑症。这种儿童的内部语言、躯体性语言正常,听力损害对语言发育的影响取决于听力损害的严重程度、持续时间以及患病年龄。如果 3 岁以前丧失听力,语言功能可能在 12 周内完全丧失。若听力丧失发生在 7 岁以后,已获得的语言功能可以较好地保持,仅仅表现为说话的声调仍带有儿童的稚气。第四,构音器官的疾病,喉、舌、唇、腭等是产生语言的器官,若出现舌系带过短,唇裂,腭裂、舌肥大等构音器官的先天性异常,由于发音时上述结构活动的协调困难,或发胜时气流走向异常,影响发声,因而也影响语言的发育,表现为吐字不清、发唇音、舌音、腭音等困难,而他们对语言的理解正常。第五,婴幼儿孤独症在言语发育迟延中是一个少见而相当重要的原因。这种儿童除有语言基础方面的障碍外,主要是语言的交流异常。他们往往说话迟延,言语的节律、语调及发音异常,对语言的理解差,说话语音单调,平坦,重音不对,缺乏随意性及感情变化的言语节奏变化,句法结构错误,错用代词。语言交流及其相应的行为异常,同时有语言前的发音异常,还有姿势性语言的障碍,可有刻板、模仿言语与持续言语。第六,心理社会剥夺可引起言语能力发育的严重障碍。曾有报道由狼、猴、猪抚养大的狼孩、猴孩、猪孩超过了学习语言的年龄后,再回到人类社会中,无论如何精心培训也很难学会人语,说明在完全失去语言刺激的环境下养育的儿童没有语言能力。在忽视与婴幼儿进行语言交流的家庭,或条件很差的孤儿院内长大的儿童,虽能获得有限的言语刺激与言语交流,但其言语发育处于正常的低水

平。在发音、词汇、句子长度和语法的使用方面常常应用不当,他们的语言表达能力比理解能力发育更差。最后,还有一些特殊语言发育障碍。

②检查。第一,详细了解儿童发声和言语发展情况。下列情况提示言语发育有异常:早期发声与发音的不连续或过尖,12个月时仍无咿呀学语声,24个月时仍有50%以上的言语听不懂,6岁以上儿童语言的清晰度仍有明显的问题。检查时要观察有无单词或发声的重复,言语速度是否太快太慢,发音是否准确,发音有无错误。第二,详细了解儿童语言发育的病史,通过与儿童交谈详细检查儿童对语言的理解、表达能力及命名能力有无障碍。对学龄期儿童可以让他们解释单词、讲故事和复述句子,观察儿童与父母游戏与谈话时语言表达情况。还可以采用语言功能测验。如Peabbody图词测验、Utah语言发育测验、Illinis心理语言能力测验等。第三,必须询问儿童对声音的反应。如6个月时对大声音仍无反应或不会模仿声音,到12个月对家庭内的声音或人的说话声仍无反应时,都要怀疑有听力损害。对疑有听力损害者,应请耳科专家进一步测查其听力损害的程度及原因。第四,对每个语音发音含糊不清,明显鼻音或声音嘶哑的儿童,均应详细检查其与发音有关的器官的运动功能。如舌系带是否太短、有无唇裂或腭裂、声带有无问题等。要儿童伸舌、吹口哨及牙齿的快速咬合等,以检查发音器官的运动功能。如疑有问题,应请口腔科或耳鼻喉科等专科医生检查。第五,详细了解儿童所处的社会环境与养育环境,如家庭的大小,家庭的结构,家庭相互交流情况,父母与儿童之间的亲疏情况,父母是否有智力障碍、聋哑或精神病等;在诊室中要观察父母与儿童之间的谈话和游戏情况,以及他们对儿童语言交流的态度,必要时进行家庭访问,作详细观察,了解有无与儿童语言发育延迟有关的环境危险因素存在。

③临床表现。第一,听力损害引起的言语及语言障碍:听力减

第四章 精神心理障碍导致的儿童学习困难

退,听力图异常;可以发音,早年失聪者多为聋哑症;理解语言能力有不同程度的损害;表达语言能力较差,对听反应异常,但对视刺激很敏感;非口语能力:正常或较高;社会行为能力正常。第二,精神发育迟滞:听力正常,听力图一般正常;语音发育迟缓,语音语调不佳;理解语言能力有不同程度损害;表达语言能力简单;语言程序处理能力全面减退;非口语能力低下;对社交活动有兴趣,但较笨拙,幼稚。第三,孤独症:听力正常,听力图正常;说话可以有语法错误;表达语言的能力差,表达方式简单,可以有刻板语言,怪异语言;语言模式异常,缺乏正常的语言程序,常注意一些无意义的词,忽视句法结构;缺乏创造性活动,个别的非口语能力(如音乐、阅读等)可能较高;对社交没有兴趣,缺乏眼对眼的凝视,也很少用手势语言,有古怪的刻板行为。第四,发育性语言障碍:听力多变,有时正常,有时不正常,听力图正常或异常;说话迟,声音正常,语音语调错误;感受性理解语言能力受损,而表达性语言能力正常;有时表达性语言能力受损;感受性者听觉语言能力明显受损;可玩创造性的游戏,口语及非口语能力发展不平衡,音乐能力较好;对社交有兴趣,常有学习困难及行为幼稚。第五,选择性缄默症:听力正常;说话迟,语音语调错误,表达不清;理解语言能力正常;表达语言能力正常;因患儿拒绝交谈,故测验时非语言能力好,语言能力差。非口语能力正常;害羞,敏感,在公共场所沉默,但仍对环境有兴趣,如以眼观看周围环境。第六,发育性发音障碍:听力正常;说话迟,语音语调错误,表达不清;理解语言能力正常;表达语言能力较好,因语音不清,故别人听不懂;非口语能力正常;社会行为发育正常,有时注意力不集中,笨拙,敏感。第七,环境剥夺。听力正常;获得语言能力较迟,但语音语调多正常;理解语言能力较同龄儿童迟缓,语汇少;表达语言能力迟于同龄儿童;非口语能力正常;词汇较少,害羞,焦虑,与社会接触较差。

(2)口吃

①定义。口吃为正常言语节律受阻断,表现为言语不自主的重复,发音的延长或停止。

②发病率。口吃在学龄期儿童中常可以见到。据报道,在美国学龄期儿童中,患有口吃的占1%～2%,而男孩比女孩多2～4倍。口吃儿童约有50%于5岁前起病。1～3岁儿童在情绪激动或处于紧张的情况下,发音器官功能和词汇往往跟不上思维的速度,这时出现一时性的口吃是比较常见的。而作为一种特种症状则属于持续和固定的形式。

③临床表现。言语发音器官的肌肉痉挛,表现为重复第一个词或第一句话,或中途某个词难发而间断。这时须使劲才能说出。口吃儿童说话时,偶伴有跺脚、摇头、用手拍腿、挤眼、歪嘴、上身摇晃或嘴唇颤抖等动作。由于口吃的影响,患儿易养成孤独、退缩、羞怯和自卑的性格。此外,部分患儿常易兴奋或容易激惹,并伴有情绪不稳和睡眠障碍等。

④口吃的分类。在临床上口吃根据其发生的阶段可以分为发育性口吃和病理性口吃。一般说来,儿童在2～4岁学话时,由于言语功能发育不成熟,掌握词汇有限,不能迅速选择词汇,不善流利地连接语音和词语,所以经常表现重复或拖长一个字音或短句中的第一个词,这是语言发育的正常现象。随着年龄的增长,这种发育性口吃会逐渐消失。但如果父母误认为口吃经常加以训斥和纠正,无形中会对儿童重复词或不流利的言语等行为起强化作用,使得儿童越是担心自己说话不流利,就越是口吃,慢慢地真的形成了口吃。病理性口吃是指比较严重的,持续时间较长的口吃现象,有人认为与遗传、大脑两半球功能协调或某种脑功能障碍有关。另外,与心理因素也有很大关系,如精神刺激(家庭不和、父母离异、受到了强烈的惊吓或学习等负担过重)引起的恐惧,焦虑,愤怒等紧张情绪的结果。父母的某种心理特征也影响到儿童,如缺乏

第四章 精神心理障碍导致的儿童学习困难

安全感,对现实不满,矛盾情绪,过分保护或控制自己,做事要求尽善尽美,父母常对儿童期望过高,态度过于严肃,很少与儿童进行情感交流也是造成病理性口吃的原因。这种口吃儿童除了重复或拖长词音或短句中的某个词以外,还常常伴有情绪激动、眨眼、缩紧嘴唇、跺脚、用手拍腿等行为。学龄期儿童由此影响人际交往。常常回避集体,少言寡语,害羞、胆怯、自卑。有时则表现为易激动、敏感、恐惧、焦虑,甚至表现为反抗及攻击行为,也有时有睡眠较差或食欲减退等症状,常造成儿童的学习困难。但这些儿童在单独或与其喜欢的人相处时,或与玩具、动物等说话时,低声细语时,唱歌时或重复他人讲话时,由于精神不紧张而不出现口吃。其治疗方法主要有以下几点:应鼓励儿童参加集体活动,在集体环境中矫正口吃。口吃严重者可以服用小剂量氟哌啶醇治疗,每日0.5~2毫克,分2~3次口服,或服用抗焦虑药物治疗。

⑤病因。第一,突然精神刺激,如受惊吓、产生恐惧、变换环境、严厉惩罚,甚至强烈的声音都可以导致口吃。第二,儿童在学说话时,父母要求过急,做过多的矫正,或采取恐吓和逼迫儿童学说话,使儿童性急慌忙发生口吃。第三,儿童模仿性强,模仿其他人的口吃。第四,躯体疾病,尤其是传染病(百日咳、流感、麻疹、猩红热),可削弱儿童大脑的功能,容易因精神刺激引起过度紧张,发生口吃。第五,性格因素,有研究显示,口吃儿童大多数有性格方面的问题。最常见的是"急性子",也就是说性格急躁,容易激惹,做事潦草,马虎,急于求成,缺乏耐心。表现在吃饭急,说话快,走路快,缺乏等待意识。这种"急性子",如果任其发展下去,不仅会加重口吃症状,甚至能形成终身心理痼疾。一位著名的心理学家曾经说过:"口吃与急性子是一对形影不离的孪生兄弟。"所以,许多口吃儿童是因为性格所致。第六,心理因素,大多数口吃儿童,都有不同程度的心理障碍,其形成的原因包括:对口吃错误的认识;对自己病情错误的认识。他们对自己的病情估计往往是超过

客观实际,从而形成了对口吃的恐惧和忧虑,这种恐惧和忧虑使口吃的频数增加,口吃的症状更加明显。言语实践失败的次数越多,对大脑皮质的刺激就越大,口吃在大脑皮质形成了巩固的神经联系。因而由于内部刺激和外部刺激,导致儿童的心理障碍。口吃儿童的心理障碍是受到外界刺激后形成的一种情绪冲动,造成大脑局部的功能紊乱,反过来干扰了正常的言语习惯,结果加重口吃。随着时间的推移,这种刺激就会导致语言中枢正常功能的失调,口吃也越来越重。

⑥诊断。中国精神疾病分类方案与诊断标准第三版(CCMD-3)中,选择性缄默的诊断标准:指一种口语障碍,讲话的特征为频繁的重复或延长声音、音节或单词,或频繁地出现踌躇或停顿以致破坏了说话的节律,一过性轻微的说话节律障碍在童年早期很常见,在童年晚期乃至成人也可长期存在,但很轻。只有当严重程度足以妨碍说话的流畅性时,才能定为一种障碍。口吃可以伴有言语或言语发育障碍,此时应并列诊断。

⑦鉴别诊断。正常儿童在选择适当词汇时的说话停顿,部分正常儿童在2~4岁期间说话时,为了选择适当的词汇,常常出现说话停顿、犹豫不决的现象,应与口吃相鉴别。口吃儿童受阻发生在发音或单词水平上,而正常儿童是发生在单词或词语水平。口吃儿童伴有发音器官的肌肉痉挛,而正常儿童没有这种现象。

⑧口吃与正常的言语失误的鉴别。言语失误具有两个特征。正常的言语失误主要是出现在会话性语言中,因为会话性语言缺乏预见性,会话人是随问随答,随想随说,不可能事先准备好了再说,因而出现失误是很正常的、很普遍的现象;人在会话中出现失误以后没有什么思想负担,因而不在大脑皮质中留有印迹。常见的言语失误有重复、改正、添加、失言、别嘴等。然而,这些正常的言语失误一旦出现在口吃儿童的口中,便会发生泛化作用,产生口吃的条件反射。

第四章 精神心理障碍导致的儿童学习困难

⑨治疗。部分口吃儿童,不经任何治疗,经数年之后就可以自愈。国外有学者报道,42%的学龄期口吃儿童,不经任何干预随着年龄的增长而自愈。另外有学者报道,80%的口吃儿童到少年期即恢复说话的流利性。持续口吃者往往变得复杂化和顽固化,进而形成慢性口吃,持续进入成年期,发展至终生。经过语言矫正训练,大部分儿童均可以恢复正常。因此,有人把能够自愈的口吃称为良性口吃,而把不能自愈者称为慢性口吃。

在对儿童的口吃的矫正过程中,应首先改变"急性子",主要可以在几个方面改变儿童的"急性子"。说话要轻松,要顺其自然,想怎么说就怎么说,不要想好了再说。但是说话一定要轻、要慢。遇事冷静,别人急,自己不要急,别人发怒,自己心平气和。待别人怒气过后,自己再慢慢地说话。儿童外出办事或上学,让他留有充分的时间,这趟车赶不上,再等下趟,不急于赶车。在等待购物或办其他事时,不要着急,可以看看书报,培养儿童的耐性。吃饭时要细嚼慢咽。走路、上楼动作要慢。培养儿童学会调节自己的情绪,每当情绪将要激动时,要立即避开现场和人,转移注意力。只要注意改变儿童的"急性子",口吃有时会自然地消失。

鼓励儿童参加集体活动,在集体环境中矫正口吃。口吃严重者可以服用小剂量氟哌啶醇治疗,每日0.5~2毫克,分2~3次口服,或对焦虑明显的儿童可以服用一些安定类的药物及抗焦虑药物,帮助减轻焦虑情绪,放松肌肉,加强言语训练的效果。要消除环境中的紧张因素。口吃的发生和发展与儿童本人及周围人对口吃的态度有关。因此,须避免周围人的讥笑和嘲弄,消除儿童对口吃的顾虑,鼓励他们树立信心,主动练习,养成不急不慌和从容不迫的发音习惯。组织言语矫正培训班,在集体中使口吃儿童相互关心,相互鼓励,并诱导他们说话的要求,在老师的指导下,矫正发音和训练说话,如配合音乐、舞蹈进行发音训练。言语治疗:学龄前期儿童不必进行特殊的言语训练,主要指导和劝告父母,减少造

成和加重口吃的应激性因素,让儿童得到一个自然放松的说话环境,使口吃自然消失。学龄期儿童则要进行言语矫正训练,训练包括肌肉放松、协调呼吸和说话、控制言语速度、延长元音(声母)发音等措施。伴有情绪障碍的患儿,应采取一些心理支持治疗,以帮助消除情绪障碍,鼓励他们重建人际关系,增强自信心。

⑩矫正。一般情况下,由于口吃的儿童在唱歌和朗诵时口吃消失,由此可见口吃是可以矫正的。矫正口吃可以从儿童最容易做到的地方开始,可以让儿童从唱歌、朗诵进行训练。这样可以使儿童在这一阶段的训练中增强自信心,克服自卑感。然后在循序渐进地让儿童复述故事,在儿童做了充分的准备后,可以先给父母讲故事。当儿童在讲故事时,父母要用眼神和表情鼓励儿童,增强儿童的自信心,坚持这样的训练,一定会取得良好效果的。首先要改变对口吃的认识,口吃的儿童的心理障碍迟迟消除不了,其主要原因没有从根本上认识口吃。很多儿童对自己语言上的失误采取了特殊的注意态度(当然也包括父母),在说话的一瞬间,由于头脑中出现的千万不要口吃的提醒,儿童的注意力一下转移到惧怕口吃上,大脑皮质立刻形成了新的兴奋中心,而对如何说话、说什么话,由于副诱导的作用,大脑皮质的相应部位反而处于抑制状态。说话时越注意自己的口吃,而口越是不听使唤;如果没有心理因素的影响,是形不成口吃的。因此,口吃儿童自尊心强、好胜心强,在模仿口吃后,不自觉地增加了有意注意。而随着年龄的增长,这种有意注意更加突出,所以在客观上对自己的一点言语失误"严格要求","不肯原谅",以至怀疑、焦虑,实际上是对口头语言的自然规律的对抗,其结果造成了过分的心理负担。所以,在口吃的矫正过程中,放弃对口吃的有意注意,消除对口吃的戒备心理,集中精力去开发训练自己的口才。另外,口吃儿童把其他不属于自己口吃的言语失误,如重复、停顿、添加、开头失误也当成口吃,把思维障碍、交际障碍等因素造成的言语不流畅也看成是口吃带来的,也当

第四章 精神心理障碍导致的儿童学习困难

成口吃,从而形成心理定势。其次,从父母方面来说儿童及其父母需要建立良好的关系,相互间密切合作,使矫治训练得以顺利进行。父母要使儿童有充分的休息与睡眠,维持身体健康。通过父母进一步了解有关儿童口吃情况,如什么情况下口吃比较严重,邻居与小伙伴中有无口吃者,儿童与关系密切的亲友交谈时言语是否正常等。让父母了解儿童的基本语言发展特点,使其有合理的目标与期望,并给予适当的辅导。与其父母分析儿童在一天中某段时间,特别在某人与某物前,某种场合下或在说某些字句时口吃为什么增加,是否面对过多压力,缺乏父母关怀,过度疲劳或常生病等原因,促使其口吃增多。针对问题所在加以改进。要求父母密切合作,在口吃训练过程中,避免打断、催促或矫正口吃的明显反应,一切顺其自然。让儿童有机会练习成人赞许的言语方式,增加言语流畅经验。按照系统脱敏的治疗原则,以渐进方式训练其在各种场合或人物前说话,增加言语及生活经验,建立信心与对环境压力的适应力。口才训练法矫正口吃:把口吃儿童的注意力集中到口才训练中来,当儿童把全部心思用于如何使自己语言表达做到节奏美、语调美、表情美的时候,就实现了心理迁移,使错误的呼吸发声方法得到有效的矫正,使其心理障碍得到消除。对青少年口吃,除了进行心理治疗外,还可以采取其他训练矫正方法,如阴影法、遮蔽法、随意口吃法、停顿法、节拍法、和延迟听觉反馈法。例如,阴影法就是让口吃儿童跟随心理医生大声朗读同一文章,按这种方法训练一段时间后,口吃现象会逐渐消除。训练使选用的文章,应由简入难,朗读速度也应由慢趋向普通速度。

⑪预防。对口吃的预防,避免正常儿童在发育过程中出现的言语不流畅发展为口吃。儿童说话不流畅时,不要指责他,也不要催促说话,不要给予过分的关注,让其放松,使之说话放慢速度,过一段时间即可恢复正常。让儿童养成良好的说话习惯,吐词清楚,避免模仿口吃者说话,避免儿童在过分焦虑、着急的情况下说话,

更不要去催促他们说话,这样可以减少口吃的发生。

(3)癔症性失语:癔症性失语也是语言障碍的一种,它是由于受到精神刺激后出现的一种心因性的功能性失语,对此应当积极地治疗。

①由医生先和儿童讨论,解释问题,避免调查这些问题,引起猜疑和抗拒心理,有碍与儿童建立良好的人际关系。

②在治疗时,先让儿童尝试咳嗽、清喉咙、发笑或哭泣,一旦出声,就向其解释这是正常发声活动。渐由非口语发声引向口语,练习一些语音与单字,不必急于练习实际的口语沟通。

③可以采用咀嚼法、推提训练法、松弛法、呼吸练习法和阶层分析法等帮助失声治疗。

④如儿童有情绪方面的问题,可以同时进行心理咨询。对这类儿童还可采用暗示性心理治疗。

(4)选择性缄默

①定义。选择性缄默是指已获得了语言能力的儿童,因精神因素的影响而出现的一种在某些社交场合,保持沉默不语的现象。其实质是社交性功能障碍,而并非是语言障碍。

②患病率。选择性缄默患病率较低,国外报道,5岁儿童的发生率为7.2‰,入学后7~8岁时为0.33‰~0.8‰。湖南1990年调查全省8644名4~16岁儿童,仅查出2例患儿,患病率为0.23‰,其中4~6岁年龄组计算为1.15‰,一般以女孩多见。

③病因。目前认为选择性缄默的病因主要是由于精神因素作用于具有某些人格特征的儿童而产生缄默。第一,素质性因素,儿童在病前往往有特殊的素质与行为特征,这些儿童比一般儿童敏感、胆怯、害羞、孤僻、脆弱、依赖性强。另外,儿童的父母人格异常和精神障碍的发生率比一般人群高。有些父母可以出现明显攻击行为、明显害羞及其他人格异常,有报道可以高达42%。第二,发育性因素,有专家认为选择性缄默的发病与发育不成熟有关。下

第四章 精神心理障碍导致的儿童学习困难

列几点可以证实儿童发育不成熟:虽然语言功能已经获得,但儿童开始说话比正常儿童要明显延迟,并且许多儿童起病后常伴有其他言语障碍;常伴有功能性遗尿、功能性遗粪等其他发育性障碍的存在;部分儿童脑电图检查表现为不成熟脑电图及其他异常变化。第三,心理与家庭环境因素,在家庭中儿童母亲焦虑,并且在家庭中处于支配地位,对儿童过度保护。在生长发育过程中,儿童与其他人特别是成年人建立关系的努力受到阻抑,以后则以缄默作为人际关系中的处理策略。许多儿童有早年感情创伤经历,如家庭矛盾冲突、父母关系不和、父母离异、虐待儿童等,有的儿童是在家庭环境变化或一次明显的精神刺激后发病的。

④临床表现。本病常在3～5岁起病,病前已经获得了言语发展,有正常的言语理解及表达能力。主要表现在某些场合拒绝说话,而在另外一些场合则能进行正常的言语交流。拒绝说话的场合一般是在学校或在陌生人面前。个别儿童则相反,在学校说话而在家中不说话,一般是拒绝与成人说话,与儿童或熟悉的人则说话。缄默时可以用手势、点头、摇手等肢体语言进行交流。有时也可以用书写的方式来表达。有的儿童不是表现为缄默不语,而是表现为耳语。部分儿童有情绪和行为方面变化,如害羞、社交中行为退缩,在家中很顺从。部分儿童则表现出明显攻击行为和违抗性行为,在社交中则容易生气,经常绷着面孔。部分儿童合并有遗尿、遗粪及其他言语异常等发育性问题。1/3儿童脑电图轻度异常,主要表现为不成熟脑电图、波幅异常或尖波。智力一般正常,部分儿童智力低下。

⑤诊断标准。中国精神疾病分类方案与诊断标准第三版(CCMD-3)中,选择性缄默的诊断标准起病于童年早期,在特定社交场合(如学校)或陌生人面前,沉默不语,而在其他环境中言谈自如。缄默时,常伴有焦虑、退缩、违抗等情绪。在某种或多种特定社交场合(如学校)长时间拒绝说话,但在另一些场合说话正常或

接近正常,其言语理解和表达能力正常;症状至少已经持续一个月,但不包括初入学的第一个月;排除言语技能发育障碍、广泛发育障碍、精神分裂症及其他精神病性障碍。

⑥鉴别诊断。癔症性缄默发生较长时间的缄默时易与本病相混淆,但癔症性缄默年龄偏大,有癔症性格,病前有明显心理因素,拒绝说话场合无选择性,一段时间内在任何场合均拒绝,而且常常表现为失声而非完全拒绝开口,持续时间相对较短。多为一过性的,暗示治疗有效。孤独症也可以出现语言交流障碍,拒绝说话。但在拒绝说话时有自发性言语,言语理解与表达能力有障碍,内在语言与躯体语言也异常。分离性焦虑、回避性障碍、学校恐怖症等儿童期情绪障碍也易与选择性缄默相混淆。许多正常儿童3~4岁时在家说话很流利,在进入幼儿园或其他新环境中与陌生人接触时,可出现短暂的缄默,表现为说话很少或不说话或低声耳语,随着对环境的熟悉而逐渐有言语交流。而选择性缄默儿童与这种正常的分离性焦虑不同的是不能自发地放弃这种缄默行为,持续保持达几年之久。异常性分离焦虑的儿童与父母分离时可以出现缄默,但表现出明显的焦虑情绪及不安,从而避免分离与独处。学校恐怖症儿童主要表现为主观上不愿意上学,并非突出表现为拒绝说话。回避性障碍儿童主要表现为社交场合避免与陌生人接触,而总是希望与熟悉的人待在一起。如精神分裂症、抑郁症也可以表现为缄默,但伴有其他精神症状,起病年龄较大,对抗精神病药物与抗抑郁药物有效。随着治疗的进行,精神症状改善,缄默减轻或消失。聋哑症、发育性言语障碍因不会说话,也可以造成诊断上的混淆。但发育性言语障碍者不会说话时,其原有的语言功能就未建立,不说话为非选择性的。聋哑症儿童听力有损害,由于有听力损害的病史,并经过听力检查,不难鉴别。

⑦治疗。选择性缄默的预后较好。经过治疗大多数儿童可在数月至数年后恢复,部分病例发展为慢性过程,持续发展到成年

第四章 精神心理障碍导致的儿童学习困难

期。目前对选择性缄默的病因还不了解。一般来说患儿父母有明显人格缺陷的病例预后差。在治疗上主要选择心理治疗为主，不同病例，因病因不同要制定适合于不同个体的治疗方案，大部分病例可以在门诊治疗。一些家庭环境不良而引起发病的患儿，要采用住院方式进行治疗，在改变儿童的环境后效果会更好。

三、孤独症导致儿童学习困难的纠正

国际精神疾病与行为障碍分类及诊断标准第十版(ICD-10)中，对孤独症是这样定义的：一种弥漫性发育障碍，在3岁以前出现发育异常和（或）受损。特异性的功能失常，可见于所有以下3方面：社会交往、沟通和局限的重复行为，男孩发病比女孩高3～4倍。

中国精神疾病分类方案与诊断标准第三版(CCMD-3)中，对儿童孤独症是这样定义的：是一种广泛性发育障碍的亚型，以男孩多见，起病于婴幼儿期，主要为不同程度的人际交往障碍、兴趣狭窄和行为方式的刻板。约有75%的患儿伴有明显的精神发育迟滞，部分患儿在一般性智力落后的背景下具有某方面较好的能力。

（一）发病率

目前，世界各国孤独症的发病率大致每万名儿童2～13人。有学者报道诊断为孤独症合并精神发育迟滞每万名儿童高达10～21人。性别差异：男孩明显多于女孩，男女之比为(2.6～5.7)∶1。孤独症多在年龄较小时起病，5～7岁组儿童患病率为12.4/万，为最高患病率组。一些地区报道4～14岁组患病率为11.6/万。

(二)病因

1. 遗传因素

以下证据,可以证明孤独症具有遗传性。

(1)同病率及高发家系研究

①双生子同病率。对40对孤独症儿童同病率研究报道,单卵双生子同病率为95.7%(22/23对),双卵双生子同病率为23.5%(4/17对);另一研究报道,单卵双生子同病率仅为40%,双卵双生子为10%。

②同胞患病率。有报道孤独症中同胞患病率为2%~3%,超过一般人群50倍。另一报道则高达5%~9%。

③高发家系研究。Ritvo进行了一份较大样本的高发家系研究,在46个家庭中有41个家庭有两名孤独症儿童,其余5个家庭有3名孤独症儿童。

(2)染色体异常

①染色体X脆性位点:孤独症儿童染色体脆断现象增多。

②其他染色体异常:有学者在报道22例男性孤独症中9例(41%)有Y染色体。

③Ritvo在高发家系的研究中发现,这些家庭做分离分析,推测孤独症有可能是常染色体隐性遗传。

2. 器质性损害

孤独症儿童有一系列脑部损害的证据。

(1)神经解剖及影像学研究

①尸检所见脑部结构变化。有学者对一名29岁男性患者死后尸检杏仁核、小脑、海马大多数细胞的结构变化,包括蒲肯野细胞消失。Ritvo等对4名尸检患者的检查也有类似发现。

②脑影像学检查。脑CT扫描显示孤独症患者有异常所见,但与正常对照组无清楚界限,与病情轻重程度无一致性反应。有

研究报道,高功能孤独症儿童 MRI 与正常对照组比较有第四脑室扩大,大部分有小脑蚓部、小叶发育不良,脑干明显变小。Horwitz 对 14 名高功能孤独症及正常对照 14 名儿童研究,发现儿童额、顶、新纹状体及丘脑功能受损,但同年 Jacobsen 报道 6 名孤独症儿童与 14 名正常儿童对照,结果两组无差异。有学者报告,对 64 名孤独症儿童的检查,可见明显异常,其中 42.2%(27/64)有单侧大脑皮质,21.9%基底神经节及丘脑,17.2%小脑及 6.3%双侧大脑皮质呈现散发性缺损。另外还有研究报道孤独症儿童有 1 个或多个区域的葡萄糖代谢率明显增高。

(2)神经生化代谢

①5-羟色胺(5-HT)。约有 1/3 孤独症儿童血中 5-HT 水平增高。

②儿茶酚胺。孤独症儿童血浆中肾上腺素、去甲肾上腺素和多巴胺下降,结果提示孤独症儿童的许多症状可能受到包含去甲肾上腺素系统的蓝斑部位的影响。

③神经肽。孤独症儿童内腓肽片段Ⅱ水平上升。

(3)神经生理学研究:显示孤独症儿童自发脑电图异常率为 10%~87%,大多数广泛性异常,表现为慢波增多,无特殊性,其中慢波棘波多见,可能是由于孤独症伴发癫痫有关,诱发电位研究发现孤独症 P300 波较小。

(4)围生期并发症:孤独症儿童与正常儿童比较,围生期有较高的并发症发生率,或者其围生期不是处于良好的状态,有学者研究 30 例孤独症儿童,其母亲孕产期有不利因素者共 21 例(70%),其中母孕期存在各种健康问题 7 例,分娩中不利因素 14 例。以上证据可以说明孤独症儿童是脑器质性损伤的。

(三)临床特征

1. 孤独症的临床特征

(1)极端孤僻,不能与他人发展人际关系。

(2)言语发育迟滞,失去了言语交往能力。

(3)重复简单的游戏活动,并渴望维持原样不变。

(4)缺乏对物体的想象及灵巧地运用它们的能力,如缺乏想象性游戏,特别喜欢刻板地摆放物体活动。

2. 孤独症的基本行为特征

美国儿童及成人孤独症学会顾问委员会提出了孤独症的4个行为基本特征:发育速度和顺序异常;对任何一种感觉刺激的反应异常;言语、语言认知及非语言型交流异常;与人、物和事的联系异常。

(四)临床表现

1. 社会交往障碍

这是孤独症的核心症状,病情较轻,并且功能水平较高的孤独症儿童的社交障碍在2岁前不明显,5岁以后则症状有所改善,患儿与家庭成员的接触可能得到较大的发展,变得对他们有些感情,但患儿仍极少主动进行接触,在与小伙伴的活动中常充当被动角色,缺乏主动兴趣。一些追踪性研究报道,患儿青春期后仍缺乏主动社交技能,不能建立恋爱关系或结婚。

(1)有的儿童在婴儿期就表现出避免与他人目光接触,也缺少面部表情,当别人要拒绝他时,不会像正常儿童那样伸出手表示出期待别人抱的姿态。

(2)有的儿童甚至拒绝别人拥抱,或当抱起他时表现僵硬和全身松软。

(3)父母离开时没有明显依恋,而当父母回来时没有愉快的表示。

第四章 精神心理障碍导致的儿童学习困难

(4)当他们感到不愉快或受到伤害时,也不会寻找母亲的安抚。

(5)和父母亲易于分离,有时跟随陌生人和他们的父母一样。

(6)有时亲人呼唤他们的名字,也时常不理会无反应,以至使人怀疑他们是否有听力问题。缺乏眼与眼的对视,这往往被看成是孤独症特征性表现,但个别病例也可能无此症状。

2. 言语发育障碍

孤独症儿童表现的言语和语言障碍十分常见,也十分严重。2/3的儿童是以言语发育障碍为主,孤独症儿童表现的言语障碍是一种质的全面的损害。

(1)沉默不语或较少使用语言:有的儿童在婴儿期就咿呀学语,有的是在2～3岁以前曾经有表达性语言,以后才逐渐减少,有的则完全消失,有的研究报道约50%孤独症者终身沉默。他们倾向以手势或其他形式来表达他们的愿望和要求,或在极少情况下使用极有限的语言。

(2)言语运用能力损害:表现在不会主动与人交谈,不会提出话题或维持话题,他们常是自顾自地说话,毫不在意对方听不听,也不顾及周围的环境或者别人正在谈话的主题。他们的眼光也不看着对方,也不在意对方回答与不回答。有的儿童还不会使用代词,或代词应用颠倒,以致他们的语言变得毫无意义或不知所云。有的儿童即使具有相当的词汇量,他们不能运用词汇、语句来与人进行正常的语言交流。

(3)刻板重复言语或模仿言语:模仿言语可以表现为即刻模仿和延迟模仿。别人刚说完患儿立刻重复别人刚说过的话,为即刻模仿。有的患儿模仿重复别人话,可能是几小时,几天,甚至数十天前别人说过的或收音机、电视播过的话,为延迟模仿。刻板重复的语言有的是反复模仿别人说过的话,有的是患儿重复提类似的问题或要对方回答一样的话,或重复自己自造的话,这种刻板重复

语言有时表现患儿反复写一样的字,画一样的画,或讲一样的"小故事",有的患儿则表现为无原因地反复尖叫、喊叫。

(4)言语、音调、节奏的障碍:音调障碍,患儿则表现为言语缺乏声调,存在速度、节律、韵律、重音等方面的问题,语言单调平淡,缺乏抑扬顿挫和情感表达。

(5)出于自我刺激的使用言语:患儿有时尖叫、哼哼或发出别人不能听清或不可理解的"话",或者是他们自顾自地说话,仿佛是他们自我进行的一种游戏,也称之为"自我中心语言"。

(6)非语言性交流损害:手势或姿势语言的缺乏,患儿很少用点头、摇头或其他面部表情来表达某种需要和要求,既使他们完全懂得别人姿势的含义,也不常使用姿势。

3. 兴趣范围狭窄及刻板、僵硬的行为方式

(1)对环境倾向于要求固定不变或不正常反应:表现为对日常生活常规变化的拒绝,有的儿童每天要吃同样的饭菜,数年不变,每天固定的排便时间、地点或便器,出门一定要走某条路线,若变动则表现烦躁不安、吵闹或拒绝。

(2)不寻常的兴趣和非同一般的游戏方式:表现为对某些物体或活动的特殊迷恋,患儿常常对一般儿童所喜爱的玩具、游戏缺乏兴趣,相反对某些通常不是作为玩具的物品及游戏活动,具有特别的兴趣和迷恋,尤其是圆的可以旋转的物品,如喜欢锅盖、瓶盖、车轮,观察旋转的电扇,观察奔驰的火车车轮,达到着迷的程度,对喜欢的物体终日拿着,数日、数十日不让更换,若最后强迫更换,那么往往会选择另一件作为新的迷恋对象,在奇特的游戏兴趣方面曾有以试探物体的平衡来自娱。

(3)刻板重复的行为和特殊的动作姿势:表现来回踱步,自身旋转,转圈走,重复地蹦跳,最常见的姿势是将手置于胸前凝视,这种动作常在1~2岁时发生,随着年龄的增长而减轻消失。有的是手部有些奇特的动作,这些手部动作最常见是置于头、脸、额前或

第四章 精神心理障碍导致的儿童学习困难

胸前,还有扑打、摇动、敲击、撞击、前后摇摆身体或头部动作,有的甚至带自伤、自残性质,如咬手、撞头、以拳击墙等,这些行为往往在患儿无事可做时出现,有时则在其兴奋、烦躁时频繁出现。

(4)对物体非主要特征的兴趣以及特殊的接触方式:反复触摸光滑物体的表面,有的对光亮的家具、墙面,对光滑的杂志封面、地面反复摸,似乎从中得到一种舒服愉快,有的则不论给他们食物或非食物,接过来都先闻一闻,一位患儿当别人走后要闻别人刚坐过的凳子,抱着别人的袜子闻。有的患儿以体验动感为快,如迷恋于看快速翻动的书页,要求反复地坐快速行进的火车、汽车等。

(5)孤独症者成年期行为类型

①仍然远离他人与正常人不同。

②积极交往,能长期与人在一起,无明显焦虑不安。

③虽然有些活跃,但行为离奇有社会交往的不适应。有学者在研究中发现,5%~17%的孤独症儿童预后良好,成年后能接近正常生活,并表现出令人满意的功能,但他们的人际关系及个性古怪行为等方面仍存在问题。1/6~1/4的患者预后中等,他们具有一定独立能力,行为方面只有轻微的毛病,但不能胜任工作。61%~72%的患者预后差,无法独立生活。

4. 感知觉异常

(1)感知觉过弱、过强或不寻常:有的患儿对疼痛的刺激反应迟钝。

(2)对注射和自残没有反应或反应迟钝。

(3)有的对声音光线特别敏感或特别迟钝。如患儿遇到一点小声就用手捂住耳朵,或斜眼皱眉看光线。

(4)有时特别能忍耐苦味、咸味或甜味。

(5)有的患儿自平衡能力特强,如登高、走在窄窄的床栏上从不摔倒。

5. 智力认知结构缺陷

3/4孤独症儿童的智力落后,近年来瑞典和加拿大的研究显示:在典型孤独症中精神发育迟滞的比例分别为80%~89%和76%,有40%~60%患儿的智商不到50分,20%~30%达70分或更高。由于大多数患儿不能合作,故通常的智力测验难以进行。因此,使用社会适应量表评定儿童的智能,可能优于通常的智力测量方法。一些孤独症患儿在普遍智力低下的同时,可具有某些特殊的能力,如对路线、数字、地名、人名的不寻常记忆力和对日期推算和速算的能力。也就是人们所常说的"白痴学者"、"白痴天才"。

(五)诊断

1. 诊断步骤

(1)收集详细的病史:了解其临床表现、现病史,应重点了解其人际交往能力、语言表现及行为特点。对儿童的生长发育史、母孕情况及家族精神病史也应详细了解。

(2)仔细的精神检查:是直接获取诊断依据的手段。

①非定式检查。对于语言发育较好又合作的儿童,可采取面对面交谈,但对幼儿或语言水平功能低的,甚至不说话的患儿则采取直接观察或参与游戏,以了解其与人交往、合作、模仿情况、运动水平、有无刻板重复动作、奇特姿势、行为及他们兴趣和注意力等。

②定式检查。按需要设计的固定的检查内容、方法等,便于统计分析。

③智力检查。对学龄期功能水平较高的儿童可选用韦氏智力量表;对言语发育障碍者可选用瑞文推理、绘人测验、图片词汇测验,对学龄前或婴幼儿可用贝利婴幼儿发育量表、盖塞尔智力量表,对不合作者可用社会适应量表。

(3)体格检查和实验室检查

①全面的体格检查。有些孤独症的儿童身高、体重明显低于

第四章 精神心理障碍导致的儿童学习困难

同龄儿童,皮肤细腻,肌张力低,关节过度伸屈,肢体运动发育迟缓或欠协调,同时孤独症还与一些综合征有关,如结节性硬化、神经纤维瘤、苯丙酮尿症、乳酸中毒症、嘌呤病、脑积水、杜克纳肌营养不良症、脆性 X 染色体异常和其他性染色体异常。

②必要时做血尿常规及肝肾功能和心电图检查。

③染色体及脆性 X 位点检查可发现脆 X 位点。

④脑电图、脑地形图、CT 及 MRI(磁共振)检查。

(4)孤独症症状检查评定量表

①孤独行为评定量表,由父母和抚养人使用(筛查界线分为 53 分,诊断分为 67 分以上)。

②孤独症评定量表,由心理医生使用。总分大于或等于 30 分可诊断为孤独症,少于 36 分时则为轻-中度孤独症,总分达到或大于 36 分时为严重孤独症。

2. 诊断标准

国际精神疾病与行为障碍诊断与分类标准第十版(ICD-10)中,对孤独症是这样诊断的。①起病于 3 岁以前,病前无明显正常发育期。②症状标准。严重的社交障碍;不同程度的社交用语和/或语言发育障碍;重复刻板单调的动作或行为。③除外其他疾病。如精神分裂症、婴儿痴呆。

中国精神疾病分类方案与诊断标准第三版(CCMD-3)中,孤独症的诊断标准是认为,在下列(1)(2)(3)项中,至少有 7 条,且(1)至少有 2 条,(2)(3)项至少各有 1 条。

(1)人际交往存在着质的损害,至少 2 条。

①在集体游戏中缺乏兴趣,孤独,不能对集体的欢乐产生共鸣。

②缺乏与他人进行交往的技巧,不能以适合其智龄的方式与同龄人建立伙伴关系,如仅以拉人、推人、搂抱作为与同伴的交往方式。

③自娱自乐,与周围环境缺少交往,缺乏相应的观察和应有的情感反应(包括对父母的存在与否亦无相应的观察和应有的情感反应,对父母的存在与否亦无相应反应)。

④不会恰当地运用眼对眼的注视,以及用面部表情、手势、姿势与他人交流。

⑤不会扮演性游戏和模仿社会的游戏(如不会玩过家家等)。

⑥当身体不适或不愉快时,不会寻求同情和安慰;对别人的身体不适或不愉快也不会表示关心和安慰。

(2)言语交流存在着质的损害,主要为语言运用能力的损害。

①口语发育延迟或不会使用语言表达,也不会用手势、模仿等与他人沟通。

②语言理解能力明显受损,常听不懂指令,不会表达自己的需要与痛苦,很少提问,对别人的话缺乏反应。

③学习语言有困难,但常有无意义的模仿言语或反响式的言语,应用代词混乱。

④经常重复使用与环境无关的言词或不时发出怪声。

⑤有言语能力的患儿,不能主动与人交谈、维持交谈及应对简单。

⑥言语声调、重音、速度、节奏等方面异常,如说话缺乏抑扬顿挫,言语刻板。

(3)兴趣狭窄和活动刻板、重复,坚持环境和生活方式不变。

①兴趣局限,常专注于某种或多种模式,如旋转的电扇、固定的乐曲、广告词、天气预报等。

②活动过度,来回踱步、奔跑、转圈等。

③拒绝改变重复的动作或姿势,否则会出现明显的烦躁和不安。

④过分依恋某些物品或玩具的一部分,如特殊的气味、一张纸片、光滑的衣料、汽车玩具的轮子等,并从中得到满足。

第四章 精神心理障碍导致的儿童学习困难

⑤强迫性地固着于特殊而无用的常规或仪式性的动作或活动。

(六)鉴别诊断

1. Rett's 综合征

(1)早期发育:孤独症儿童在早期就可以发现不正常,而Rett's综合征早期发育正常,以后丧失了原来获得的语言能力和手部的精细运动操作。表现为严重的智力障碍。

(2)孤独症儿童一般不与人做眼部对视,而Rett's综合征儿童常表露一种"社交性微笑",注视或凝视他人,常有过度换气。

(3)孤独症儿童无躯体活动障碍,而Rett's综合征儿童,躯体和神经系统症状和体征较为突出,躯干活动常有共济失调,站立和行走时所占的基底很宽,肌张力不正常,常见脊柱侧凸或后凸。约50%病例到青少年或成年时出现脊髓萎缩并伴有严重运动不能。

(4)孤独症儿童一般不出现癫痫,而Rett's综合征儿童多数病例伴有癫痫发作。

2. 婴儿痴呆

(1)婴儿痴呆是一种以智力和行为迅速倒退为特点的精神障碍;而孤独症,在病前获得的能力一般不消失。

(2)孤独症的儿童表现为言语障碍;而婴儿痴呆表现为言语能力的倒退,表现为主动言语减少,对问话很少产生反应或需要多次提问才能回答,但句子变短,词汇减少。

(3)孤独症儿童运动能力较差;婴儿痴呆儿童运动能力较好。

(4)孤独症儿童一般躯体和神经系统检查无明显异常发现;婴儿痴呆儿童运动能力一般保持良好。

3. 精神发育迟滞

有将近3/4孤独症合并精神发育迟滞,而有的精神发育迟滞儿童中也可有不同程度的缺乏感情、任性和刻板重复行为。

(1)精神发育迟滞儿童的社会化相对较好,他们大多愿意与人交往,模仿他人活动。而孤独症儿童不愿与人交往,社会化程度较差。

(2)精神发育迟滞儿童言语发育不足,但无质的损害,能完成其角色并可以参加游戏。而孤独症儿童则不行。

4. 抽动秽语综合征

有时抽动秽语综合征儿童出现强迫性和仪式性行为,重复叫喊、刻板重复语言等症状。所以尤其是高功能的孤独症(智商较高的儿童)和持续发作的抽动秽语综合征伴有拒绝社交活动、退缩者,易造成混淆。

(1)抽动秽语综合征有正常发育期,而孤独症儿童无正常发育期。

(2)抽动秽语综合征愿意与人交往,回避集体和他人是由于频繁的发作而暂时回避。而孤独症的儿童不与人交往。

(3)抽动秽语综合征的儿童大部分正常,他们渴望得到别人的理解和同情,渴望得到治疗,这些社会化行为在孤独症中是缺乏的。

5. 精神分裂症

(1)起病年龄:精神分裂症起病较晚,多在青春期前和青春期发病。孤独症多发病于婴幼儿期。

(2)发育史:精神分裂症儿童早年发育史没有问题。孤独症无正常的早年发育史。

(3)临床症状:精神分裂症儿童常出现幻觉和妄想等思维、感知觉方面的特殊症状,而且精神分裂症出现的思维障碍是在正常发育的认知和言语功能基础上产生的。而孤独症儿童则没有此类症状。

(4)精神分裂症儿童经过抗精神病药物治疗,可以治愈,精神分裂症的疗效较好。而孤独症对抗精神病药物治疗效果差,不能

第四章　精神心理障碍导致的儿童学习困难

治愈。

6. 选择性缄默

选择性缄默儿童仅仅在某些环境和公共社交场合拒绝讲话或交往,有时仅用点头、摇头姿势或单音进行交流,但在家中则可以正常地与家庭成员进行交谈。而孤独症儿童,在任何场合都不能与人进行交流,甚至不采用姿势与人交流。

(七)治疗

孤独症是慢性病程,预后较差,其预后的好坏与疾病的严重程度、早年言语发育状况、智商高低、病因及训练教育状况等因素有关。约有2/3的孤独症预后较差,这些儿童最后没有独立的社交能力,不能学会任何独立的生存本领,无法独立生活。重度病例大约有半数在青春期症状恶化,表现为活动过度、攻击、自伤、伤人或行为刻板、仪式性或行为不可预测性,继而失去言语技能及缓慢地智力倒退,女孩较男孩更容易恶化。少数儿童在青春期心理和精神病症状上存在戏剧性转变,症状开始改善,至成年期约1/10的患者尽管还有些奇特的行为,但社会化方面有较明显的进步。在青春前期症状表现往往有非常明显的周期性和波动性,在5岁以前已经发展了有用的语言者,预后较好。一些学者提出高功能水平(智力水平较高)孤独症预后良好的儿童较多。有学者报道6岁智商大于65分的孤独症儿童以后有半数可以获得大学文化程度,可进一步学习,独立生活。但罕见完全正常的适应者。

1. 教育性治疗

孤独症的治疗应当以教育训练为主,主要是训练儿童的基本生活习惯、自助能力、语言能力和运动技能。利用奖惩的办法,改善和提高儿童的社交和适应能力。同时可以帮助父母掌握照管孤独症儿童的训练方法。教育性治疗是对孤独症治疗的主要方法之一。这种教育的目标是教会他们有用的社会技能,如日常生活的

自助能力,与人交往方式和技巧,与周围环境协调配合及行为规范,公共设施的利用等基本的生存技能。孤独症的教育属于特殊教育,在孤独症的教育中应进行交流交往的训练,在这个训练中,注视和注意力的训练是最基本的,也是最重要的,要及早进行。

(1)教育训练中要注意个别化:按照每位儿童的具体症状、程度,分别制订出详细的计划和步骤,应将要达到的目标分解成非常小的步骤,一小步一小步地朝制定的目标靠近,直到儿童学会并固定下来。教育训练开始的年龄越小越好,获得的能力容易固定下来。

(2)教育训练中要特别注意父母所起的作用:这里父母不仅作为老师和训练人员出现,而且作为一个"人"出现,通过训练使他们对父母即对人感兴趣,并学会交往技能和技巧,以及不同交往方式,儿童不宜长期住院,有条件可以让父母与儿童同时住院。目的在于让父母学会训练方法。

(3)教育治疗还应做到坚持和长期性:因为在孤独症儿童的训练中,短期的训练改变儿童的行为及学会一项技能,有时看起来是非常简单的生活基本技能和习惯,而对孤独症儿童来说,则需要半年或更长时间。因此,必须极耐心和持之以恒地坚持训练和教育。

2. 行为治疗

行为治疗的目的是使孤独症儿童通过行为治疗能学会社会适应、认知以及运动方面的特殊技能,使他们适应不良行为得到明显改善。

(1)行为治疗重点

①促进孤独症儿童的社会化和语言的发育。

②尽量减少那些干扰儿童功能或与学习不协调的病态行为,如刻板、自伤、侵犯性行为。所以应在高度结构化的环境中进行。

(2)行为疗法治疗的原则

①由于儿童的缺陷及其家庭环境的个体差异较大,因此治疗

第四章 精神心理障碍导致的儿童学习困难

方案应个别化。有的治疗措施对某些儿童有效,而对另一些儿童却无效。

②由于孤独症儿童缺陷在环境之中泛化,设计治疗方案的关键是安排措施,保证有步骤地鼓励行为改善的泛化,帮助他们尽量能把在医院或学校学习获得的技巧,移植到家里或其他场合。

③治疗的另一目的是促进儿童的社会性发育,故不宜长期住院,以家庭为基地的措施,取得家庭成员的密切合作,共同解决家中的问题。通过训练父母,去实施行为训练,可以获得的最佳训练效果。

3. 药物治疗

目前药物治疗孤独症,尚无法改变孤独症的病程,但可能在某种程度上控制某些症状。

(1)抗精神病药物:非典型抗精神病药物具有良好的效果,可以应用齐拉西酮40～60毫克/日,可以有效地改善多动、冲动、刻板、退缩及语言障碍。此外,还可以应用以下典型抗精神病药。

①氟哌啶醇。可以控制多动、冲动、刻板行为,改善退缩和语言障碍。每日剂量0.5～4.0毫克,分2次服。

②氯丙嗪。改善睡眠,过度活动、情绪和注意力,但对语言、交往等问题疗效不明显。剂量每日100～400毫克,分2次服。

③舒必利。可以改善孤僻、退缩,使儿童变得较为活跃,言语量增多,反应敏捷,减轻烦躁。剂量每日100～400毫克,分2次服用。

(2)中枢神经兴奋药:应用原则一是以最小剂量获得最佳效果,二是给药注意个别化。因为不同儿童的症状严重程度、病因及对药物敏感性存在差别,最好是间断服用,幼儿一般不用。

①哌甲酯。可以改善孤独症儿童的活动过度、注意力涣散等症状。剂量每日0.3～0.5毫克/每千克体重,分1～2次服用。慎用于脑器质疾病儿童,以免诱发癫痫和抽动。

②匹莫林。剂量每日 10~20 毫克,每晨服 1 次。

(3)其他药物

①芬氟拉明。可以增加社交性,减少活动过度,改善注意和睡眠。不良反应有失眠、食欲下降、体重下降、冷淡烦躁、学习迟钝。

②纳屈酮。减轻严重攻击,过度活动,冲动,退缩,刻板行为,并增加语言量,尤其减轻自残。剂量每日 30~50 毫克。不良反应为暂时少动和一些行为的混乱。其他不良反应为头痛、恶心、呕吐、肝细胞损害。

(八)特殊类型

1. 孤独样精神病

孤独样精神病也称为 Asperger′s 综合征,孤独样精神变态综合征、童年分裂样精神疾病,是广泛性发应障碍的一个亚型。其定义是:全部兴趣和活动具有孤独症的典型特点。同样以相互社会交往的实质性损害和限制性、刻板性、重复性为特点的一种障碍。在语言和认知发展方面没有全面迟滞。中国精神疾病分类方案与诊断标准第三版(CCMD-3)中,对孤独样精神病是这样定义的:指一种广泛性发育障碍的综合征,有类似儿童孤独症的某些特征,男孩多见,一般到学龄期 7 岁左右症状才明显,主要为人际交往障碍,局限、刻板、重复的兴趣和行为方式。无明显的言语和智能障碍。

(1)孤独样精神病与孤独症的区别

①与其说它是精神病过程,不如说它是一种个性特征。

②它无器质性脑功能障碍,儿童开始说话的时间与正常儿童接近,最终全面掌握语法,讲话内容往往异常迂腐,在特别喜爱的问题上讲个不停,经常在一个字,一句话上一次又一次重复。不顾环境要求,并且具有单一兴趣和爱做重复刻板的游戏。

(2)发病率:Wing 和 Gould 报道 0.6% 的儿童为孤独样精神

第四章 精神心理障碍导致的儿童学习困难

病合并轻度精神发育迟滞,还有 1.1‰儿童早期表现为"孤独",以后表现为孤独样精神病。Gillberg 在瑞典的流行病学研究报道为 2.6‰～3‰,至少 3～5 倍于严格定义的孤独症儿童。并认为在正常智力儿童中有 10‰～26‰被认为有最轻症状,男孩明显多于女孩,但这方面的数据不一致,从(2～2.9):1 至(7～10):1。

(3)临床表现

①社交能力损害,但不回避、不退缩甚至喜欢与人交往,却显得笨拙、愚蠢,热衷单方面交往,不能建立自然、轻松融洽的关系。

②存在语言方面问题,表面上可以显得喜欢说话,说话显得夸张、笨拙,停留在单调问题上。

③非言语交流也存在缺陷,面部表情和姿势性语言受限。

④有时说话过少或表现出音调转换的异常。

(4)诊断标准:国际精神疾病分类及诊断标准第十版(ICD-10)中及美国精神疾病分类及诊断标准第三版修订版(DSM-Ⅲ-R)中,都没有对孤独样精神病提出诊断标准。

2. Rett 综合征

是一种只见于女童的渐进性脑病,以运动技能及智力进行衰退为其临床表现。由于是 Rett 在法国首先报告的,所以被命名为 Rett 综合征。中国精神疾病分类方案及诊断标准第三版(CCMD-3)中,对 Rett 综合征是这样定义的:指一种广泛性发育障碍的综合征,起病于婴幼儿期(通常为 7～24 个月),只见于女孩。主要表现为早期发育正常,随后出现手的技巧性动作和言语的部分或完全丧失,严重的语言发育障碍或倒退,以及交往能力的缺陷十分明显,并有特征性的手的刻板性扭动、目的性手部活动丧失及过度换气。病情进展较快,预后较差。

(1)病因

①遗传因素。Hagberg 报道 8 例单卵双生子同病率 100%,而 6 例双卵双生子同病率为 0%。

②器质性因素。Jellinger 等报道 9 例尸检结果，发现中度皮质萎缩。Nihei 和 Naitoh 研究报告，对 Rett 综合征的儿童行头颅磁共振检查发现，额叶萎缩，胼胝体发育不良，脑干变窄，脑室扩大。Trevathan 报道大多数患儿脑电图（EEG）异常。综上所述，提示 Rett 综合征很可能是由于某种与遗传因素有关的神经变性疾病。

(2) 临床表现

①早期发育正常，但在 7～12 个月时便丧失原来获得的言语能力和手部精细运动操作技能。手部活动变得没有目的性的刻板扭动，如同"洗手"、"搓手"样动作作为其特征。

②言语表达和理解运用能力明显受损，表现为严重的智力障碍。

③常有过度换气发作。

④面部表情特殊，表露出一种"社交微笑"，注视或凝视他人。

⑤躯体和神经系统症状表现为共济失调，站立行走时基底很宽，肌张力不正常，常有脊柱侧凸或后凸，约半数儿童到青少年或成年时出现脊髓萎缩，并伴有严重运动不能。上肢肌张力高的儿童，上肢肌弯曲放置胸前或额前呈现一种特别的姿势，重症儿童可呈现强直状态。

⑥多数儿童可以有癫痫发作，有的儿童在迅速的发育倒退时，发生孤独样症状，失去对人和周围环境的兴趣，对环境刻板的反应形式，到新环境中感到非常焦虑及恐惧，有社会退缩和极其有限的社交范围。

(3) 临床表现形式

①6～18 个月早期发作停滞状态。

②1～2 岁迅速发育倒退状态。

③3 岁以后为假性停滞状态，也可能晚一些直至 10 岁。

④晚期运动衰退状态，其往往发生在学龄期或青春早期。

第四章 精神心理障碍导致的儿童学习困难

(4)诊断标准

中国精神疾病分类与诊断标准第三版(CCMD-3)中,对 Rett 综合征是这样诊断的:

①症状标准。起病后,以前获得的语言和社会化技能迅速丧失,多为重度智力缺损;以前已经获得的目的性手部技能丧失,多为重度智力,出现无目的、刻板、重复的动作,多为手指置于胸前不停地扭动、揉、搓等;步态不稳或躯干共济运动不良;对环境反应差,对玩具丧失兴趣,面部不时显示"社交性微笑"一样的表情;部分患儿出现咬牙、过度呼吸,如长出气、叹气。

②严重标准。社会交往功能严重受损。

③病程标准。大都起病于7~24个月,病程进展较快,预后较差。

④排除标准。排除孤独症、神经系统变性病、先天代谢性疾病,或 Heller 综合征。

3. 婴儿痴呆

又名是瓦解性精神病,Heller 综合征,是一种发生在幼儿以智力和行为迅速倒退为特点的儿童精神障碍。其特点是病前有一段确切的正常发育期,在病后数月内原来获得的技能、言语和行为全面迅速倒退,呈严重痴呆状态。患儿在几个领域多种技能的广泛衰退,包括认识功能、社会化过程及人际交流等方面。中国精神疾病分类与诊断标准第三版(CCMD-3)中,对婴儿痴呆是这样定义的:指一种广泛发育障碍的亚型,又称婴儿痴呆或衰退性精神病,主要为原已获得的正常生活和社会功能,及言语功能迅速衰退,甚至丧失。大多数起病于2~3岁,症状在半年内会十分显著。本病无明显的性别差异。

(1)临床表现

①病前有3~4年正常发育阶段,发病数月内其既往所获得的多种功能迅速丧失。

②最突出的是言语能力迅速倒退,无论表达性语言能力,或者是对语言的理解能力均遭到损害,儿童开始表现为主动言语减少,对问话也很少产生反应,或需要多次提问才能回答,但句子变短,词汇变少。严重病例在几个月内完全丧失语言功能。

③行为上表现活动多,刻板重复动作,游戏内容单调,丧失对周围环境的兴趣,也失去与人交往的要求。独自活动、游戏的水平低,生活自理能力受到严重破坏,重者需要喂饭,大小便不能自理,情绪变化无常,无原因地烦躁不安,发脾气、冲动。

④过了退化阶段病情可以稳定多年,但行为仍有异常,表现为活动过度,运动不正常,孤独离群,语言功能多不能恢复。

⑤所有患儿都有严重精神发育迟滞。

(2)诊断标准:国际精神疾病分类及诊断标准第十版(ICD-10)中,关于婴儿痴呆的诊断标准规定,至少在2岁以前有明确正常发育期,接着是既往获得技能肯定丧失,还可能有游戏、社交技能和适应行为的退化,也常见大小便失禁,有时出现运动控制能力衰退,典型病例可伴有对环境普遍丧失兴趣,刻板重复的运动性行态,以及类似孤独症的社交和沟通障碍。中国精神疾病分类与诊断标准第三版(CCMD-3)中,婴儿痴呆的诊断标准是这样规定的。

①发病后原来获得的言语、生活和社会技能迅速衰退甚至丧失,如大小便自控能力丧失。

②对亲人、游戏及相互交往均无兴趣。通常比较兴奋、无目的性的活动增加。部分患儿可以出现自残行为。

③病前言语、人际交往及其他社会功能的发育完全正常。

④排除选择性缄默症、儿童精神分裂症、孤独症、Rett综合征及癔症性失语症等。

(3)鉴别诊断:婴儿痴呆应与Rett综合征相鉴别,两者都具有衰退阶段,但Rett儿童可以出现严重的下运动神经元和基底神经

第四章 精神心理障碍导致的儿童学习困难

节功能障碍,如躯干活动有共济失调,站立行走时所占的基底很宽,肌张力不正常,上肢肌张力增高患儿,上肢弯曲放置胸前或额前,呈现出一种特别姿势。严重患儿可以出现一种强直状态。这在婴儿痴呆儿童是不常见的。但在婴幼儿早期发病的儿童这两种疾病很难鉴别。

(4)治疗:婴儿痴呆治疗较为困难。在伴有神经脂沉积症和脑白质营养不良的病例,存在着可能导致死亡的进行性衰退。一般在迅速进行性能力丧失后通常是一个停滞期(静止期)。然后是缓慢地稍稍好转期,但仍然后遗严重的精神发育迟滞,终身需人照料。治疗方法:

①教育和行为治疗:这种治疗可以减少和控制患儿的异常行为,最大限度挖掘患儿的潜能,以提高和适应日常生活所需要的技能。

②健康护理:合理饮食和营养,抗感染等。

③对伴有精神症状者,可给予非典型抗精神病药,如齐拉西酮、奥氮平、奎硫平等;或给予典型抗精神病药物,如氟哌啶醇或苯二氮䓬类药物口服。

④但对于患儿的"活动过度"、"吵闹"、"攻击"的治疗效果不佳。

四、躯体疾病导致儿童学习困难的纠正

1. 原因

躯体疾病可以导致儿童学习困难,主要是由于以下原因所致的:

(1)某些躯体疾病可以引起学龄期儿童特殊学习技能发育障碍:如脑性瘫痪儿童的运动障碍、耳聋的儿童言语发育障碍等。

(2)躯体疾病对脑功能的影响:Rutter 在英国怀特岛的调查

怎样帮助学习困难的孩子

中发现,患躯体疾病儿童的阅读障碍的发生率是正常儿童的 2～3 倍,有 14％的儿童广泛成就测验水平落后于同龄儿童 28 个月。

(3)患慢性疾病的儿童由于经常缺课,使得数学这些需要循序渐进的课程学习困难。

(4)由于儿童患病使得父母和老师降低了对患儿在学业上的期望值,而很少对他们在学业上严加督促和帮助,甚至认为能学多少就学多少。另外,患儿本身对自己的学习成绩也没有高标准的要求。

2. 哮喘导致儿童学习困难

哮喘儿童由于以下原因常可以导致情绪障碍,而情绪障碍常常是一些儿童出现学习困难的主要原因。

(1)由于哮喘的发作,使父母过分紧张,唯恐再次发作,因而对儿童往往采取过分关注,过度保护。这种紧张焦虑心情往往反馈给儿童,使儿童出现紧张焦虑的情绪,造成哮喘频繁发作。

(2)另一方面父母对儿童的病情的否认忽视,对儿童表现出不耐烦,甚至厌恶情绪,使儿童产生焦虑、抑郁、自我贬低,因而在情绪上表现为焦虑、抑郁。行为上表现为退缩、攻击性行为。另外,还使得患儿自我意识水平较差,自信心下降,再者由于经常缺课导致学习困难。

3. 癫痫导致儿童学习困难

癫痫患儿出现学习困难主要有以下原因:

(1)癫痫发作本身引起的行为、情绪障碍,精神运动性发作的行为异常,发作性焦虑和其他情绪体验,突然发作的陌生感,癫痫大发作的一段朦胧状态。长期慢性癫痫有时出现的精神病状态。

(2)脑器质性损害伴发的癫痫常伴智力损害及行为问题。无明显脑器质损害的儿童,大多数智力正常,其智商仅轻度低于平均水平,但这类儿童的阅读障碍的发生率特别高。

(3)抗癫痫药物对儿童学习有影响,长期使用苯妥英钠可以导

第四章 精神心理障碍导致的儿童学习困难

致儿童的智力减退；长期服用卡马西平、乙琥胺、扑痫酮、丙戊酸钠都可以对患儿的行为和学习产生不利的影响。常见的症状有注意力不集中、轻微的定向力障碍、烦躁。

（4）父母对儿童前途担心，害怕癫痫发作的忧虑，对患儿的期望值降低，导致患儿的自我意识差，依赖性强，自信心差；个别患儿担心自己发作而焦虑；有的患儿由于丧失信心不肯去上学。

五、多动症导致儿童学习困难的纠正

1. 定义

凡是有各种实质性损害的大脑疾病，如脑炎、脑膜炎后遗症、智能低下、遗传性疾病、脑损伤、各种脑病、先天性脑发育不全，以及精神疾病、贫血、铅中毒所导致的多动、注意障碍、冲动任性、认知功能或协调动作障碍等症状，统称"多动综合征"，这是继发性的多动综合征，也是一个多病因所致的临床综合征。多动症的儿童并无明显大脑实质性损害，其智力正常，又找不到明确的病因，有轻微脑功能障碍，有不同程度的学习困难或行为障碍。突出的表现是自我控制能力差，注意力不集中、多动、情绪冲动、任性。有知觉、认知、语言或协调动作等障碍。凡大脑有实质性损害的疾病、精神发育迟滞的儿童及精神疾病患者均不属于本病。

2. 患病率

世界各国关于儿童多动症患病率的统计差别较大，从 1%～20% 不等。国外统计情况：Stewart 统计在 6～12 岁学龄儿童中多动症占 4%。Masland 估计在美国小学生中多动症大约有 5%～20%。Wender 调查了荷兰两个地区的学龄儿童多动症的患病率为 10%。Rutter 等及 Berger 等报道，多动症占儿童 5%～20%。Rubiter 在旧金山海湾区仔细调查后，认为多动症的发病率是 1.2%～5%。有的学者认为，其实多动症儿童并没有那么多。

如 Rutter 报道,在英国怀特岛上 10~11 岁儿童共有 2 199 人,其中符合多动症标准的只有 2 名,患病率只有千分之一。与美国大城市的统计数字相比,相差百倍以上。Towbin 估计全美多动症儿童在 300 万人以上。日本报道为 4%,瑞典为 2.1%。我国各地的调查结果:广州 1.3%~1.9%,南京 1.6%~3.3%,福州 2.5%,西安 1.27%~8%,贵州 12%,延边 3.5%,北京 8.6%,河南焦作 8.8%,牡丹江 3%,上海 3%~10%。粗略估计我国学龄儿童的患病人数约在 500 万人以上。从上述情况可以看出,工业化的大城市儿童多动症的患病率明显多于农村。虽然国内外儿童多动症的患病率有较大的差距,但可以确定,多动症在学龄儿童中所占的百分比至少在 1% 以上。至于之所以出现统计结果的悬殊,是因为各地的诊断标准的不同。多动症的诊断主要依靠老师和儿童父母提供的情况进行诊断,没有特殊的诊断方法,缺乏明确的客观指标,所以诊断标准也各不相同,造成多动症患病率的差异。另外,有些医生习惯于将既有活动过多又有注意力不集中,又有打架和偷窃等情况者归于品行障碍,而使得多动症患病率较其他地区有所减少。

无论男孩还是女孩都可以患多动症,但据各方面统计,男孩的发生率明显高于女孩。男女之比约为(3~9):1。国内调查为 2:1。在临床表现上,男孩及女孩虽然都有注意障碍,但男孩由于天性爱动。因此,伴有多动动作较多,易给人以"多动症"的印象,而女孩相对少动,易误认为非多动症或给人以智能较差的印象。因此,男孩多为注意障碍伴多动型,而女孩以注意障碍不伴多动型较多。但不论儿童是否有多动症状,诊断的侧重面都应在注意力障碍上。

3. 多动症的实质

由于多动症的症状与正常儿童表现没有什么根本性的区别,并且在长大后往往可以自愈,所以经常有人问:多动症是"病"吗?

第四章 精神心理障碍导致的儿童学习困难

实际上多动症并不属于一般的"疾病",而是人的高级神经活动类型的问题,也就是一个人的性格,心理素质问题,即是一个人的自我控制自己的能力,这就叫做"自制力",它是人的意志品质的组成部分。自制力表现在能够迫使自己坚定地去执行自己理智的决定,能够控制那些不利于实现目的的心理障碍,如恐惧、懒惰、暴怒、贪玩、贪吃、好逸恶劳,以及不说不恰当的话,不做不需要的动作等。自我控制能力的高低强弱,只是一种相对的个性表现,而多动症或非多动症儿童本质区别就是指他们自制力的高低,所以也是一种相对的概念。因此,不论是自制力差的多动症儿童,还是自制力好的非多动症儿童,应该说都属于正常儿童的范畴。严格地讲,多动症只是儿童个性方面的一些问题,并不能算成"疾病",当然更不是什么"精神病"。但是这个问题会影响儿童的学习成绩,所以还是应该找医生解决。如果从多动症的遗传的角度来看,那么具有多动症素质的儿童一出生,就具有了这种高级神经活动类型性格,自制力及心理素质的特点,当然这将来也会受家庭教育方法,社会环境的影响而有所改变。

4. 多动症产生的原因

(1)遗传因素:有许多儿童精神病专家发现,多动症儿童的父母往往也有多动症的一些表现。Safer 报道,17 例多动症儿童的亲兄弟 19 人中患多动症者有 10 人,占 55%。1965 年,Iopez 对双生子的研究中发现,4 对双卵双生子同病者为 100%,6 对单卵双生子中,同患病者仅为 1 对。上海统计 13 对 26 名双卵双生子中同病者为 100%,而且病情轻重程度基本相同,而 8 对单卵双生子中,仅 1 对同患本病。1985 年,我国报道 814 例多动症儿童中,40.5%的亲属患有多种神经精神疾病或人格障碍。所以多动症还是有明显的遗传倾向的。专家们认为多动症是一种个性发生偏移,关键是自控能力不足继而出现活动过多,注意力涣散,而控制能力的强弱与中枢神经细胞突触间隙处去甲肾上腺素浓度有关,

怎样帮助学习困难的孩子

该处去甲肾上腺素不足时,儿童自控能力就较弱,反之控制能力就较强。

(2)脑损伤:多动症儿童可以出现一些神经系统的软体征,因此一些专家则怀疑多动症可能是由于轻微的额叶损伤所致。可能引起多动症轻微脑损伤常见的原因有以下几种:①母孕期疾病如营养不良、X线照射、服药及精神创伤等均可导致胎儿脑损伤。②分娩损伤如早产、难产、缺血及缺氧等。有专家研究了413例多动症儿童其中有72%生产异常,15%为早产,在92名足月小样儿中随访至学龄期有1/4被诊断为多动症。③新生儿期疾病如感染、外伤等。④婴幼儿期疾病如颅脑外伤、高热惊厥、感染及中毒等。但也有专家报道,大多数明显脑损伤者不出现多动症。

(3)脑发育不成熟:人的大脑发育和其他器官发育一样是由一个不成熟的过程发展到成熟的过程,儿童7岁时大脑发育成熟,趋于接近正常成人,其脑功能也日趋完善。Yakoulev等根据学龄儿童的活动过多,随年龄增长而逐渐减少这一事实提出:儿童多动症是由于大脑额叶发育迟缓所引起。多动症儿童前额神经纤维髓鞘化过程较迟缓,直至少年后才能完成,所以多动症的发病率也随年龄增长逐渐减少。Mecormick对68例极低体重儿和790例低体重儿进行了学习困难程度和身体发育的观察,发现他们多动症状较正常体重儿高,出现学习困难的现象较多。但只有一些学者观察到多动症儿童长大以后活动过多的表现可有所减少,但注意力涣散,任性及冲动等症状却仍保留或竟有所发展,且往往被认为是精神病,显然多动症的起因不完全是由于脑发育迟缓所致。

(4)铅污染

①偏僻农村中多动症较工业大城市儿童发病率低,所以专家们提出,多动症是工业污染的牺牲品。工业的发展,家庭装潢的讲究,汽车废气的大量排放及油漆和其他化学物品等工业污染加重,是多动症致病的原因之一。

②有人根据铅中毒病人可出现活动过多、注意力涣散的事实,推断铅污染可能是多动症的一个重要致病原因。

③有的学者进行小鼠动物实验,对出生后小鼠即饲给醋酸铅溶液,在40～60天后发现小鼠活动较对照组明显增多,此时如投服苯丙胺,小鼠的活动就会暂时减少,由此证实活动过多与铅污染有关,而且可以用苯丙胺类药物所逆转。

④有学者测定多动症儿童血铅水平较正常对照组高。

⑤Needle等发现正常1～2年级小学生体内铅水平显著增高,他们的语言、作业、智商、听觉和注意集中能力均存在缺陷,尤其表现在课堂作业方面的缺陷。

⑥由于一些学者认为多动症是由于铅中毒所致,因而对部分原因不明的多动症儿童经青霉铵驱铅治疗后症状有所缓解。

(5)锌缺乏:锌参与人体100多种酶的组成,与人体的新陈代谢、生长发育、免疫功能及人的智力发育均密切相关,动物实验也证明先天缺锌可以使大鼠神经系统发育畸形。也有证明妊娠妇女缺锌可造成无脑儿。小儿缺锌可以使其食欲减退、生长过慢、发育迟缓、智力低下。美国专家发现学习优良的学生毛发含锌量比较高,因而提出多吃锌食物对智力发育有一定的帮助。

(6)铁缺乏:铁是人体内一种重要的微量元素,铁缺乏可以造成贫血,严重的贫血可以造成全身各器官的供血不足,从而影响到全身供氧不足。如果母亲在妊娠期有严重的缺铁,并导致严重的缺铁性贫血,就可以影响胎儿的全身发育,更会影响胎儿的神经系统发育。有研究指出:缺铁性贫血可造成儿童大脑皮质的功能紊乱,影响多动症儿童的情绪,加重多动症儿童的症状。因而缺铁的儿童可以出现动作过多及注意力不集中。所以,有人认为缺铁与儿童多动症有关。

(7)碘缺乏:碘通过甲状腺素发挥生理作用,因此甲状腺素引起了许多生物学作用,包括蛋白质的合成,活化100多种酶,调节

能量转换,加速生长发育,构成中枢神经系统,保持正常的精神状态及新陈代谢等重要功能。严重缺碘可致生长停滞,脑电活动降低,智力低下,精神发育受限,以致出现痴呆和聋哑等。在世界各国凡离海洋远的地区及高山地区,往往流行甲状腺功能低下及甲状腺肿大,还会出现大量智力低下儿童。医学研究发现,碘是一种智力元素,孕妇缺碘会导致胎儿畸形及死胎。婴儿缺碘,可出现身材矮小,智力低下,言语不清;学龄期儿童缺碘,儿童的理解能力及综合反应能力均差,上课注意力不集中,记忆力差,学习困难。

(8)家庭环境因素:有研究表明,多动症儿童父母的文化程度,大多数在初、中等水平,父母一方受过高等教育的儿童患多动症者仅占 7.6%;来自重点小学就诊的儿童,也明显低于普通小学学生的就诊数。说明家庭和环境因素对多动症的发病起重要作用。

①有的儿童自幼丧父母或父母离异,或是在缺乏关怀和温暖的环境下长大的,较易出现多动、行为异常、自卑、孤独。

②父母过于溺爱,对儿童的要求百依百顺,不注意培养儿童良好的生活及学习习惯,造成子女娇生惯养,随心所欲,自制力差,缺乏克服困难的意志和毅力。

③老师和父母望子成龙心切,对儿童的学习和行为过于苛求,造成心理上的过度紧张,情感压抑而出现行为异常,老师或父母则认为是儿童有意对抗,又采取粗暴式的管教方法,加重其症状。

④父母和老师不能做儿童的表率,有的是因为工作和家庭负担重而无暇悉心教育子女,有的是因为文化水准低,缺乏教育方法,有的则是自身缺乏责任感,只顾自己玩乐,不关心子女的思想行为教育。

多动症儿童临床症状严重与否与诸多的环境因素有明显的关系。主要受到家庭、社会的影响,在同一年级中,多动症儿童的严重程度不一,同一个儿童在不同的场合临床表现也不一样,有的是在家中较重,有的是在学校较为严重。儿童性别、父母对多动症的

第四章 精神心理障碍导致的儿童学习困难

认识、家庭经济状况、父母与儿童的关系、父母的教育方式、环境对儿童的要求及儿童对周围环境的熟悉程度等都可影响多动症的轻重程度。如在家庭中，儿童在单独一个人玩耍时，或父亲在家时症状较轻；而当儿童在进餐时、与他人玩耍时、家中来客人时或走亲访友时症状就比较明显。所以，可见环境对多动症儿童的症状严重程度有明显的影响。因此，在对多动症儿童进行药物治疗的同时，应加强家庭教育和心理治疗。

(9) 药物影响

①中枢性兴奋药哌甲酯、苯丙胺、匹莫林、咖啡因、非典型抗抑郁药舍曲林及三环抗抑郁药丙米嗪能使多动症儿童注意力集中，多动症症状减少，学习成绩提高，只要用药的剂量和方法合适，疗效可达80%以上。

②中枢性抑制药。苯巴比妥、苯妥英钠等会使中枢神经细胞受抑制，思维活动不能正常进行，注意力不能集中。治疗抽动秽语综合征的氟哌啶醇、硫必利等药物，对控制抽动秽语综合征的症状有效，但可以有肌强直、肌震颤、坐立不安等锥体外系症状，并出现注意障碍。所以，因治疗需要(如癫痫)或其他原因应用中枢神经抑制药物时，会出现多动症的症状，或使原有的多动症的症状加重。

5. 不同年龄期的特点

(1) 新生儿期：有神经不稳定的表现，易兴奋、急哭、睡眠障碍、易惊醒、惊跳、夜哭，要抱着睡或嗜睡。

(2) 婴儿期：抱在怀里乱动、不安宁、好哭、容易激惹、发脾气，儿童的母亲常抱怨儿童难带。

(3) 幼儿期：此期多动特别明显，走路不稳，乱奔乱跑，易摔跤，一刻不停，注意障碍已经开始明显，不听大人的话，难管教，注意力难以集中，东看看西望望，心神不宁，睡眠不安，喂食困难，吃饭时东追西赶，易受伤害，乱丢玩具，虐待小动物，遗尿，有的儿童性格

怪僻。

(4)学龄前期：症状逐渐明显，在幼儿园表现多动，东走走，西溜溜，不守规则，不能静坐，注意力不集中，不听课，学习困难，不服管，和其他小朋友不和，不肯午睡，常被老师惩罚。

(5)小学学龄期：是一生中多动表现最明显，最突出的年龄期。因为上小学后，应能在课堂静坐，注意力集中听课，遵守学校的纪律，完成作业，和小朋友和睦相处，生活有规律。这些都需要较强的控制力才能做到。而多动症儿童恰恰是自制力薄弱，对上学后的突然变化难以适应，而出现多动症的各种表现，上课坐不住，小动作多，甚至起立走动作怪声，插嘴，话多，兴奋，注意力不集中，不能专心听课，扰乱邻近同学，吵架，破坏，发脾气，乱拿东西或沉闷不乐，做白日梦，不合群，干扰集体行动，干扰他人，倔犟，焦虑不安，有时表现孤僻，作业难以完成，学习困难，成绩日趋下降。

(6)少年期：12～16岁多动症状有所好转，但学习成绩下降，与伙伴相处欠佳，厌学，易被坏人利用引诱，染上恶习，破坏犯罪；有的性格压抑，加上父母和老师的压力过大出现学习上、社交性自卑，常因与父母情感不和而发生出走、厌世、自杀等极端行为。

(7)成年期：多动症状因心理自然成熟而好转，轻症往往似乎好转。但较重的注意力不集中依然多少存在，情绪较不稳定，易冲动，甚至有攻击行为，性格倔强，与人相处不够协调，自制力差，陷入赌博、酗酒等不良嗜好而不易自拔。有的喜欢吹牛，工作马虎，易与人争执或打斗，缺乏理想，朝三暮四，事业上难有进展，容易走上犯罪道路。

6. 临床表现

(1)注意障碍：注意可以分为两种类型，①主动注意（有意注意）。人们按照自己的目的和任务把精力集中在某一事物上。主动注意需要意志和毅力。②被动注意（无意注意）。客观事物由于其自身的特点吸引人们的注意力，于是人们便会不随意无目的地

第四章 精神心理障碍导致的儿童学习困难

把注意力转移到和集中在这些事物上。多动症儿童主要为主动注意功能的减弱。所有多动症儿童均有注意不能集中或不能持久,由于意志控制的主动注意削弱,听课不专心,作业难完成,而被动注意却亢进,容易被外界刺激而分心,外界任何细小的变化都会引起他们的注意,如树上的鸟叫,同学的咳嗽声都可以使他们立即转过头去。注意力随境转移并容易被自己感兴趣的电视或游戏机所吸引迷恋。很多父母反映,儿童学习不专心,可是玩游戏机或看有兴趣的电视却能目不转睛,高度集中。但他们对玩物也只图新鲜,最好经常变换花样,较吸引人的游戏和玩物或电视也只能注意十几分钟。这是由于被动注意相对亢进所致。而学习较为枯燥无味,需要由意志控制的主动注意才能好好学习。多动症儿童正是缺乏学习上坚强意志和毅力,因此无法好好学习,甚至厌学。但注意力严重缺陷者,甚至在课后也很难专心玩耍某一种游戏或玩物。一般来说,注意力障碍可以不同程度的延续到成年。

①注意障碍在学习上的表现。6岁的儿童神经系统自制能力的发育可以成熟到80%,可以自我控制安静坐着听讲至少20分钟。多动症儿童则在课堂上不能集中注意听讲,难以约束和控制自己的注意力,思想很容易开小差。一节课只能听5~10分钟甚至更短;放学后做作业更难以集中注意力,常随境转移,受环境的干扰而分心,周围的任何事物都能引起他们的兴趣(被动注意亢进)。如果父母规定儿童做不完作业就不准到外面玩耍,则儿童待在家中,把书本、文具摆满一桌,但不认真去做。玩铅笔、倾听外面的喧闹声、偷看家中其他成员的活动,甚至会被突然飞来的苍蝇、小虫所吸引。作业虽经父母反复督促,但较正常儿童要多花数倍的时间才能完成。所完成的作业也马虎潦草,错误百出。有时甚至连考试也难以集中精力答题,是在老师的多次督促之下才草草交卷。

②注意障碍在生活中的表现。多动症儿童在生活中做任何事

情都是虎头蛇尾,杂乱无章,难以善始善终。如画一幅画会把各部位画错,文具和课本也常丢失损坏。

③由于被动注意能力增强,儿童会对多种刺激同时发生反应。所以,对新奇、有趣的故事、电影、电视和游戏会相对集中注意去听、去看、去做。但多动症的儿童在对新奇、有趣的故事、电影、电视和游戏中也不能集中注意。由于其被动注意亢进,儿童对任何事情都不能集中注意。

学龄前儿童的活动比较自由,可以凭着自己的兴趣行事,但到了上学以后,学习是一件持久而艰难的劳动,不能单凭兴趣行事,有许多作业不论是否有兴趣都必须完成。这就要求儿童把注意力集中到作业上去,集中到老师的讲课中去。而多动症的儿童缺乏这种集中注意的能力,上课时不听老师讲课,手脚动个不停,眼睛东张西望,甚至影响教室的秩序,违反课堂纪律。有的时候好像是在静坐听讲,但思想并未集中在老师讲课的内容上去。而是东想西想根本没有听进去,对老师提出的要求,布置的作业也不能注意,明显地影响学习效果。在家不能集中注意按时完成作业。做作业时常常做小动作。在父母的督促下勉强能集中注意做些作业,父母一离开又不停地做小动作,每次作业要花很多时间,并常常不完成作业。不能把注意力集中到学习上去。多动症儿童学习的主动性和自觉性较差,贪玩,静不下心来,对学习不感兴趣,不把学习当成自己的主要任务,有的不愿意学习,甚至缺课逃学。

多动症儿童主动注意比较弱,而被动注意占优势,对周围环境中发生的变化,出现的新刺激容易引起反应。多动症儿童在家里做作业时,常常不能专心做完,窗外的吵闹声、屋内的电视声及大人的谈话声都会引起儿童的被动注意,影响作业的完成。在上学途中,经常东张西望,看到新奇的东西或遇到有趣的事情,就会停下来去观赏,甚至忘了自己上学的任务,整天都可以在街上无目的游逛,而不到学校上课。

第四章 精神心理障碍导致的儿童学习困难

在学习时,为了达到学习的目的,必须在学习时保持一定的注意时间。例如,抄写一篇课文一般需要 20 分钟左右,这就要求儿童保持 20 分钟注意抄写的时间。而多动症儿童达不到这样长的时间,抄上 2~3 分钟就感到疲劳,注意力不集中或者把注意力分散到其他地方去,去办其他事情。这就可能花费 40 分钟的时间还抄不完一篇课文。研究证明 10~12 岁的正常儿童的注意在整个 40 分钟的上课时间内,能保持连续工作的状态,而且不感到特别疲劳。而多动症儿童就无法保持这样长的注意时间,并且极易疲劳。

注意的稳定性是指把注意力长时间地保持在某一对象或活动上,学生的注意应长久地保持在学习上。多动症儿童注意的稳定性很差,表现在学习的成绩上常常有很大的波动,有时可以考出好成绩,有时又考不及格;有的数学成绩好,语文成绩又很差,也有相反的情况,语文成绩好,而数学成绩很差,这种学习成绩的波动性,反映了儿童的智力并不落后。而学习成绩不好的原因是由于多动症儿童注意力不稳定的缘故。

注意范围也就是注意广度,是指在同一时间里能清楚地掌握注意的对象和数量。多动症儿童的注意范围比较狭窄,掌握的数量明显少于一般儿童。例如,在上语文课时,当老师讲完最后一节课时,注意范围广的儿童,不但能掌握课文的全部内容,还能理解语文的意义,甚至背出全部课文。多动症儿童只能掌握课文的一小部分,对课文不能全部理解,也背不出课文的内容。

注意分配是指在同一时间内,把注意指向两种或多种活动对象上。这是完成某项任务必不可少的要求。例如,在上课时,儿童一面要听老师讲课,一面要记笔记。这就要求学生能够很好地分配自己的注意。又如,学生在做作业时,大脑要考虑问题,眼睛要看书本的内容,手又要写出答案,字又要写在规定的范围内等。多动症的儿童不善于分配自己的注意,抓不住要注意对象的特点、要

点和重点,作业常常出错,书写潦草不整齐,有时不能按时完成作业,经常交不出作业。另外,多动症儿童的注意极易分散,也就是我们常说的分心和不专心。多动症儿童在上课时不注意听讲是常见的,而且十分明显,极易受到外界无关刺激的影响,引起分心,甚至教材本身也会引起儿童其他兴趣和分心,而使得儿童想入非非。由于分心的影响,多动症儿童的作业常常出错或遗漏,由于注意力不集中常导致儿童的学习困难。

(2)活动过多:其实,多动症儿童的多动并不主要在"多"字,而是他们的行动存在"质"的差异,表现为心不在焉,心神不定,心慌意乱,有头无尾,杂乱无章。在课堂座位上不停地扭动,做小动作,东张西望,下课后则如脱缰野马,无目的地狂奔乱跑。有的儿童因慑于老师的威严只是悄悄从事各种小动作,如咬铅笔、切橡皮、嚼衣角、啃指甲等,有少数儿童特别是女儿童,活动并不多,看上去较为文静,少动,但注意力容易分散,上课思想开小差,对讲课内容一问三不知。多动症儿童在成年以后活动过多的表现往往自行减轻或消失。

①多动症状常常在婴幼儿期和学前期就显示出来。在婴儿期儿童就好哭,睡眠少,手脚舞动,难以养成有规律的饮食、睡眠、排便习惯。学会走路后即显得活动明显增加,乱蹦乱跳,片刻不得安宁,兴奋少眠,衣袜易损坏,容易发生外伤。在幼儿时期,老师反映儿童坐立不安,不遵守秩序,在老师强制下坐定后,也还要不停地扭动身体,不听老师的讲解和上课。

②多动症儿童的活动过多,活动常无目的性,动作杂乱无章,并不停地变换花样,做事有始无终。在课堂上做小动作,在本上或课桌上乱写乱画,一会玩玩具,一会咬指甲,一会弄文具盒,有时做鬼脸逗同学们发笑;甚至敲桌子吹口哨,在老师上课时插话,尖叫或在教室里乱跑。就是在吃饭,看电视,做游戏也不能安静,忙碌不停,使周围人难以忍受。多动症儿童的活动具有无目的性,杂乱

第四章 精神心理障碍导致的儿童学习困难

无章,有始无终的特点。

③多动症儿童的行为常不分场合、不顾后果、无法自制。儿童在家翻箱倒柜,对课本、玩具、文具、图书、收音机、闹钟等用品毫不爱惜。任意拆散和丢失,满不在乎。在外面喜欢惹事、打架、欺负女同学和小同学,有的喜欢爬高、翻墙或翻越各种栏杆、横穿马路。因而其行为带有破坏性、危险性。在课堂上则爱管闲事,妨碍同学学习。

④对老师、父母的劝说或训斥常置若罔闻,屡教屡犯,不能改正。虽经老师、父母磨破嘴皮,耐心说服能认识到自己的错误,也表示坚决改正,但随后又依然如故,旧病复发。

(3)冲动任性:多动症儿童在情绪和意志方面也不能很好地控制自己,表现为难以自控的性情急躁、易激动、好发脾气、冲动任性;想干什么就干什么,做事缺乏思考,不顾后果,没有耐心和伙伴做游戏,而且随心所欲进行捣乱,甚至破坏东西、偷窃、斗殴、惹是生非,有时会突然做出一些危险的事情,这种表现往往会延续到成年。多动症儿童由于自控能力差,而显得意志薄弱,耐受力差,遇到困难急躁不安、缺乏信心,到新的环境里不能很快地适应。遇事容易冲动,心血来潮,想干什么就干什么,毫不考虑后果。在家中好发脾气、任性、暴躁、放任。稍不如意就大吵大闹、蛮横无理、摔东西,甚至掀翻桌子;在幼儿园做游戏和集体的活动中不能耐心等待轮换,要么抢先,要么放弃不做。经常与人争吵、打架、性格固执、没有礼貌、不守纪律,极易滋生事端,造成不良后果。

在行为上表现得异常,轻者反应慢,动作迟缓,做作业要花费比正常儿童多几倍的时间才能完成,而做出的作业还是字迹潦草,字体歪斜,错误百出,办事虎头蛇尾,常丢东西,易养成咬指甲、咬铅笔、异食癖等不良习惯。重者因自制力差,又不听教导,易受外界不良因素的影响或引诱而染上说谎、偷盗、玩火、出走不归等不良习惯,如果父母、老师过于急躁、苛求、粗暴责怪、随意打骂、又容

易使儿童形成自卑、执拗逆反心理而使症状更加恶化。

（4）心理改变：表现情绪不稳，有兴奋不安，话多，爱管闲事，做事粗糙，难以入眠。有的表现反应迟缓，动作懒散，作业拖拉，情绪容易波动，感情脆弱，易哭易笑，不能耐受挫折，不合群或喜欢与比自己较小的儿童为伍；性格孤僻偏犟，即使打骂也无济于事，往往不听劝告，不服管理，我行我素。有的产生自卑、逆反心理，甚至逃学、说谎、偷窃、出走、犯罪或自杀。

（5）动作笨拙：多动症儿童在体育运动方面也比较差劲，平时大家都取笑他们笨手笨脚，缺乏体育细胞。在做其他事情时，也很笨，因而迟迟不能生活自理。他们写字写不到格子里去，骑三轮车也骑不好，走平衡木更是东倒西歪，参加灵活性高的比赛也出尽了洋相。

（6）学习困难：多动症儿童虽然智力水平有高有低，但其智商都在正常范围之内。智商高的多动症儿童，虽然在上课时注意力容易分散、多动，但由于接受能力较强，一学就会，在低年级时学习内容难度小，所以学习成绩还可以，当升入高年级后，学习内容加深，成绩会日趋下降。智力水平一般或偏低的多动症儿童，学习困难较明显，要在严格督促及帮助下学习成绩才勉强合格，稍一放松就会导致儿童的学习成绩下降。多动症儿童约有60％发生学习困难。主要表现在视运动障碍，在临摹图画作业时，不能按照原形排列，使整个画面缺乏有计划的安排，文字书写潦草难认；有的表现视听觉障碍，对声音的辨别困难，不能将语音组合成有意义的词汇或句子；有的表现认知困难，分不清左右、颜色、地点定向；有的有诵读困难，念错念倒都可发生，如上海读成海上，48读成84等；有的在平时尚能回答问题，而在正式考试时却会"上场晕"，全部忘记，无法回忆。以上表现在刚上学的儿童，因学习内容比较简单，在父母的大力督促下尚能考出好成绩，随着年级的升高，学习成绩年年下降，直至发生明显的学习困难。

第四章 精神心理障碍导致的儿童学习困难

多动症儿童产生学习困难的原因有以下几种:

①注意力不集中。专心致志才是理解和记忆的先决条件,注意力不集中,学习自然会发生困难。多动症儿童不能专心听课及做作业,使学习成绩下降。

②冲动任性。多动症儿童做事凭感情冲动,在学习上也有同样的表现,他们往往对老师提出的问题胡乱回答,而影响了成绩。

③认知缺陷。多动症儿童在学习中产生学习困难不是由于感觉运动或智能缺陷引起的,也不是由于社会、情感紊乱或文化教育落后造成的,而是主要因听、说、读、写、推理、计算及社会能力的获取和利用方面存在缺陷导致学习困难,包括阅读和理解障碍,书写障碍和计算障碍等。一些多动症儿童有明显的"视—听"或"视—动作"方面的功能缺陷。他们对方向(左右)辨别不清,或对颜色名称混淆不清,其阅读和理解障碍在临床上较为多见,表现有同音字混淆,诵读时语义相近的词混淆或相互代替。例如,将椅子读成沙发,将飞机读成火车,把左读成右,将 56 念成 65,把海上念成上海。有的多动症儿童阅读能力非常好,但不理解其意义。儿童的学习能力障碍与多动症二者的关系密切,伴随出现的机会较多。约有 60% 的多动症儿童存在学习困难。而儿童学习能力障碍则是认知缺陷所造成的学习功能紊乱。

④突然遗忘。有一些多动症儿童在平常做练习时尚能正确回答试题,而在考试时却会"上场晕",全部忘却,似乎脑中一片空白,无法回忆。

⑤还有一些多动症儿童确实比较愚笨,所以学习成绩不好,但在注意障碍纠正之前很难证明是注意障碍还是愚笨。

(7)视觉特点:视觉是感知外界事物的最重要的感觉之一。没有视觉固然不能接受外界五彩缤纷的刺激,有了视觉如果不主动去看外界事物也就会产生视而不见的现象。儿童在上课时,需要高度敏感的视觉来接受上课的内容,经常要求儿童有时看书本,有

时看黑板。这就必须把视线从较近的书本,转移到较远的黑板上,又要从远处的黑板回到较近的书本上来。多动症儿童由于感知速度比较缓慢,容易出现跟不上实际速度的需要,往往看了书本,忘了黑板;或看了黑板,又找不到书上的内容,常常有顾失彼此的现象。而且视觉的主动性和定向性较差,常常会把视线转移到别的无关的刺激上去,分不清主次,东张西望,没有抓住该看到的事物。因此,所捕捉到的信息十分模糊,或根本没有捕捉到。有的儿童可能由于生理缺陷,如有弱视、近视、远视、散光及色盲等,使视敏感度下降,造成对所视对象模糊不清,也会造成感觉接受困难。

(8)听觉特点:多动症儿童一般在听觉上不存在异常现象,但对声音的分辨和接受能力较差,视听不够协调。如听了老师的讲课,就来不及看黑板上的内容,或看了书本就听不清老师的讲课。常常有"听而不闻"的现象,特别对较复杂的需要分析的内容,缺乏迅速加工分析的能力,常出现听不懂的情况。对于与上课内容无关的事物,如教室外的鸟叫声、汽车的喇叭声或小贩的叫卖声等,又很容易引起多动症儿童的被动注意,听觉被无关的刺激所吸引,产生分心现象,课后不知道老师讲的是什么,甚至老师布置的作业,提出的要求也没有听进去。

(9)时间知觉特点:从儿童上一年级开始,时间观念的要求开始严格起来,要求儿童要按时到校,按时上课,按时下课,按时完成作业。因此,要求其有严格的时间观念,而多动症儿童往往缺乏时间观念,不能正确地掌握好时间,如上学路上东看看、西望望,以致上学迟到;一节课未上完已经坐不住,做起小动作,有时甚至冲到教室外面去玩耍;做作业的时间到了,还在看电视或是在玩游戏机,把握不住自己。起床、吃饭、上学、做作业,都需要父母督促和帮助,缺乏主动掌握和支配时间的能力。在完成同等量的作业时,多动症儿童要比正常儿童花的时间要多。

(10)空间知觉特点:如果要正确地感知某一事物,必需依靠空

第四章 精神心理障碍导致的儿童学习困难

间知觉,空间知觉是人对物体在空间的大小、形状和位置的感知。学龄期儿童的空间知觉比学龄前期儿童有了较大的发展,对一般物体的大小、形状和位置已经能够很好地辨认。多动症儿童的空间知觉有一定的缺陷,表现在看一幅图时,常常只见大体,看不到细节;在阅读和抄写时容易发生抄写错误或漏抄现象;对方位容易搞错,上下、左右分不清,例如容易把 9 看成 6,把 p 看成 d。常在查找相同图形的测试中出错误。

(11)记忆特点

①记忆速度缓慢。记忆的基础是注意,只有注意了的东西才能使人感觉到,并进入短时记忆,如果把注意持续下去,反复多次短时记忆之后,就可以进入长时记忆。多动症儿童由于注意力不集中,在上课时不专心听讲,因而对新知识的接受速度就有些缓慢,有的内容反复多次以后才能掌握。老师要求背熟一篇课文,多动症儿童所花的时间要比正常儿童多。由于接受速度较缓慢,记忆的范围较狭窄,识记的广度较小,对上课的内容无法全部记住。

②记忆的保持时间短暂。记忆保持是人脑的重要功能之一,有了记忆保持人类才能积累经验、适应环境和学习知识,如果学了即忘,就无法把知识积累起来。多动症儿童对所要记住的材料有时也记得很快,看上几遍或听过几次就能记住,但保持时间不长,印象不深,容易遗忘。对老师所讲的内容、布置的作业、学习要求都不能保持记忆,上课时对老师所讲的内容好像都听懂了,但回家后就忘记或者是记得很少,做作业发生困难。时间一长对老师所讲的内容可能就听不懂、不理解,学习成绩日益下降。

③记忆再认不准确或不稳定。多动症儿童由于注意不稳定,在注意力不集中时,对学习内容记得不全面、不正确,表现在记忆再认方面不够准确。如要求背诵课文时,常常背不完全,错漏百出或前后颠倒。有时表现出记忆内容会突然遗忘,例如,在平时能回答出来的问题,到老师提问时就可能回答不出来;在平时能运算的

题目,到考试时就算不出来,往往导致计算错误及计算不出来。这些特征说明多动症儿童记忆不巩固、不稳定。

④记忆的选择、加工、分类能力较弱。人们对外界的各种刺激,不可能也不需要都识记到脑子里去,而必须有选择地把所需要的内容记住并进行加工、分类、储存到人脑的记忆库中去。多动症儿童对记忆的选择、加工、分类能力较弱,他们对形象的、直观的、机械的记忆能力比较好,但对抽象的、间接的和意义的记忆能力明显不足。例如,对数学的一般运算,困难较多,但对于应用题,或需要运算较多的计算题往往表现出较大的困难,不能理解题意或运算错误;又如对课文的朗读或背诵比较好,但要求把课文内容用自己的语言把大意复述出来就困难重重,就可能抓不住重点,讲不出重要的内容来。

(12)抽象思维发展的特点:抽象思维是较高水平的思维活动,是在具体形象思维的基础上发展起来的。多动症儿童由于感知材料的数量、准确性、深刻性都受到影响,使得思维活动长期停留在具体形象思维中。抽象思维的发展速度较缓慢。例如写作文偏重于记事性,记账式,直叙式,很少加入自己的分析、推论或概括;又如数学的直接运算还没有什么困难,但进行应用题计算时因需要逻辑推理运算,由于儿童的抽象思维发展缓慢,就会严重影响到思维的准确性和灵活性,这可能是多动症儿童产生学习困难的主要因素。

(13)概括能力和概念水平的特点:概括是人脑把抽象出来的事物间共同的本质的属性综合起来的过程,在概括的基础上形成概念,如人们把野外生长的老虎、狮子、狼等概括为野兽,老师把野兽共同的、本质的特征教给儿童,儿童就有了"野兽"这个概念。由于多动症儿童的抽象思维能力的发展较为缓慢,影响了儿童的概括能力和概念形成。因此,概括和概念的水平较低。例如,对"三角形"这个概念,仅停留在"由三条边和三个角所构成的形状"的概

第四章 精神心理障碍导致的儿童学习困难

念水平,对更高的水平概念,如等边三角形、直角三角形和等腰三角形就不能很好地掌握了。概括和概念的水平不高,可能是多动症儿童学习成绩不容易提高的重要原因。

(14)思维的过程特点:多动症儿童的思维过程缺乏连贯性和稳定性,也就是说儿童的思维具有不连贯性和不稳定性。由于多动症儿童的注意力很不稳定,时而集中时而分散,使他们无法较长时间地去集中思考某个问题,因而就产生了思想的分散性和不稳定性。他们在课外能演算的习题,在课堂上可能计算不出来,也想不出来用什么公式来计算;在家庭作业时能较好地回答的问题,但在课堂上老师提问时就回答不出来,或回答时离开了答题思路讲一些与问题无关的话题。由于多动症儿童的思维具有不稳定性和不连贯性,使得儿童的学习成绩产生波动。

(15)想象力特点

①无意想象占优势。无意想象是一种没有预定目的的,不自觉的想象。多动症儿童会有各种各样的想象,但想象大多是无意的,无目的的乱想,经常多变,没有定向。而且想象多具有复制性和模仿性,缺乏创造性。例如,多动症儿童在画一幅画时,可能只会简单地画上一个人、一所房子或一棵树,所画的事物常常是不完整的,而且大小比例、情景也表现得不正确,不符合现实,缺乏合理的细节和布局。

②想象缺乏创造性。创造想象是根据目的任务独立地在头脑中制造新形象的过程,多动症儿童的想象以直观性和具体性为特点,缺乏创造性,缺乏深入细致的探究能力。特别是在写作文的过程中,不能从要写的对象中找出典型的、特征的、鲜明的和重要的资料,加以选择分析加工和塑造,把人物、情节描述得生动、逼真、真实、精确,并具有创造性的想象。多动症儿童缺乏创造性的想象,因此在写作方面感到困难较大,写出文章的水平也较差,文章多为平铺直叙或为记账式的,很少有推理、分析或评论等。

(16)情感特征

①情感不稳定。多动症儿童的情感很不稳定,容易波动,具有冲动性和易变性的特征。儿童常常因为一点小事而大发脾气,控制和调节自己的情绪的能力较弱,容易激惹,行为常带有冲动性,易与同学们争吵、打架,惹是生非,稍有挫折就垂头丧气,闷闷不乐。在家里稍不如意就会大吵大闹,甚至乱摔东西,稍有称心的事就高兴,忘乎所以。经常有转喜为怒或破涕为笑的现象。多动症儿童既经不起表扬,又经不起批评,情绪忽高忽低很不稳定。

②情感不成熟,较为幼稚。多动症儿童的情感在许多方面仍像幼儿一样,有一点成功很容易满足和骄傲、高兴,为了一点小事可以十分伤心,甚至哭泣。可以整天在外面玩耍而不回家,喜欢和自己年龄小的伙伴一起玩,不喜欢静坐和做需要动脑子的作业。也不愿意认真端正的写字;喜欢玩形象生动的玩具或变化多样的游戏机;考试成绩不好不以为然,既不着急,也不害羞。多动症儿童的种种情感表现都显得不成熟。

③高级情感薄弱。道德、理智、美感是人的高级情感,是反映一个人的个性品质,是高级神经活动健全的表现。多动症儿童在这方面表现较薄弱。例如,在爱集体、守纪律方面表现较薄弱,由于多动症儿童缺乏自我控制能力,对集体的规定不能很好遵守。在课堂上经常做小动作或大声喧哗,不遵守课堂纪律;在做游戏时,不能遵守游戏规则,缺乏耐心;在集体劳动时,不肯好好劳动,办事有头无尾,对集体、家庭或者个人的物品不知爱惜,乱扔乱丢,甚至破坏;个别还发展为说谎、欺骗或偷窃行为。衣着脏乱,经常玩得满头大汗,弄脏手脚,扯破衣裤,踢烂鞋袜。对自身的清洁卫生不肯管理,也不会管理。这都是由于多动症儿童的高级情感薄弱,没有发展的结果。

④情感的效能作用不强。一般来说,人受到表扬以后,有满意感、荣誉感,可以把事情办得很好;受到批评以后,会有不愉快感,

第四章 精神心理障碍导致的儿童学习困难

怕羞感,会去改正缺点,不再重犯,这就是情感的效能作用。多动症儿童这种情感的效能作用不强,即使用各种鼓励方法(物质的或精神的)去激发儿童的学习热情,鼓励好学上进,往往也作用不大,不能保持已有的成果。有时专心听课而受到老师及同学的表扬,但有时又不专心听课,甚至扰乱课堂秩序。老师、父母、同学的批评、指责常常不起作用,甚至打骂也无济于事,有时虽能暂时改正一阵,但不久又完全忘了,旧病重犯。这些都表明多动症儿童的情感效应作用较差。所以,对多动儿童要更加耐心,做好思想工作,多帮助尽量提高其情感的效能作用。

(17)情绪异常表现:情绪异常是指人所产生的内心体验与一般人的体验不同或不该产生的异常现象。多动症儿童在情绪上主要表现为情绪容易波动,喜怒无常,高兴时会手舞足蹈,夸夸其谈,自吹自擂。当某种要求未得到满足时或受到挫折时,就大吼大叫,哭闹不休或赖地打滚,或者是闷闷不乐,情绪低沉。当父母督促学习或威逼时,又会大发雷霆、折断铅笔、撕坏书本。个别儿童也可以表现为十分驯服,顺从和精神不振。多动症儿童常见的异常情绪有:

①焦虑。这是一种内心的紧张,预感到自己可能遭到不幸的心情,程度严重时可以产生恐惧和惊恐。多动症儿童在上课时不能集中注意听课,对老师讲的内容听不懂,作业完不成,考试不及格,成绩上不去,常常受到父母的训斥和老师的批评,内心十分紧张,焦虑不安。这种现象在女孩中更为多见。把学习当成一项沉重的负担,整天提心吊胆地过着日子,害怕老师的谴责和批评,害怕同学讥笑和冷落,害怕父母责备和惩罚,甚至打骂。他们又无法克服自己的困难,整天愁眉苦脸,焦急不安,无法安定。上课时经常做无意义的小动作,切橡皮、咬指甲、刻课桌等,常有重复而刻板的动作,或双眼呆视,表现紧张而无奈的神情。无多动表现的多动症儿童容易有焦虑倾向。

②易激惹。激惹是指各种轻重不等的发怒倾向,也就是我们常说的发脾气。多动症儿童的一个严重缺陷是不能控制自己的情感,对学习不感兴趣,作业不自觉,能拖则拖,父母逼紧了要发脾气,父母不逼就整天玩乐,不想读书,只想打游戏机或者看电视,父母干预时就发怒;或者父母打骂儿童使儿童产生逆反心理,对抗情绪,容易被激怒。强烈而短促的情感暴发,可能使儿童失去理智破坏物品,发生伤害他人或自伤等激烈情绪。易激惹在男孩比女孩多见,多发生于父母自身性情暴躁,对儿童教育简单粗暴,动辄棍棒抽打,极易激怒儿童或使其记恨在心;也易发生于对儿童过分溺爱,百依百顺,放任自流的家庭,稍有不称心就会乱发脾气;也有家庭生活优裕,儿童饭来张口,衣来伸手,不爱劳动,电视机、游戏机、录像机应有尽有,分散了儿童的学习精力,因为多动症儿童更容易分散对学习的注意力而倾向于把注意力转移到其他有趣的事情上,而且父母一旦在这方面加以限制,就会不高兴,发脾气。与小伙伴相处或做游戏时,往往不按规则行事,与小伙伴的关系不协调,容易引起争执和打斗。

③自卑感。多动症儿童大多学习成绩处于低下水平,还经常在班上吵闹,影响别人,使人感到讨厌,是班上的小丑,还经常受到老师的批评和训斥,被人看不起。在家里,父母对儿童的学习不努力,作业不自觉,成绩上不去,也十分不满,经常训斥或殴打,受尽皮肉之苦,久而久之儿童自己也感到处处不如别人,产生悲观失望情绪和自卑心理。在老师和同学的怨恨、讨厌和冷落下,感到灰心丧气,没有前途,闷闷不乐,觉得做人没有意思,可能产生逃学、出走,甚至轻生的念头或行为。

④对抗情绪。多动症儿童的父母有两种有害的对待儿童的态度,一种是过分溺爱,什么事都对儿童百依百顺,想要什么就给什么,养成娇生惯养的个性,一旦受到批评或不如意就吵闹不休,产生对抗情绪;另一种过分严厉,稍不听话或成绩不好,就拳打脚踢,

第四章 精神心理障碍导致的儿童学习困难

棍棒交加,使得多动症儿童由于不堪虐待,产生逆反心理,怀恨在心,乘机逃走或进行报复。在学校里由于也受人冷落、欺负,而不愿意与老师和同学交往,也不肯参加集体活动,甚至用说谎、逃学的办法来对抗不利的处境,偷窃、斗殴都可能发生,有的甚至走上违法犯罪的道路上去。

(18)意志脆弱:意志是自觉地确定目的,并支配调节自己的行为,克服各种困难,实现预定的目标的心理过程。多动症儿童的核心问题是自我控制能力不足,其在意志方面的脆弱表现主要体现在几个方面。

①不善于独立地、自觉地提出行为的动机和目的,多动症儿童的重要特征是多动,整日忙忙碌碌动个不停,不分场合和时间,很少能静坐下来思考问题,行为缺乏计划,缺乏方向,缺乏要求,尤其对学生的主要任务——学习,不能自觉支配时间,设定计划,有时在老师和父母的督促下也难完成。

②学习缺乏远大的理想和追求,没有明确的目的。

③缺乏克服困难的毅力,没有责任感,有了困难,不能顽强的斗争,往往表现为懦弱、胆怯,在困难面前无能为力。

④缺乏坚持性,容易受其他刺激的影响而离开主要任务,如功课还没有完成听到电视声音就想看电视。

⑤动作常带有冲动性,决定行为和执行行为之间的时间较短,缺乏深思熟虑的准备。如课堂回答问题时,常脱口而出造成错误。以上这些都是多动症儿童意志行为较脆弱的表现,是由于缺乏自制力的表现,所有这些都是由于缺乏自制力所造成的。

(19)缺乏兴趣:多动症儿童的主要问题是被动注意占优势,主动注意相对不足,他们的智力并不落后,对感兴趣的事情可以很好完成。对多变的、活动的、新异的事物,容易引起兴趣(直接兴趣),例如玩游戏机、看电视、容易引起兴趣,并且很快掌握。但对学习缺乏自觉性和积极性。对学习的目的和需要还不认识,引不起学

习兴趣。

①多动症儿童的直接兴趣占主导地位,不能很好地支配娱乐、休息和学习的时间,往往把很多的精力和时间花在直接感兴趣的事物上去,如整天在外面游逛、玩游戏机,不停地或长时间的看电视等,而对要动脑的活动,如上课时做作业就无精打采,提不起精神和兴趣。

②学龄儿童初入学时,因有新鲜感,课程内容也较容易,还有较大的兴趣进行学习,但随着课程的加深,难度提高,学习的困难逐渐加大,儿童的注意缺陷就暴露出来。学习成绩下降,学习兴趣消失,甚至产生厌学情绪。

③对学习的目的和意义认识不清,把学习看成是一个负担、苦差,缺乏自觉性,缺乏积极主动的精神,缺乏对学习的间接兴趣。

④多动症儿童的有意注意不足,上课不专心,思想不集中,下课不复习,学习成绩上不去,逐渐对学习失去了信心和兴趣。

⑤父母及老师不能正确对待多动症儿童,也是造成多动症儿童对学习不感兴趣的原因之一。多数父母对儿童要求太严,不但要求考试成绩分数高,还要在前几名,否则就要受罚,动辄打骂,造成儿童害怕上学,不想上学的心理。有的父母不管不抓,放任自流,儿童在学习上得不到帮助和辅导,学习困难重重,对学习毫无兴趣;个别老师对多动症学生十分讨厌,想一推了之,送到辅读学校去,更使儿童丧失学习的信心。

(20)心理学上的反应:多动症儿童在心理学上核心症状是自我控制能力的不足,这种不足体现在以下几个方面。

①注意方面。思想难以集中,注意涣散。

②动作方面。动作易随境转移,活动过多。随着周围环境中吸引其注意力事物的变换而转移注意力。

③意志方面。有时常显得冲动任性。

④情感方面。情绪不稳,易激动。

第四章 精神心理障碍导致的儿童学习困难

⑤学习困难。由于自制能力不足,难以集中思想听课,所以学习成绩下降,导致学习困难。

⑥行为问题。由于自制能力差,易受不良因素的影响或引诱而染上恶习,产生各种行为问题。

(21)自卫行为

①退缩、回避。多动症儿童由于注意力不集中,活动过多,冲动任性,行为异常和学习困难,常遭到老师的训斥,父母的打骂及伙伴们的讥笑讽刺,他们的自尊心受到伤害,学习成绩下降,考试常常出现不及格。失败和挫折的经历使他们害怕再次遭到挫折,从而采取退缩、回避的方法作为心理防卫的措施,以试图改变处处受责难的局面,从而表现为拒绝学习,不做作业,逃避考试,甚至逃学。儿童的这种逃避行为常会被父母及老师认为有意对抗,从而加重处罚,增加了额外作业负担,更加重了多动症儿童的退缩回避行为。

②幻想和孤独。由于多动症儿童在学校环境中得不到应有的乐趣,他们便会为自己创造一个幻想世界来得到精神上的安慰和满足,进而出现幻想及孤独症状,整日少言寡语、忧郁、自卑、失望,不与同学交往,甚至对父母也不予以交往、交谈。

③过度补偿行为。多动症儿童为了克服自卑情绪,以补偿自尊心受到的伤害,就会依仗自己的组织能力、体力等方面的优势,组织小团体,强制其他儿童入伙,在课堂上起哄,欺负同学,对老师恶作剧,甚至斗殴。这种带有攻击性的举动,是用来显示自己的能力,从而否认自己的不足,补偿自身的缺陷。

④掩饰和否认。多动症儿童为了逃避责难,当老师和父母批评时就开玩笑,以阻止别人的注意力。有的多动症儿童完全否认自己的不良表现,把自己的成败归罪于父母的打骂。这种掩饰和否认行为都会无形中加重了多动症儿童的多动症状。

7. 父母常见的心理反应

由于多动症儿童产生的种种问题,儿童的父母必然会产生各种不同的心理反应,表现出各种不同的态度,主要有以下心理反应:

(1)困惑:一般来说多动症儿童的智力并不低下,有时还有点小聪明,但就是学习搞不好,喜欢多动,缺乏对学习的主动性和自觉性,许多父母对此感到困惑不解,十分苦恼,以为儿童是故意调皮。

(2)责怪:部分多动症儿童的父母总是责怪学校,责怪老师,指责对孩子不关心、不管教、不帮助,责怪孩子的问题是学校造成的;有的父母相互指责,指责对方不管教孩子,将孩子宠坏了,闹得家庭夫妻不和;更多的是责怪自己的孩子不争气,不好学,怪孩子的行为是故意的,是偷懒,弄得全家不得安宁。

(3)担心:对多动症儿童的种种不良表现和学习成绩的低劣,父母内心十分担忧,担心儿童考试不及格留级,担心学习成绩不好没有出息,担心儿童在外面闯祸,担心老师和同学来告状等,整天为儿童的事提心吊胆过日子。

(4)焦虑:由于父母对多动症儿童的种种问题,找不到解决的办法,或者采取一些措施,如请家庭老师补课等也没有明显的效果,感到问题严重,便产生焦虑情绪,灰心丧气,对儿童失去信心,不知如何是好。整天为儿童的事着急,甚至影响到睡眠、生活和工作。

(5)虐待:多动症儿童的父母总认为孩子的行为是故意的、是任性、偷懒、不学好,有意要与父母和学校过不去。经常使父母生气、愤怒、怨恨,感到自己的孩子实在顽皮,不服管教,不听话。于是常采取简单粗暴的办法,对孩子进行怒骂、体罚、禁闭、捆打等肉体和精神折磨、虐待,往往起不到好的作用,反而造成不良的后果,使儿童产生逆反心理及对抗情绪。

第四章 精神心理障碍导致的儿童学习困难

(6)失望:由于多动症儿童不肯静心听讲,注意力不集中,还像在幼儿园那样经常缺课,成了逃学生,虽采用软硬兼施种种办法也无多大效果,这时父母的期望破灭了,因而灰心失望。

(7)愧疚:经过一段时间后,多动症儿童的父母逐渐认识到了这是一种疾病的表现,并不是孩子的故意行为,他们开始认识到自己以前对孩子的误解,并对以往打骂孩子的行为产生后悔和愧疚心理。于是改变了对孩子的谴责和虐待的态度,重新认识孩子的问题。

8. 检查

目前对于多动症还缺乏一种非常特异的诊断方法,大多数需要用综合性的诊断手段来进行确定。一般应有老师、父母、心理医生共同对多动症儿童的表现进行评分诊断,辅助必要的实验室检查,可以得到较为正确的诊断。目前主要采用以下检查方法:①详细填写多动症病历卡,记录病史;②检查神经系统软体征及躯体小的畸形;③父母根据诊断量表进行评分;④由老师根据诊断量表进行评分;⑤对孩子进行多动症的心理测试;⑥有选择地进行智能测验;⑦进行必要的脑电生理检查;⑧必要时进行脑CT或磁共振检查;⑨必要时进行血尿生化检查;⑩记录疗效观察表,观察药物的治疗效果;⑪乙酰胆碱皮内试验,对于多动症的诊断有一定的意义,但假阳性率较高,方法相对繁琐;⑫用电脑游戏来帮助诊断多动症,多动症儿童在做具有吸引力的游戏时也不能集中注意。

(1)记忆速度测验:有关记忆速度的测验有很多方法,其中译码测验能较好地反应记忆的速度问题,所以对多动症儿童多采用此方法来测查记忆的速度。测查方法是把10个简单的符号从0~9编成数码,另将100个符号(每一符号占10个)随机排列成一表,让孩子按编码的规定,将数码译在每个符号下面,记录译码时间。一般11岁的儿童可在5分钟内全部译完,而多动症儿童只能完成70%~80%。说明多动症儿童由于注意力不集中,导致记忆

速度减慢。

(2)神经系统检查:大多数多动症儿童神经系统可以完全正常,部分儿童可以有一些神经系统的异常。

①共济失调。表现在走路时不能沿着直线前进而走S形;走路或奔跑时易摔跤;在上体育课时常有不正确的体操动作,并且难以纠正,并缺乏应有的节奏;跳绳、踢毽子动作不如正常儿童协调灵活;扣纽扣、系鞋带等动作缓慢而不灵巧;画图画、用剪刀等动作笨拙;有时会出现镜样动作,如一只手在做动作时,另一只手也会不由自主地做类似的动作。

②口吃。言语不清常常可以见到。

③神经系统软体征出现。神经系统软体征是为了与麻木、瘫痪等"硬性"神经系统体征区分开来而称之为"软性"神经体征。这些体征缺乏神经系统的定位。软性神经体征有20~30种之多,约50%的多动症儿童可以有1~2种软性神经体征阳性表现。这些体征的出现可以作为多动症诊断的参考指标。

在部分多动症儿童中,可以发现一些轻微的异常体征,这些体征缺乏定位意义和稳定性。这些神经系统软体征在正常儿童中也可以见到,并且随着年龄的增长而逐渐消失。50%的多动症儿童有1~2种神经系统软体征,这些体征的诊断价值目前在精神医学界还有争议,一般认为不能作为多动症的诊断标准而只能作为一个参考指标。在多动症儿童中神经系统软体征有20~30种,常见有翻手试验、指鼻试验、闭目站立试验、单足站立、单足跳跃、足尖行走、追视运动、伸舌闭眼试验、持续开口试验、利手试验、知觉试验等。主要做法:

翻手试验是将被检儿童将双手并置在桌上,手心向下,拇指置于掌心,余四指并拢。并将两手食指靠紧并拢,然后把双手都翻过来,并在原位将两小指靠紧并拢。如此在"原位"反复翻动双手,并逐渐加快速度。与此同时,观察肋部摆动的幅度和双手翻动时的

第四章 精神心理障碍导致的儿童学习困难

姿势,以肋部摆动度超过一个肋部宽度,或者翻动手时的姿势笨拙者为阳性。

点指试验是让受检儿童一手握拳,另一只手用拇指依次接触其他手指(食指－中指－无名指－小指),如此往返数次,然后换另一只手重复同样的动作,也可以从反方向开始(小指－无名指－中指－食指)或双手同时重复上述动作。此时观察儿童动作的协调性,有无异常动作,以及点指错误。如果点指错误或不协调,不能依次点指者为阳性。

指鼻试验是让受检儿童先用左手食指,后用右手食指指自己的鼻尖,睁眼和闭眼各指5次。此时观察其在试验中的协调性和出现错误的次数。多动症儿童往往动作过重,显得很笨拙、错误次数常达3次以上。

9. 诊断标准

中国精神疾病分类方案与诊断标准第三版(CCMD-3)中,对多动症的诊断:多动症是发生于儿童时期(多在3岁左右),与同龄孩子相比,表现为同时有明显注意集中困难,注意持续时间短暂,及活动过度或冲动的一组综合征。症状发生在各种场合(如家里、学校和诊室),男童明显多于女童。

(1)注意障碍,至少有下列4项。

①学习时容易分心,听见任何外界的声音都要去探望。

②上课不专心听讲,常东张西望或发呆。

③做作业拖拉,边做边玩,作业又脏又乱,常少做或做错。

④不注意细节,在做作业或其他活动中常常出现粗心大意的错误。

⑤特别不爱惜东西(如常把衣服、书本弄得很脏、很乱)。

⑥难以始终遵守指令,难以完成家庭作业或家务劳动等。

⑦做事难以持久,常常一件事没做完,又去干别的事。

⑧与他说话时,他常常心不在焉,似听非听。

⑨在日常活动中常丢三落四。

(2)多动,至少有下列4项

①需要静坐的场合难以静坐或在座位上扭来扭去。

②上课时常做小动作,或玩东西,或与同学说悄悄话。

③话多,好插嘴,别人问话未完,就抢着回答。

④十分喧闹,不能安静地玩耍。

⑤难以遵守集体活动的秩序和纪律,如游戏时抢着上场,不能等待。

⑥干扰他人的活动。

⑦好与小朋友打逗,易与同学发生纠纷,不受同伴欢迎。

⑧容易兴奋和冲动,有一些过火的行为。

⑨在不适当的场合奔跑或登高爬梯,好冒险,易出事故。

严重标准是对社会功能(如学业成绩、人际关系等)产生不良影响。病程标准是起病于7岁前(多在3岁左右),符合症状标准和严重标准已至少6个月。确诊需排除精神发育迟滞、广泛发育障碍、情绪障碍。

10. 鉴别诊断

儿童多动症可合并各种心理障碍,许多心理问题也可存在注意障碍,因多动症在临床上常有学习困难、情感障碍、反抗行为、攻击行为、多动、动作不协调及人格障碍等表现,故应与下列疾病相鉴别。

(1)精神发育迟滞:多动症儿童虽然有多动、注意力涣散、任性、冲动、学习困难等症状,但他们并不是弱智的低能儿。相反,他们中有的人天赋还很高,只是由于他们的注意力不集中,不能专心学习,导致学习成绩落后于同龄孩子,因此容易给人一个"愚笨"的假象,被误认为是智力低下,甚至有的孩子被送入低能学校去学习。而精神发育迟滞儿童有时也可以出现多动、注意力不集中,所以应对这两种疾病加以鉴别。对于多动症与精神发育迟滞儿童,

第四章 精神心理障碍导致的儿童学习困难

可以依据下列几点来鉴别。

①多动症儿童的学习成绩常不稳定,时好时坏,如果有老师及父母的督促,学习成绩会很好,若一放松,学习成绩就会明显下降,故有人形容多动症儿童的学习成绩特点是呈"波浪形"。而精神发育迟滞儿童虽经严格督促加强辅导,但学习成绩提高不明显,有时甚至无效。

②精神发育迟滞儿童除了学习成绩差以外,尚伴有社会适应能力的缺陷,他们不会或不善于与他人交往,动作呆板,幼稚,严重者甚至生活也难以自理,他们出生后常有窒息史、惊厥史,头颅CT显示有程度不同的脑萎缩等改变。

③精神发育迟滞儿童的智商常低于70分,而多动症儿童的智商大多正常或稍偏低。

④精神发育迟滞儿童除智商低、学习困难外,常合并有注意障碍,多动症状,如果二者难以鉴别时可以试服哌甲酯、匹莫林等抗多动症药物以资鉴别。多动症儿童服用后注意力集中,学习专心,认知能力有所提高,学习成绩可以明显提高。此时进行智力测验,智商明显提高,而智力低下儿童服用后,可以安静些,注意力有所集中,但学习成绩和智商仍不会提高,智能状况无改变。所以,精神发育迟滞儿童的这种多动症是继发的。

(2)正常顽皮儿童(与年龄相适应的多动):多动症儿童特别是轻症者的临床症状很容易与正常顽皮儿童相混淆。活泼好动是儿童的天性,通过活动可以广泛地与外界接触,接受外界的信息也多,认知能力也随着之提高。对于顽皮儿童,可以表现为:①具有贪玩、调皮、好奇心、上进心;②虽也有注意力分散的时候,但大部分时间仍保持较好的注意力,尤其是对感兴趣的、新奇的事物更是专心致志,如听故事、看电视、画图画等能够长时间不分心;③他们的动作协调灵活、反应敏捷;④为了贪玩常草草完成作业,并不拖拉;⑤在集体活动或游戏时能遵守规则;⑥对老师、父母的教育都

能听从;⑦上课时能静坐听讲,自我控制能力较强,学习成绩优良,一般不发生学习困难。

而对多动症儿童,其与正常顽皮儿童的鉴别要点有以下:①多动症儿童活动常无目的性,活动多有始无终,杂乱无章,不停地变换花样,如一会儿玩铅笔、纸屑,一会儿做鬼脸,一会逗引同学发笑等;而顽皮儿童的多动常出于某种动机,要达到某种目的,如向旁边的小朋友借橡皮用,老师提问时为了表现自己不举手就回答。②多动症儿童的行为常不分场合,不顾后果,无法自制;而正常顽皮儿童的多动受时间、地点以及环境因素的限制而有所约束,如当外校老师来听课时,多动症儿童多不能自控,而正常顽皮儿童则在老师交代后能安静听课,遵守纪律。③多动症儿童对有兴趣的和新奇的游戏及娱乐活动,也不能产生持久的注意;而正常顽皮儿童对有兴趣、新奇的娱乐活动及游戏能持续注意,并能坚持很长时间。④多动症儿童的行为对老师和父母的劝说无效,屡教屡犯;而正常顽皮儿童的行为在老师和父母的启发教育下会有改进,并且要隔相当长的时间才能重犯。

(3)特殊学习技能发育障碍,语言及阅读障碍:特殊学习能力发育障碍与儿童多动症在学龄儿童中发生率都较高,两者伴随出现的机会也较多,但多动症儿童的学习成绩不良主要是由于多动及注意力涣散而影响学习效果;而儿童特殊学习能力发育障碍主要是因不能听懂和理解老师的授课内容,而造成学习困难,儿童在听、说、读、写、推理、算术及社会适应能力方面存在缺陷,并由此引起儿童的多动和注意障碍。所以,这类儿童的多动及注意力涣散也是继发的。多动症和特殊学习技能发育障碍,都需要排除精神发育迟滞,诊断才能成立。

(4)孤独症及其他精神障碍(适应障碍、行为障碍、躁狂症、思维障碍、强迫思维、焦虑症及抑郁症等):孤独症儿童也常有注意力不集中、活动过多、东张西望及各种刻板古怪的动作,常被误为多

第四章 精神心理障碍导致的儿童学习困难

动症。

①孤独症的发病率较多动症明显少,1万名儿童仅有2~3名,男比女多,出现的症状较多动症早。

②孤独症儿童从小与父母无亲近表现,如不会对人微笑或做适当反应,缺乏情感交流,稍大点的儿童不愿意与小朋友一起玩,不理人,不说话,喜欢孤独一人,对亲人不亲。而对非生物的东西,如玩具、书本、毛毯、竹筷等会发生特殊的依恋;而多动症儿童则无此表现。

③孤独症儿童语言不发育或退化,语言不清,不会用词,甚至不会说话;而多动症儿童则无此表现。

④孤独症儿童动作刻板离奇,一种动作可以反复操作不停,如嘴鼻抽动、耸肩、咬手指和衣袖等,与外界隔绝,对刺激麻木不仁,不听劝说,不听指令,我行我素;而多动症儿童的动作多笨拙,与外界无隔绝,其行为可在外界的影响下而发生变化。

⑤孤独症儿童的智力明显低下,而多动症儿童智力基本正常。但孤独症儿童有时可以表现出特殊的技能,如计数、唱歌或绘画等。

⑥哌甲酯试验性治疗对多动症儿童有良好的治疗效果;而对孤独症儿童无效。

⑦严重的孤独症可以发展成为精神障碍,表现似精神分裂症,有时会表现出不怕危险,无意识的狂笑或无休止哭泣;乱发脾气等症状。而多动症儿童虽然有各种行为的问题,但不会发展为精神分裂症。

(5)精神分裂症:精神分裂症与多动症是两种截然不同的疾病,可以通过一些要点加以鉴别。

①精神分裂症儿童精神活动与环境脱离,与亲人疏远,情感淡漠,有时表现为无端恐惧,紧张情绪,意志活动减退,生活懒散,严重时生活不能自理。多动症儿童无以上表现。

②精神分裂症儿童的思维、情感和行为与周围环境不协调,有思维障碍,如思维贫乏,表现为言语的减少,语言内容贫乏,思维破裂,上语不答下语,言语间缺乏内容和逻辑上的联系。而多动症儿童无此表现。

③10岁以上的精神分裂症儿童可以出现妄想。如非血统妄想,认为自己的父母不是亲生的,而是另外一些名人;关系妄想,认为老师和同学们都在议论自己,讥笑自己,虽然没有听见,但从他们的表情、动作上都可以看出来,有时感到电影、电视里讲的事情也与自己有关;被害妄想,感到有人要谋害自己,迫害自己。这些症状在多动症儿童中没有。

④部分精神分裂症儿童可以有感觉、知觉异常,可以有幻听、幻视及感知综合障碍,如感到自己的头变大,这在多动症儿童中无此症状。

⑤精神分裂症儿童有 36%～64%有阳性的精神分裂症的家族史。

⑥精神分裂症和儿童多动症难以鉴别时,可用哌甲酯试验性治疗。精神分裂症儿童服药后症状会明显加重;而多动症儿童服药后症状会迅速控制而改善。因此,可以根据治疗效果来加以鉴别。

(6)抽动-秽语综合征:抽动-秽语综合征又称多发性抽动症。临床上表现为短暂、快速、突然、复发性程度不同的不随意运动。表现为频繁瞬目、挤眉、吸鼻、撅嘴、张口、伸舌、点头。随着病程进行性加重,抽动加重,可以出现耸肩、扭颈、摇头、踢脚、甩手、或四肢的抽动,但同一儿童抽动较为单一,常在情绪紧张、焦虑时症状有所加重,入睡后症状消失;语言障碍表现为喉部发出"亢亢""格格"音,甚至发出犬吠声,且口中反复发出粗鲁下流语言,个别音节、字、句不清,重音不当。性格急躁、任性、易怒。上课注意力不集中,学习成绩下降,但大多数儿童能从事正常生活学习。抽动症

第四章 精神心理障碍导致的儿童学习困难

状呈波动性、进行性、慢性过程,根据全身不自主抽动,喉中不自主发音和重复秽语,病程长久,诊断不难。如查尿 24 小时儿茶酚胺排泄量增加常有助诊断;应用齐拉西酮、氟哌啶醇或硫必利治疗效果好,根据以上特点,不难鉴别诊断。

11. 治疗

(1)药物治疗指征:学龄前儿童虽有多动症的症状,但只需要适当的引导教育和行为训练,培养他们养成良好的学习和生活习惯,大多不要药物治疗。当儿童上学后多动症状逐渐显露出来,注意力不集中,并有学习成绩不稳定,学习困难,行为障碍时应及时给予药物治疗控制症状。

①多动症儿童注意力不集中,在课堂上不能专心听课,容易分心,在短时间内也无法静坐,学习成绩下降且影响课堂秩序和有行为问题,应尽快用药。

②如果缺乏适合多动症儿童的教学班级或特殊学校,那么应先用药物治疗。

③如果多动症儿童父母仍希望儿童保留在普通的班级里,应先试服药物 4~6 个月。

④如果多动症儿童在合适的特殊班级里半年仍未进步,此时进行药物治疗对儿童学习成绩的提高是有帮助的。如果治疗越迟,越容易发生学习困难。所以,当儿童出现学习成绩下降或学习成绩不稳时,经心理医生诊断为多动症后应不失时机地对其进行药物治疗。

(2)药物治疗:治疗多动症的药物可以分为精神振奋药,α受体激动药,非典型抗抑郁药,三环抗抑郁药和其他类药物。

①精神振奋药。包括哌甲酯、匹莫林、苯丙胺,约 80% 的多动症儿童,不论男女,对兴奋剂的治疗均有效。其作用机制可能是作为一种儿茶酚胺递质的激动剂而起作用。哌甲酯可能为多巴胺、去甲肾上腺的激动药,可以抑制单胺氧化酶,阻滞神经元对儿茶酚

怎样帮助学习困难的孩子

胺类神经递质(去甲肾上腺素、多巴胺)的回吸收,并促使神经元释放这类神经递质,使注意力不集中改善,加强了儿童的自控能力,振奋了精神,提高了学习效果。用药剂量一般每次0.3～0.6(或0.8)毫克/千克体重,每日2次,按小学生体重20～30千克计算,每次用量5～10毫克,每日最大剂量不宜超过40毫克。否则可以出现严重的不良反应。由于多动症是一个长期的、慢性的心理障碍性疾病,疗程要长,短则半年一载,长则可3～5年以上。用药应从小剂量开始,先每天早饭后上学前服5毫克(半片),1周后如效果不明显,又无不良反应,可每周递增5毫克,直到有效为止。一次最大剂量以不超过20毫克为准。哌甲酯排泄较快,药效只能维持半天,应在中午补充早晨的半量,午后及晚上不服,以免影响睡眠。必要时在下午3点前可再加服早晨的半量1次,即在早晨服10毫克,中午服5毫克,下午3点前服5毫克,共3次。对完成家庭作业及考试有帮助。为避免产生耐药性和药物的不良反应,在周六、周日、假日及不学习时可以停药。应用哌甲酯有食欲减退、头晕、头痛、失眠、胃痛、恶心、呕吐、心悸、口周及面色苍白、皮疹等不良反应,以食欲减退最明显。一般应从小剂量开始用药,不良反应就较轻或者会逐渐消失,以后逐渐适应。有癫痫、高血压病史的儿童慎用。而匹莫林半衰期为12小时,作用时间较长,可维持8～12小时,每日1次,不用多次服药,较哌甲酯方便。开始剂量为每日早晨10毫克,饭后服用。一周后效果不明显者可以再增加至20毫克,直到获得满意疗效为止。一般很少增加到60～80毫克,剂量每日不应超过100毫克。该药起效缓慢,有时服药2～3周后才出现明显效果。不良反应较哌甲酯轻,最常见的不良反应是失眠、食欲减退、体重下降,常发生在治疗的最初几周,大多数为暂时性的,一般3～6个月体重可以恢复。对肝功能有一定的影响,故治疗前和治疗期间应检查肝功能,有肝病的儿童慎用。两药合用是目前较理想的用药方法,开始每日早晨各服半片(哌甲酯5毫

第四章 精神心理障碍导致的儿童学习困难

克,匹莫林10毫克),如无效可以逐渐加量。如每日早晨各服1片或中午加哌甲酯半片,最多可以加至每日各2片。如果无效应找医生指导或换药物。

②α_2受体激动药。主要应用可乐定。其作用机制可能是通过激活抑制性突触前受体,阻滞去甲肾上腺素进入大脑,又使去甲肾上腺释放减少,抑制多动行为。

可乐定是一种α_2受体激动药,近年来发现对多动症有一定的疗效。可以作为精神振奋剂的替代药物,尤其是对多动症伴有抽动症状的儿童疗效较好。多动症儿童服用后注意时间明显延长,多动、冲动、任性、和发脾气明显减少。但注意力提高程度和记忆力明显增强的作用不如哌甲酯。适应于过度兴奋冲动、烦躁、攻击行为、忧郁和情绪脆弱,以及有抽动等不随意活动者,是多动症合并抽动症的一线治疗药物。对服用丙米嗪不良反应较大的病人此药为首选,可乐定与哌甲酯合用有互补作用,白天用哌甲酯,晚间用可乐定,可以避免单服兴奋药出现失眠的不良反应。开始剂量0.05毫克/每日(半片),逐渐增加至每日3～6毫克/千克体重。由于半衰期长,故在临床上起效慢。也可应用经皮胶布吸收,可以延长给药时间,每5～7日给药1次,一般晚上给药,第二周起每天晚上加1次0.05毫克,上学前服用。第三周起每晚上药量可以加到0.1毫克,第四周起每天晚上加至0.15毫克,最大剂量1天不超过0.3～0.4毫克。如果镇静作用明显,可把一天的总量分为3～4次服用,周末和周日不能停药。但应用可乐定会有镇静、低血压、心搏出量减少、头痛、头晕、胃痛、恶心、呕吐等不良反应;偶有反跳性高血压、抑郁、心律失常。2～3周后可乐定镇静作用消失,而控制攻击及冲动症状的作用明显,如果剂量较大,可出现忧郁和焦虑症状加重。应用时应每周监测血压,服药2个月后应检查血常规、肝功能及心电图。一旦发现药物不适应时,应在2周以上逐渐减少用药直至停药。

③非典型抗抑郁药。美抒玉、米氮平等药物可以提高去甲肾上腺素和多巴胺的功能,故可能对多动症有一定的疗效。由于非典型抗抑郁药物的不良反应小,所以往往成为以后多动症的治疗药物。其次,SSRI类药物,如盐酸舍曲林、氟西汀、西肽普兰等可以增加多动症儿童的活动,可以帮助其完成学业。用法:美抒玉50～100毫克/日,晚睡前1次服用;米氮平15～30毫克/日,晚睡前1次服用;盐酸舍曲林50～100毫克/日,早晨1次服用;氟西汀10～20毫克/日,早晨1次服用;西肽普兰10～20毫克/日,早晨1次服用。

④三环抗抑郁药物。当用精神振奋药和α_2受体阻滞药效果不佳时,或应用上述二种药物副作用严重时,可以应用三环抗抑郁药。其作用机制可能与提高去甲肾上腺素和多巴胺功能有关。故对多动症有一定疗效。地昔帕明半衰期为24～72小时,较丙咪嗪长而不良反应少。用量:每日为1～4.5毫克/每千克体重,开始剂量为10～20毫克睡前服用,以后可以每隔日增加10毫克,达到每日100毫克,分2次(早晚)口服。有心血管系统的不良反应、口干、胃肠不适、便秘、疲乏、眩晕、尿潴留、失眠、皮疹、震颤及心肌损害(T波改变,P-R间期及Q-T间期延长,心率增快,心室内传导损害,右束支传导阻滞等),偶有白细胞减少。因此,如果已经用药每日100毫克,2周以上时,应测定血清地昔帕明的浓度,并进行心电图检查。对13岁以下儿童不用或者限制应用此类药物,癫痫患儿忌用。如果有右束支传导阻滞应减少药物的用量或停药。因为这是心室传导异常的先兆。

⑤其他药物。近年来,报道安非他酮及去甲替林等新药治疗多动症也有疗效,不良反应较少。

(3)药物治疗的不良反应

①主要不良反应。食欲减退、胃痛、失眠、头痛、好哭、抽动、眩晕、嗜睡、咬指甲、说话少、焦虑、欣快感、缺乏兴趣、易激动、噩梦、

第四章 精神心理障碍导致的儿童学习困难

沮丧、凝视。

②药物治疗的禁忌证。抽动症;精神障碍;内脏疾病或高血压;过多焦虑或害怕;抑郁症比多动症严重;有明显的脑外伤;癫痫应慎用或禁用抗多动症药物。

③药物不良反应预防。服药可以在进餐时及餐后进行,以减少药物对胃肠道的刺激,减轻胃肠反应。用药以最小剂量开始,使人体有一个适应过程,如果需要加大药物剂量应逐渐增加,可减少或避免不良反应。应在医生指导下用药,切不可未经医生检查和诊断,擅自滥用。父母不要求好心切,随便给儿童服药或随意加大用药剂量。如儿童有轻度厌食或胃肠道不适等反应时,仍可以坚持用药,同时加用维生素 B_6、多酶片或中成药,以减少不良反应。如果不良反应明显,出现头痛、失眠、恶心、呕吐等症状时,可以减少药量或停用药物,去医生那里诊治。要每日观察药物的效果和不良反应,经常和老师保持联系,以便及时发现问题及时解决。药物要保管好,切不可以一次大量服用。

(4)药物治疗对儿童正常发育的影响:学龄期儿童正处在长知识、长身体的阶段,此时有多动症表现的儿童,服药后常见的不良反应是胃痛不适、食欲减退或不思饮食,于是父母认为药物要影响儿童的正常发育,大脑受抑制而影响今后的智力发育。有研究表明:服药儿童在体格发育方面并不比不服药的儿童差。在临床上可以发现,精神振奋药的副作用十分短暂,几个小时后就代谢排泄。药效过后,食欲可以明显增加,如果中午不吃饭,晚上会加倍补偿,只要用药剂量合适,不必担心体格发育。另外,服用精神振奋药后,多动症儿童上课能注意力集中、安静、专心、作业完成顺利,字迹工整,甚至一动不动,前后完全判若两人,所以有部分父母担心儿童变傻,其实这种担心是不必要的,因为精神振奋药,能促进神经递质传递,是儿茶酚胺的激动药。用药后能使儿童的注意力高度集中,专心听课,不易分心,思维敏捷,思路清晰,学习进步

成绩提高;可以同无多动症儿童一样,成为学习成绩优秀的儿童。

(5)药物治疗失败的原因:精神振奋药由于在体内半衰期较短,所以药物在体内的作用时间也短,停药后症状就复发。所以,必须坚持长期、正规地治疗。而部分多动症儿童的父母看到儿童服了几天药物,因药物还未发挥作用,看不出效果也就停药不服了,怕产生不良反应。也有部分父母看到儿童在服药过程中出现一些轻度的不良反应,认为应用抗多动药物可以影响儿童的生长发育,而擅自停药。还有部分父母见服了几天药后有了明显的进步,也停药不服,这样会使旧病复发,导致治疗失败。所以,治疗不当及不正规的治疗可能是治疗失败的重要因素。

(6)多动症合并抽动症治疗:目前在多动症儿童中有部分儿童同时伴有抽动症,在应用精神振奋药哌甲酯的过程中有使抽动症状加重的倾向。所以不能用哌甲酯治疗,而单用氟哌啶醇、硫必利类药物效果不佳。最有效的药物是 $α_2$ 受体激动药,它既能增加注意力,又能减少冲动和多动,对多动症有效,对抽动症也有一定的抑制作用。

(7)多动症合并抑郁症、躁狂症的治疗:部分多动症儿童可以没有多动的症状,而表现为焦虑、抑郁、注意力不集中和学习困难。此时应用精神振奋药、可乐定效果不佳。可以试用抗抑郁药,能提高去甲肾上腺素和多巴胺的功效。常用药物有丙米嗪和去甲丙米嗪,剂量从 10 毫克或 20 毫克开始,逐渐增加,最大 1 天不超过 100 毫克。抗抑郁药使用时应注意,①每日用药 2~3 次,一般用 3~6 个月后停药。②13 岁以上的儿童多动症合并抑郁症且兴奋药治疗无效者可以试用。③家族中有心脏病、二尖瓣脱垂、猝死者的儿童慎用此药,用药前宜检查心电图、动态心电图、超声心动图。④剂量逐渐增加时,每周观察记录疗效和副作用。多动症发展到有严重的行为问题时,如狂躁不安、攻击破坏、打人骂人等精神症状,可试用氯丙嗪,剂量从每日 12.5~25 毫克开始,逐渐增加至有

第四章 精神心理障碍导致的儿童学习困难

效剂量,一般每日 1~3 毫克/千克体重,分 3~4 次服用。不良反应有口干、嗜睡、低血压、白细胞减少等。该药可以控制多动症的躁狂症状及行为,有效后可用有效剂量维持,同时加用小剂量的哌甲酯,密切观察病情变化。

(8) 多动症合并癫痫、精神发育迟滞的治疗:有些多动症儿童同时伴有癫痫病史,严重癫痫儿童不宜用精神振奋药治疗,这类药物可以诱发癫痫的发作,使癫痫加重。但哌甲酯用于轻度癫痫病人并无不良反应,也不会使癫痫发作及加重。这时可以在晚上用药,以减少癫痫的发作,又可以减轻多动症症状。对于轻度智力低下的精神发育迟滞儿童,如合并多动症症状,如果儿童无严重的攻击行为和破坏行为,可以试用小剂量哌甲酯或匹莫林治疗。能使儿童潜在的智力得到开发,用药后对儿童的注意力,反应力,模仿性和记忆力有所提高。另外,可以根据病情程度,加用补脑、益智的中西药物,以增加治疗效果。

12. 心理治疗与心理咨询

(1) 对多动症儿童进行心理咨询的目的、内容:对多动症儿童进行心理咨询的目的是:主要帮助其克服注意涣散、多动的缺陷,协调父母与儿童之间的感情,消除师生间和同学间的矛盾,端正学习态度,树立信心,提高学习效果。

①提供有关多动症的资料,包括通俗读本,问题解答及治疗方法等,帮助父母、儿童了解多动症的性质,从而掌握多动症的对策。

②提供充分的时间,与父母讨论有关多动症的问题以及他们所关心的事情,解答疑虑,提高他们对疾病的认识和理解。

③帮助找出导致多动症加重的诸多因素,端正父母、老师、同学对多动症的认识,解除误解、歧视和怨恨的态度,发展儿童的积极的品质。

④通过电话、信件、会谈、走访等形式,保持经常联系及时向父母解答有关问题。

(2)主要咨询方法

①门诊咨询。儿童及其父母来门诊进行咨询。

②信件咨询。用信件的方式来回答儿童和父母提出的问题。

③电话咨询。通过专线电话对多动症儿童及其父母进行咨询。

④专栏咨询。通过报刊、广播、电视等宣传活动对多动症的诊断治疗进行公开解答。

⑤会议咨询。召开小型会议,进行会谈咨询。

(3)心理治疗方法:对多动症儿童可以采取一般性的心理治疗、个别心理治疗、集体心理治疗。一般性心理治疗的主要方法有解释、鼓励、安慰、保证和暗示等,实际上与心理咨询相似,主要向父母解释多动症的性质,鼓励其克服消极悲观情绪,引导儿童树立信心,鼓起勇气,克服注意力不集中的毛病,提供实例来证明多动症是完全可以治愈的。个别心理治疗是对个别儿童进行深入系统的心理治疗,该方法较一般性心理治疗复杂。

①耐心倾听父母和多动症儿童的叙述,要引导他们详细提供病史资料,列举日常生活和学校各项活动中的各种行为表现,把他们的一切疑虑和问题都倾诉出来,使他们对医生产生信任感,使他们心情舒畅,增强对多动症的治疗信心。

②与父母共同分析儿童的病情,帮助父母和儿童提高对疾病的认识。在收集病史资料的基础上,与父母共同分析材料,帮助找出主要问题和问题的主要方面。例如,思想不集中,活动过多,任性,易激惹,学习困难等方面,如果学习困难是主要问题,而且特别是数学学习困难,重点要帮助儿童克服数学方面的学习困难。同时,要对多动症的性质、识别、预防、预后等问题向父母和儿童讲解清楚,帮助他们提高对多动症的认识。

③巩固成绩,提高疗效,预防复发。多动症是一个慢性、较长时间的心理障碍过程,要在医生的指导下,针对儿童的情况持久地

第四章 精神心理障碍导致的儿童学习困难

进行家庭治疗,巩固成绩提高效果,防止复发。主要做法是:要从儿童实际出发,帮助儿童克服注意力不集中的缺陷,对儿童的要求要宽严得当,以鼓励为主,诱导儿童好学上进,全面促进儿童的发展。正确掌握好药物的应用。加强同医生的联系,随时取得医生的指导和帮助。

还有一种治疗方法称为集体心理治疗,主要是通过病人相互间的交流和帮助,发挥集体的积极作用,相互影响,促进疾病的治愈。例如,举办父母和儿童参加的多动症讲座,应用通俗的语言,向他们讲解多动症的病因、发病机制、症状、治疗及预后等,使他们对疾病有一个正确的认识。组织儿童父母集体讨论介绍各自的情况,交流经验,相互启发,促进疾病的恢复。制订计划,安排好学习、生活、娱乐和休息,协助处理儿童学习上的困难,消除各种思想顾虑,制订出预防多动症复发的措施。参加集体心理治疗的人数,每次15人左右,每周2次,每次2小时,以5~6次为1个疗程。

(4)心理治疗中注意的问题

①要认识到多动症是一个较长时间的心理问题,很难说出确切的发病日期。当父母带领儿童来治疗时,已经发病相当长的时间。一般在学龄前已经有很多多动症的表现,但往往到上学后才诊断,到小学二、三年级时才明确诊断,这是由于父母及社会对学龄前儿童的行为标准较宽容的缘故。儿童上学后,许多行为都有一定的标准和要求,因而使得多动症儿童症状明显显示出来。

②多动症儿童缺乏"自我"功能,有的从小就不能很好地适应周围环境,母子间缺乏基本情感和信赖,会进一步影响儿童"自我功能"的发展。

③多动症儿童的许多功能都会受影响,学习困难是多动症儿童最突出的问题,但表现可以各不相同。在朗读、作文、书写、计数、绘画等不同方面有一种或多种困难。此外,对运动、行为、情感、手工技巧等功能也有一定的影响。在进行心理治疗时应分别

对待。

④家庭和学校是儿童生活的两个基本场所,整个家庭成员尤其是父母,是儿童最早的老师,对多动症儿童知识、经验、心理有直接的影响,在多动症治疗上起关键作用。学校也应为多动症儿童建立个别化的教学计划,帮助儿童克服学习困难。

(5)行为矫正:行为矫正法也叫行为治疗,目的是修正不良的行为模式,主要用于治疗一些外显的不良行为,如攻击、易怒、不遵守纪律、做小动作、说谎、欺负小同学及女同学等,主要的方法是控制外部行为模式,进而重建或恢复良好的行为模式。问题行为的治疗需要进行系统的行为分析,对可取的行为,尽可能给予发扬;对不可取的行为,要尽可能地予以限制。儿童正处于生长发育阶段,一切的行为或习惯都处于养成之中,且有很大的模仿性和可塑性。儿童的行为可以变好也可以变坏,全在于父母、老师怎样教育。某种优良的行为,可以通过一定的方法使它产生、增加和固定下来,某种不良的行为也可以通过一定的方法使它减少或消失。因此,多动症儿童的许多行为也可以通过以下方法治疗。

①奖赏。当多动症儿童出现符合规定要求的良好行为时,立即给予奖赏,使儿童感到愉快和满足,这种良好的行为就可以增加并保持下去,以至养成良好的习惯。比如,能自觉按规定的时间去做作业,就给予奖赏。奖赏的办法可以用有价的代码如硬币、筹码、五角星等为标记,而这些筹码可以换取各种奖赏物,如糖果、玩具、文具、游戏以及其他某种特殊待遇。也可以用实物来进行奖赏,使儿童懂得奖赏的价值和如何去争取这些有价值的奖赏。同时应规定在不良行为出现以后,要退还或减去原来的奖赏。此方法可以使儿童巩固和保持符合规定要求的良好行为,这是一种阳性的强化方法。

②塑造。这是培养新的符合规定良好行为的一项技术。新行为的塑造需要有一个过程,要选定需要塑造新行为(即靶行为);将

第四章 精神心理障碍导致的儿童学习困难

新行为分成若干步骤,每一步骤的实施,确信儿童能完成;选择对儿童具有吸引力的有效强化物,或物质社会、奖赏,当有良好行为出现时,立即给予强化;精心安排塑造程序,促成新行为的形成有很大的可能性,训练时间要适当,避免疲劳;当前一步骤已经完成后,方可做下一步的训练。如要求多动症儿童每天保持5分钟专心练字,可以从短时间(如5分钟)开始,逐渐延长,先由父母陪练,以后由儿童独立完成。先要求写一定量的字,以后再要求把字写好。当儿童按规定完成时,就予以奖励,以巩固成绩,这样持之以恒,可以促进儿童注意力的发展。塑造还可用于教育儿童,养成自我服务、人际交往或社会技能等各种新行为的发展。

③契约。这是多动症儿童与父母之间约定的行为条约。当儿童完成契约规定的任务后,立即给予奖赏和某些特殊的待遇;如果儿童没有完成契约要给予处分;如又完成契约后应给予奖赏。契约一般应规定时间和范围,当达到期望行为后,契约立即终止。比如,多动症儿童常常不能按时完成作业,或不能按时回家,可与儿童订立契约,每日必须在某时间内做完作业、回家。先规定为1周时间,如果在1周时间内每天都完成,契约即可以终止,另外再订立新的契约。行为契约可以矫正多动症儿童的注意力不集中,学习困难以及其他行为问题。

④鼓励。可以使多动症儿童自愿地主动地学习新的行为。鼓励一般以精神、语言刺激为主,随时可以进行。例如,多动症儿童主动把自己的书本整理好,或自觉地参加某项家务劳动,或能按父母的要求去做某件事,父母应立即用赞赏的语言加以鼓励或表示满意和愉快的心情,予以激励,以增加新行为产生的可能性。

⑤模仿和教育。儿童的新行为都是通过学习而获得的,从日常生活中的谈话、活动、学习中不知不觉地学习到许多行为和习惯。父母是儿童最早最直接的老师,父母对儿童的教育有着不可推卸的责任。对儿童必须随时进行教育,使他们懂得应该做什么,

不应该做什么,逐渐养成良好的行为习惯,在养成教育中父母的榜样作用是十分重要的。父母的一言一行,极易被多动症儿童模仿,特别是不良行为学习得更快,如果父母可以以身作则,做好榜样,儿童在父母的身教言传下,就可以模仿养成各种良好的行为。

⑥取消奖赏。当优良行为的出现后所获得奖赏,一旦行为消退或出现不良的行为时,应取消奖赏。如多动症儿童常不按时完成作业,就要按规定扣除奖励,使儿童将优良行为保持下来,反复多次,可以使其变成良好的行为。但有时可以出现对奖励失去约束力,不理会奖励导致旧病复发,这时就应该取消奖励,而考虑采取其他措施。

⑦处罚。对不良行为的结果和表现,给予不愉快的刺激,使其减少或消除不良行为。但处罚是使不良行为受到暂时抑制,一旦没有了处罚,不良行为又可重演。正确的处罚方式有以下几种:让儿童孤立在一处或独坐房间一角,一般时间可以在5分钟左右即可;采取对儿童不满意的态度使他们明白有了不良行为,可能失去父母的喜欢;停止某项游戏或奖品,以表示惩罚,不能采用训斥、恐吓或打骂等粗暴方式。其粗暴方式往往起不到效果,反而又造成儿童的逆反心理和怨恨情绪。处罚可以用于多动症儿童的破坏性行为、刻板行为、攻击行为、自伤行为。

⑧消退。原来强化的行为停止强化,使儿童应答减少,从而减少不良行为的发生。如多动症儿童任性、发脾气,往往由于父母的关注而使其不良行为得到强化,所以在治疗中,应努力寻找产生不良行为的强化因素,针对该因素,给予减少对其注意,使其不良行为减少。

⑨批评和劝告。对多动症儿童的不良行为,用语言提出劝说或批评,明确指出不良行为的错误,用说理的方法使儿童了解自己的问题,并掌握解决问题的方法,从而使不良行为减少或消除。这种方法由于较温和,不易使儿童产生逆反心理,但效果较慢。但只

第四章 精神心理障碍导致的儿童学习困难

要坚持对多动症儿童进行反复的批评和劝说,总有一天会使其领悟,而使不良行为得到消退,不良行为一旦消退便可以较为巩固。

⑩行为疗法治疗。一个人的外部行为往往是由于人的思想和内心体验所决定的,错误的观念,不合理的信念或不精确的认知过程,可以产生适应不良的行为和不良情绪,要改变这些不良情绪和行为,就必须纠正这些错误的、不精确的观念、信念和认知过程。认知行为疗法就是用来纠正多动症儿童的这些不合理的、消极的信念,使儿童的行为和情感得到相应的改善。认知疗法可以用于多动症儿童的紧张、焦虑及冲动性行为,以及注意力不集中。在认知疗法的实施过程中,心理医生应与儿童及其父母共同找出儿童的不良认知,并指导训练或学习等方法来纠正错误的认知,使儿童的认识更接近现实和实际,从而改善其心理障碍。多动症儿童往往伴有继发学习困难,儿童的父母总认为儿童不用功,不肯学习,儿童自己也觉得不如其他儿童聪明。而实际上,多动症儿童是由于存在注意障碍,造成思想不集中,学习不专心。所以,要克服学习困难,必须从改善儿童的"注意品质"着手,这样就能提高学习效果。通过行为治疗的手段,使其不良行为得以纠正。

⑪自制力的训练。多动症儿童的自我控制能力差,所以对多动症儿童自我控制能力的训练是治疗多动症儿童的一种方法。训练时,应帮助儿童认识多动症行为问题的性质;帮助儿童选择最有效的方法,从事自我控制能力训练;实施解决问题的最佳方法;对实施情况进行评价;为显示自控能力进行自我强化。具体可分为3个步骤。第一,帮助多动症儿童认识多动症的性质和进行学习自我控制能力的方法。向儿童讲解儿童多动症的性质、病因、诊断、治疗和预后。使儿童认识到多动症对他们日常生活和具体行为的危害。使儿童树立信心,相信多动症是可以矫正的,并积极鼓励他们努力克服自己的缺陷。第二,增强儿童解决问题的主动性和能力,如把作业按难易程度,分别进行训练,逐渐增加作业练习

的难度,按儿童个体的能力选择合适的教材,提供系统的复习材料。还可以教会儿童如何做作业,如明确了解作业的要求,估计自己相应的知识,思考解决问题的一切可能性,评价和解决问题的效果,仔细检查作业。在此基础上,应鼓励独自解决问题,克服消极方面。把儿童看成是问题的"主人",避免儿童对训练者过分依赖,反对刻板地、模仿地教育方法,鼓励儿童的创造性,对正确的行为要加以鼓励,并可以实行物质奖励,帮助儿童区别是由于粗心所造成的错误,还是由于真正对问题的不理解所造成的错误。对儿童的注意涣散或其他不良行为,提醒他们引起注意,提醒儿童不要过多说话,提醒儿童要深入情况或问题中去探讨,不要降低标准来衡量自己的成绩。第三,教会解决问题的特殊方法,包括增强注意力的方法,即利用电影、电视技术来提高儿童的注意力;对于突出的问题重点加以注意;对影响注意的危险因素进行分析,并加以克服;仔细听取主要的信息资料;直接增加自我控制能力和提供有关的技巧,即教会儿童养成静坐思考问题的习惯,直到问题解决为止;为儿童提供专用的场所,保管有关资料和用品,便于儿童应用;准备专用笔记本,以记录课堂布置的作业;记录有关事情和作业,每日把作业本、书籍、衣服等必需用品收拾好,以便次日取出来使用。帮助儿童提高警觉的方法,即在学习中保持警觉状态;教育儿童命令自己保持激励和镇静状态;建议在集中精力的学习期间,进行有益的休息;儿童可应用兴奋法来对抗疲劳。

13. 家庭治疗

(1)家庭疗法的目的

①帮助多动症儿童的父母正确认识多动症的性质。多动症不是儿童的天性,而是一种病态心理;不是儿童故意行为,而是一种无法自控的病态表现;不是一种急性、短时的病态过程,而是一种慢性、长时的病态过程;不容易自然痊愈,但可以用药物、心理等综合疗法治愈。所以多动症儿童父母应树立治疗信心,加强心理承

第四章 精神心理障碍导致的儿童学习困难

受能力。

②协调各成员之间的关系,找出建立良好关系的方法。

③帮助保持家庭的和睦,宽松和充满希望的情绪,克服悲观失望的心情。

④教会父母正确教育子女的方法。因为教育方法不得当是造成多动症的重要原因。

(2)家庭治疗方法

①协调好家庭之间的相互关系。多动症儿童较一般正常儿童难管教,因此在培养、教育、指导和管理方面要花更多的精力和时间;从多动症儿童的实际出发,不要过高要求,也不能像正常儿童那样严格;不切实际的要求不但达不到目的,反而造成多动症儿童的心理压力,使父母及儿童的关系更为紧张。

②安排好作息时间。生活要有规律,按时作息,适当安排文娱及户外活动,父母要花时间和精力来管教儿童,以便对发现的问题予以纠正;对过多地看电视、打游戏机要加以限制。

③培养多动症儿童注意力和独立活动能力。根据儿童的年龄安排学习内容,创造安静的学习环境,逐步培养他们静坐下来,集中学习的习惯。培养独立活动和自我服务的能力,如:穿衣、起床、洗漱、家务、写字及看书,应一项一项练习。父母应鼓励其独自活动,并逐渐延长学习和独立活动的时间。

④建立奖励制度和处罚制度。对多动症儿童的每一点进步都要给予奖励,如按规定完成学习任务和独立活动的表现良好,可以给予适当的奖励。如果未完成学习任务,就应给予适当的处罚。鼓励可以使儿童服从管理,减少任性行为。对不良行为或不服从管理的儿童,也要给予适当的批评或处罚,如扣去已得的奖金或暂停某种娱乐。对多动症儿童要宽严适当,以奖励为主。

⑤发现儿童的特长及爱好。多动症儿童智力并不低下,某些方面甚至超过一般儿童,父母要善于发现儿童的爱好及特长,因势

利导,让其充分发挥自己的特长,培养他们的学习兴趣,使他们主动地自觉地去学习。

⑥加强父母的自身修养。儿童的许多行为、个性、爱好都来自父母,父母必须以身作则,做好榜样,要求儿童做到的,自己首先做到。家庭成员之间要和睦相处,不互相争吵、指责、甚至打骂,要创造良好的家庭环境,使儿童具有安全感和温暖感。

⑦加强同老师及医生联系。经常与老师保持联系,可了解儿童在学校的表现,听取老师的意见,使老师了解多动症儿童的特点,不过分责备及苛求父母和多动症儿童。父母必须与医生及时联系,定期带儿童去医院检查,反映治疗情况并提出对治疗的疑问,取得医生的指导和帮助。

14. 老师对多动症儿童的管理

(1)培养多动症儿童的注意力

①培养学习的自觉性。清楚自己学习的目的和学习意义,儿童一旦养成了学习的自觉性,就会表现出对学习的热情,产生积极主动的学习态度,使其保持高度的注意力去参加学习。培养儿童学习自觉性可用启发方式进行,讲解具体事例,如读书写字可以学会写信看报,可以参加工作,可以发明创造,可以对社会做出贡献。使儿童抱着一种向往的心情进行学习。

②明确学习的具体目标和任务。提出每一节课,每一作业的具体内容和要求。提出的要求要明确,任务要具体,这样很容易引起儿童的注意,对要求完成的学习任务应有专用本记录下来,以防儿童遗忘,也便于父母督促检查完成作业情况。

③培养儿童持久的学习兴趣。兴趣是产生和保持注意力的源泉。儿童对感兴趣的事就去注意,不感兴趣的事就不去注意。在刚上小学儿童主要以直接兴趣为主,儿童对学习的过程,对学习的外部活动比较感兴趣,如听课、阅读、写字、而不注意学习的内容和结果。从小学三年级起,儿童从直接兴趣向间接兴趣发展,开始喜

第四章 精神心理障碍导致的儿童学习困难

欢比较新的,需要开动脑筋,独立思考的作业,如喜欢做应用题而不愿做演算题,愿讲解而不愿抄写等。在学习上不只要求识字、阅读、演算,而要求知识的完整性和系统性,并且逐渐与将来的理想联系起来。由于间接兴趣的发展,对目前无直接兴趣的内容及活动过程,甚至是枯燥无味的也能保持高度注意。提高儿童兴趣的方法,可以用自己的行为、语言、形象、实验、图表及模型等多种形式和方法,吸引儿童对学习的直接兴趣更应把学习的意义和将来的用处联系起来,培养儿童的间接兴趣,使能保持长久的学习兴趣,自觉地集中注意力进行学习。

④培养儿童的组织性和纪律性。要想注意力集中,专心听课,需要有严格的组织性和纪律性,一个组织性、纪律性差的儿童常常会把注意力分散到学习以外的地方去,影响对所学内容理解和吸收。主要应做到以下几点:上课不迟到,听课不说话,发言要举手,坐姿要端正,不做小动作,按时完成作业,遵守公共秩序,与同学相互帮助。

⑤改进教学内容及方法。对于多动症儿童,因其注意力较差,好动,要鼓励他们努力学习,对好动的儿童要多监督,布置多样化的作业。内容要适当调整,突出重点,强调基础,使儿童不感到太难。老师应改进教学方法,来吸引学生注意听课。

⑥保持适当的教学进度。学习和作业速度是使儿童上课时保持注意的重要条件。教学进度太慢,会使学生感到空余时间太多,而引起注意分散教学进度过快,也会使学生感到跟不上,难以保持注意力集中。所以,讲课的速度要安排好,不要先紧后松或先松后紧,这样都会影响儿童的注意力。学习上的疲劳也是学生不能保持注意的一个重要原因。产生学习上的疲劳主要由学习负担过重、学习单调、学习时间过长3种原因造成的。所以,应采取措施防止疲劳,如老师不要使学生学习负担过重;老师讲课时尽量生动有趣,防止单调的课程;作业不要布置过多。做家庭作业时,父母

 怎样帮助学习困难的孩子

应允许儿童每30分钟左右稍事休息或进行几分钟的活动,听听音乐,看电视等,轻松一下紧张的学习情绪,然后再继续做作业,以防过度疲劳。

(2)课堂管理:老师对多动症儿童要求应适当,不能与一般同学那样严格要求,在学习过程中要重点突出,抓基本内容,不再增加额外负担。老师对多动症儿童良好的和进步的行为要予以鼓励和表扬,增强他们的信心;对其不良行为,应给予适当的处分和批评。如不遵守课堂纪律时,可令他站立听课几分钟,或没收他的玩具或给予口头警告。但处罚时不能羞辱和取笑儿童,更不能谩骂或殴打儿童,以防产生逆反心理和不良后果。对多动症儿童进行课堂管理的方法主要应注意以下几点。

①上课前由老师找多动症儿童谈话,提醒他们注意自己的行为,反复讲清道理,要求他们专心听课。

②安排多动症儿童坐在教室的前排或老师可以看到的地方,尽量减少他们的分心和额外的刺激。

③改进教材内容,提出适当要求,提供非文字性强化方式,如电化教育、幻灯图片等。缩短作业时间,提高学习成绩和学习兴趣。

④采取适当的行为矫正,可用标记方法,如代价券,记分牌和五角星,按规定计分,进行正性强化。就是有良好的行为给予鼓励,有不良行为时给予惩罚,使他们能保持静坐,完成作业,遵守规定等。

(3)课外管理:多动症儿童在课外活动时,特别是在运动场,休息室、娱乐厅或汽车上等无拘无束的地方,容易与同学争执和行为过火。他们也知道要遵守公共秩序,但在错误行为的刺激和压力下,无法控制自己,而对同学有攻击行为或扮演小丑的角色。因而应向全社会及老师同学宣传多动症常识,了解多动症儿童,并在课外活动中密切监督,阻止多动症儿童产生错误行为。对多动症儿

第四章　精神心理障碍导致的儿童学习困难

童不歧视,在发生纠纷时,以公正态度,妥善处理防止矛盾激化,这样可以使多动症儿童治疗取得更好的效果。

(4)特殊教育:多动症儿童的智力一般并不低下,不应该把他们送到低能学校或特殊学校中去。针对他们的主要问题,包括注意障碍、缺乏自控力,应选择适合多动症儿童的教育内容,安排适宜的环境。特殊教育主要应包括以下内容:

①教学内容要突出重点,抓基本训练,要求不要过高。

②布置作业要明确,减少不必要的内容,写作业和上课的时间可适当缩短,上课的形式可生动多样,多配合图片、实物,让他有更多动手或演习及发言的机会,如课间背诵、朗读、黑板上演练、模拟考试等。这些特殊训练比较适合多动症儿童,易引起他们的兴趣和注意。

(5)社会能力训练

①社会技巧训练。帮助多动症儿童学习实际社会技巧,让多动症儿童加入学习小组,参加小组的游乐活动,相互交谈,接受奖励和批评。训练内容包括解决争斗的技巧,直接指导玩乐,概念的解释、观察、录像等。

②认知技巧训练。帮助儿童健全思维,以便解决好人际关系问题,包括认识的存在问题,选择解决的办法;正确对待他人;分析决定和选择产生的后果,评价最佳解决办法。其结果可以解决实际人际关系问题,使得儿童参加新的团体,解决同伴间的争论,接受他人,以及应对不良感受或失望、愤怒等。

③课堂社会能力的培养。这种能力的培养,不要只限于有行为问题的多动症学生,要以全体学生为对象。所以多采用集体治疗的方式,使得多动症儿童发展社会技巧,遵守团体行为规则。促进全体儿童的相互关系。训练内容:介绍学习课程和学校的其他限制,小组成员讨论普遍关心和感兴趣的问题,如电视、电影、体育及爱好。在集体心理治疗小组的基础上,组织各种娱乐活动小组,

如体育队、舞蹈组、美术组,以使相互交往和学习,有利于多动症儿童社会能力的发展。

(6)正确对待:多动症是一种心理疾病,是在认知、情绪、自制力、意志和人格等方面异常,他给儿童及周围人带来一定痛苦和影响,所以要正确对待多动症儿童。

家庭和学校是儿童发展的关键场所,对多动症儿童起着重要治疗作用。家庭成员及老师、同学都应该给予多动症儿童理解、同情、温暖、爱护和关心。给他们以帮助,使儿童有信心克服困难,坚持治疗,战胜心理障碍。

对一些症状不严重,在学习及行为上没有产生明显障碍的儿童,可以在教育方法、心理治疗、行为矫正方面进行纠正;如果已明显产生学习及行为障碍者应配合药物治疗。

可根据多动症儿童智能高低、病情轻重,提出不同要求,父母不要相互攀比,老师也不应要求所有的同学都获得高分,只要儿童在原有的基础上有所进步就应鼓励。

多动症是终身存在的心理障碍,对集体生活及学习不适应,父母对这些儿童的心理素质应有所了解,在心理医生的指导下进行心理治疗,加强家庭教育,使其减轻症状,以适应学校生活。父母应该言传身教,提高自身素质,搞好家庭教育,良好的家庭教育,可以使多动症儿童减轻症状,不良的家庭教育可能会加重多动症儿童的症状。所以,在教育过程中,要求父母具有耐心及良好的自我克制力,否则会因为儿童不听话而冲动发怒,达不到管教的目的。

老师在教育方法上要避免过度疲劳,帮助学生提高学习效率,科学安排课程,改变教育方法,使教学内容生动有趣,建立合理的作息制度,使多动症儿童提高注意力持续时间,对学习产生兴趣。

15. 中医治疗

中医理论认为,儿童多动症属于失聪、健忘、痰阻的范畴,主要因为儿童先天不足,禀赋虚弱,后天失养,阴阳不调极易造成脏腑

第四章 精神心理障碍导致的儿童学习困难

功能失常。阴阳不调,容易导致心肾不足,神志失充;后天失养,脾失健运,可致脾肾不足、阴虚阳盛。多动症的实质为心、肾、脾不足,阴虚而阳盛,出现神不灵、魂不安、意不固、志不坚的症状,主要以虚证和里证为主。

(1)中医分型

①脾肾不足,肝阳上亢。主要表现为心神不宁,多动多语,冲动任性,急躁易怒,难以自抑,神思涣散,注意力不集中。有时表现为乖僻莽撞,少于谋虑与技巧,少寐多梦,梦游梦呓,口干咽燥,盗汗,喜食冷饮,指甲、发泽不荣,两颧红,舌质红,少苔或无苔,脉细数或弦细。应滋肾阴,潜肝阳,宁神益智,可用孔圣枕中丹(千金要方)治疗。

②心气虚。主要表现为精神疲乏,记忆力差,心神涣散,注意力集中或短暂,活动过多,无目的性。有时还表现为心悸气短,自汗,睡眠不宁,多梦或夜惊,时或头晕,面色㿠白或萎黄,舌质淡,苔少或薄白,脉虚或细弱。应养心、益气、宁神。可用养心汤治疗。

③气阴两虚。主要表现为神思涣散,注意力不集中,语多易动,自汗盗汗,咽干口渴。有时还可以表现为肢软少力,神疲气短,虚烦少寐,多梦易惊,五心烦热,颧红面白,舌质嫩红,缺少津液,舌苔干燥或有裂纹,脉细无力或数。应益气养阴,宁神定志,可用甘麦大枣汤加味治疗。

④心脾两虚。主要表现为多动不安,上课不能专心听课,注意力涣散,小动作多,形体消瘦或虚胖,言语冒失无礼。有时还可以表现为失眠、健忘、记忆力差、自汗、偏食、纳少、面色不华、口吃,舌淡红,舌苔薄白,脉细弱。应养心安神,健脾益气,可用养心汤和甘麦大枣汤加减治疗。

⑤心肝失调。主要表现为冲动任性,好惹恼人,注意力涣散,上课不专心,小动作多,无自控能力,学习成绩低下。有时还表现为:睡眠少睡眠不安,多汗,大便干,可有鼻出血,舌质偏红,舌尖

红,苔薄白或无苔,脉偏细数或稍弦。应滋肾阴,益肾气,开心窍,通心气,补血疏肝,可用六味地黄汤和逍遥散加减治疗。

⑥脾气不足,痰浊内阻。主要表现为神思涣散,注意力不集中,神疲乏力,多动多语,形体消瘦或水肿。有时还可以表现为食少纳呆,呕吐痰涎,胸脘痞闷,多梦失眠,记忆力差,舌质淡红或淡胖,苔薄白略腻,脉滑或缓。应健脾益气,化痰开窍,宁心益智,可用开心散治疗。

⑦瘀血内阻,脉络失养。主要表现为冲动任性,好惹人恼怒,动作过多,注意涣散,思想不集中,学习困难,神情不定,有脑损伤史。有时还可以表现为毛发不荣,青筋显露,面色晦滞,好发脾气,舌质偏暗,苔少,脉细涩或沉涩。应活血化瘀,养血生精,宁神益智,可用祛瘀静神汤治疗。

⑧温热内蕴,痰火扰心。主要表现为烦躁不安,多语多动,冲动任性,无以自制,神思涣散,注意力不集中。另外,还可以表现为:胸中烦热,面红口干,尿黄短赤,大便干结,口舌生疮,舌质红,苔黄或白厚腻,脉滑数。应清热利湿,化痰宁心,可用黄连温胆汤加减治疗。

(2)常用的中药方剂

①孔圣枕中丹(千金要方):方剂组成:龟版(酥炙)、龙骨(研末,鸡腹中煮1夜)、远志(去心苗)、菖蒲(去毛)。共研成末,每次服3克或作为汤剂,水煎服。用量根据病情酌定。主要治疗肾阴不足,肝阳偏旺。

②养心汤(证治准绳)。人参(或党参)12克,黄芪12克,茯苓、茯神、当归、川芎、柏子仁、酸枣仁、远志、半夏各9克,肉桂、五味子、甘草各6克,生姜2片,大枣6枚。水煎服。主要用于治疗心气虚证。

③甘麦大枣汤(金匮要略)。甘草9~15克,小麦30~60克,大枣9~10枚。水煎服。主要治疗心气阴虚两证,与养心汤加减,

第四章 精神心理障碍导致的儿童学习困难

治疗心脾两虚证。

④开心散(医宗金鉴)。石菖蒲30克,茯苓60克,远志75克,人参75克。共研成细末,每次口服3克,日服3次,食后米汤调下。主要用于治疗脾气不足,痰浊内阻。

⑤黄连温胆汤。陈皮、半夏、茯苓、枳实、石菖蒲、郁金、厚朴、黄连、连翘、竹叶、滑石、甘草。主治温热内蕴,痰火扰心。

(3)针刺疗法:在人体特定穴位应用针刺疗法,达到疏通经络,调整阴阳,治理心肾,健脑宁神的目的。主要穴位为内关、太冲、大椎、曲池,另外可根据不同症状来配其他穴位。

①有注意力不集中时,配百会、四神聪、大陵。

②活动过多配安神、安眠、心俞。

③烦躁配神庭、照海,以少而精为原则。治疗方法:采用快速进针法,均用深斜法。年龄较大者可改用电针,针刺后即用梅花针叩刺背部夹脊,膀胱经,督脉穴,以叩至皮肤潮红为度。隔日治疗1次,10次为1个疗程。

(4)穴位按摩:选取百会、率谷、风府、神庭、天柱、心俞、肾俞、关元、合谷、神门、足三里、三阴交、涌泉等穴位。每次每穴按摩100次左右,最好能达到酸、麻、胀沉或轻痛等感觉,10日为1个疗程,一般用5~10个疗程。

其他可供按摩的穴位有:

①主穴为太冲、大椎、曲池。配穴为百会、四神聪、大陵、心俞。

②主穴为三阴交、太溪、太冲、绝骨。配穴为神庭、照海。

③主穴为三阴交、神门、足三里、绝骨。配穴为百会、大陵。

④穴位选取心俞、大陵、神门。

⑤主穴为中脘、丰隆。配穴为内关。

⑥主穴为太冲、内关。配穴为神门、百会。

⑦穴位为大椎、内关、丰隆。

⑧穴位为肾俞、关元。

⑨穴位为神门、三阴交。

⑩主穴为风府、风池、间使、上星、足三里、太冲。配穴为气海、膈俞。

其中,治疗肾阴不足、肝阳偏旺,可针对小指、食指末端的螺纹面,医生以拇指分别由指根向指尖方向直推小指螺纹面,反复100～500次。此方法对心气不足引起的注意力不集中,善惊易怒等症状具有良好的效果。

治疗心气阴两虚,可针对拇指、无名指末端的螺纹面,医生以拇指分别由儿童的拇指桡侧向掌根方向直推,沿顺时针方向旋推无名指螺纹面100～500次。治疗心脾气虚,可针对拇指末端螺纹面。操作:术者以拇指向掌根方向直推儿童拇末端螺纹面;旋推中指末端螺纹面100～500次。治疗肾气虚,可针对小指末端螺纹面或前臂桡侧阳池至曲池连线,医生以拇指末端直推小指末端螺纹面向根部推100～500次,或以拇指桡侧面,自儿童的腕部沿合谷至曲池连线向肘部推100～300次。

治疗脾气不足,痰浊内阻,可针对按摩中脘5分钟,揉脐5分钟,按揉足三里穴20次。健运脾胃之气可以按揉天突穴15次,化痰顺气,配合开天门法(即推攒竹)20次,以宁心安神。隔日治疗1次,15次为1个疗程。治疗湿热内蕴,痰火扰心,可在手掌面以掌心为圆,以圆心至中指横纹约2/3处为半径作为圆周,医生以拇指沿上面的部位顺时针方向做弧形或环行推动。

治疗瘀血内阻可分别用拇指自上而下推攒竹穴30次,然后用拇指向眉梢分推坎宫穴30次。同时配合轻揉双侧太阳穴各20次。也可用食指与中指的指面自上而下直推大椎至长强穴(即脊柱),每推50次。

(5)耳穴治疗:中医学认为人体的耳朵与身体各脏器具有相互联系,相互影响的关系,通过对耳穴的刺激,可以促进大脑皮质的觉醒和兴奋功能的平衡,改善皮质活动功能。

第四章　精神心理障碍导致的儿童学习困难

选取心、肝、肾上腺；肾、神门、皮质下；脑点、心兴奋点。以上3组穴位轮流使用，每次治疗均取双侧穴位，3日轮换1次，1个月为1个疗程。备好王不留行，橡皮膏，剪刀，钝大头针，将橡皮膏剪成5～6厘米见方的小块，上面放1粒王不留行备用。经大头针在所选用的穴位附近轻轻点按，找到压痛点(穴位)上重压一下，使该处出现凹形圆点，以橡皮膏上的王不留行对准凹点贴上。用手指压按王不留行，感到疼痛即可。嘱父母每天在穴位上用食指、拇指前后相对按压王不留行，每日3～4次，每次2分钟。或取耳穴兴奋点、脑干、皮质下、肾。方法与上面相同。取王不留行用胶布贴在耳穴上，每周2次，左右交替，每日按压至少3次，每次0.5～1分钟，15次为1个疗程，治疗3个疗程，疗程间休息2周。

16. 饮食疗法

多动症的发生与饮食有密切的关系，以下食物容易引起及加重多动症的症状：①食物中缺乏多种维生素，微量元素如锌、铁等；②食品中的人工色素、添加剂、防腐剂、调味剂等过多；③含有甲基水杨酸类食物，如西红柿、苹果、橘子等食品；④食用胡椒面、辣椒等调味品过多；⑤饮食中的氨基酸过多，特别是酪氨酸和蛋氨酸过多；⑥过多地食用糖类和饮料、糕点、饼干等食物，如果停用以上食品后，症状可以缓解或好转，由此可见改善多动症儿童的饮食及营养，给予儿童平衡膳食，可以促进儿童大脑的营养和发育，有利于控制多动症儿童的病情。一般认为，多动症儿童的饮食应选择高维生素、高蛋白、和高磷脂食品，如蛋、瘦肉、动物脑、心、肝、肾、鱼类和其他海产品，以及大豆、玉米、新鲜蔬菜、水果等。因此，多动症儿童可以应用食疗进行治疗。

(1) 鱼鳞膏：将青鱼、草鱼或其他具有较大的鱼鳞片的鱼洗干净，加清水500毫升，煮沸15～20分钟，捞去鱼鳞，鱼鳞汤冷却后结成膏状。食用时可稍加酱油、香油凉拌，也可以加糖，放入冰箱片刻，作为冷饮能补脑强身。

(2)虾壳汤:虾壳15克,石菖蒲、远志9克,水煎服,每日1次,久服有效。

(3)猪肉莲子汤:瘦肉75克,莲子30克,百合30克,共放沙锅内加水煮汤,调味食用,每日1次,连服。

(4)参蛋汤:太子参15克,大枣15枚,鸡蛋2枚。置锅内加水同煮,蛋熟后取出去蛋壳,再加入同煮片刻,即可以吃蛋喝汤,每日1次,久服可见效果。

(5)泥鳅炖豆腐汤:泥鳅500克,白萝卜250克,豆腐250克,加食盐少许,水适量,炖熟后食用。

(6)三七脑髓汤:用新鲜猪脑或羊脑1具或半具,三七粉3克,加少许食盐、葱、姜蒜等调味品,隔水炖熟,当菜吃。

(7)甘枣麦片汤:枸杞子12克,甘草6克,大枣15克,煎煮20分钟,滤汁,留大枣,加燕麦片20～30克,煮成粥,作早餐,可以常服食。此粥加枸杞子后可以养心补肝,可以对多动症起辅助疗效。

(8)灯芯花鲫鱼粥:灯芯花4.5克,鲫鱼(100克左右)1～2条,陈皮3克,白术30克,煮成稀粥服用。

(9)归芍炖甲鱼:当归10克,赤芍10克,甲鱼1只,先用热水烫甲鱼,使其排尿后,切开洗净其肠,然后将甲鱼肉连壳一起与当归、赤芍放沙锅内,加水适量,炖熟食用。

(10)狗肉黑豆汤:狗肉50克,黑豆20克,将狗肉洗净切块,与黑豆同煮汤服用,隔日1次。治疗肾气虚所致的多动症。

(11)宁心补血汤:熟地黄15克,竹叶12克,莲子3克,3味放在布袋中与猪肝50克同煮30分钟,取出布袋,加食盐少许,食肝喝汤。用于心肝血虚,睡眠不安,小便短赤者。

(12)芡莲大枣汤:莲子肉20克,芡实15克,大枣12克,同煮烂,加少许白糖,作早餐或点心。用于睡眠不安,遗尿者。

(13)竹笋荸荠汤:竹笋15克,荸荠9克,红糖适量,水煎炖汤,每日1次,连服数日。用于湿热内蕴,痰火扰心等症状。

第四章 精神心理障碍导致的儿童学习困难

(14)桂圆汤:桂圆肉500克,白糖50克,将桂圆肉放碗中加糖,反复蒸晾3次,使色泽变黑,将桂圆肉再拌少许白糖瓶装,每日服2次,每次4～5颗,连服7～8日。

17. 预后

(1)多动症的自然预后:以往一些学者着眼于"多动"这个症状,看到许多多动症儿童成年后多动症状好转,因而认为儿童多动症到成年后可以自愈。如Hussey调查某校二年级学生322名,发现多动症儿童64名,至五年级时,只剩下14名,仅为原数的21.8%。但是,多数学者认为多动症的预后不可乐观,只是多动症状有所好转,而其他症状并未见变化,如注意力不集中,冲动任性等症状大都会持续到成年,甚至延续终身。Mendson报道,未经治疗的多动症,2～5年后有77%的儿童,仍然有注意力不集中,有半数还有一些品行障碍,如偷窃、斗殴,其中有2/3的儿童被父母认为无可救药;15%的儿童有纵火行为;15%的人有酗酒行为。Menkes调查了11例多动症儿童25年来的变化,其中4例最终被诊断为精神分裂症,2例为精神发育迟滞,仅有5例能独立生活。Gross报道了33名未经治疗的多动症儿童,其中以学习困难为主的13例,预后较好,7年后只有3例显得较为迟钝,另外20例主要是以行为问题为主要表现的多动症,7年后有9例表现较好,其余留有较多的行为问题,自愈者不到半数。Borland对20例4～11岁的多动症儿童成年后的情况作了调查,并与他们的兄弟做对照,结果发现这些多动症儿童在成年后表现正常,只是社会适应能力较差,人际关系不良,容易与周围人发生争执,婚姻问题较多,表现为在个性方面的问题,这些患者可以称之为成人多动症。Larfer和Mocarthy曾报道48例多动症治疗后的随访,23%的儿童用药5年以上,其中76%的患者在大学学习或已经毕业,30%的患者遗留有个性问题,8%患者有嗜酒,5%的患者易冲动。

(2)预后的相关因素:多动症的预后与儿童本身病情轻重程

度,是否进行了系统治疗以及有无良好教育有关。大多数多动症儿童症状较轻,随着年龄的增长,自制力的增强,成人后可以表现为正常,也可能在性格上遗留某些问题,如注意力不集中,冲动,固执,社会适应能力和人际关系较差。但对这些儿童进行早期干预,及时治疗,加强教育,改善环境,可以对多动症状缓解有着较好作用。

综合起来,儿童多动症的预后与下列因素有关:

①只有注意障碍而无严重的行为问题者预后较好。

②父母的文化水平高,父母的心理素质好,家庭学校教育好,环境较好症状则轻,预后好。反之症状加重而预后差。

③家族成员中有精神病史,有智力低下,性格怪异者,父母离婚及破裂家庭,有酗酒、嗜赌、吸毒、攻击行为的犯罪者预后较差。

④较长期坚持适当药物及心理治疗的儿童,比未进行治疗者预后好。

(3)违法犯罪:青少年犯罪除了有外界的因素外,还有一定的内在因素,如对自己的行为缺乏自我控制及约束能力,并具有一定的冲动性。美国1982年有一项报道,认为青少年犯罪,可能与多动症有关,观察是对110例多动症男青少年和88例正常男青少年进行比较,观察8~10年,比较两组的被捕率。结果高阶层被捕率分别为52%和2%,中阶层被捕率分别为36%和9%,低阶层分别为58%和11%;多次被捕率高阶层分别为28%和0%,中阶层分别为25%和0%,低阶层分别为45%和6%,两组差异非常显著。美国的另一项研究报告:有103例在儿童期诊断为多动症的16~23岁的男性与100例正常男性进行比较,发现被捕率多动症组为39%,而对照组为20%;被判罪者,多动症组为28%,而对照组为11%;进过监狱者,多动症组为9%,而对照组为1%。说明多动症儿童成年后犯罪率比正常儿童明显增高。1985年,有一项长达10年的研究观察,发现多动症儿童有48%的人有反社会性人格改

第四章　精神心理障碍导致的儿童学习困难

变,而对照组只有20%。所以有人提出,患有多动症的儿童会聚集成犯罪集团,他们中的一些人,在家庭和学校中受了委屈和冷落,会在行为上发展为具有攻击性和反社会性行为。患有严重多动症的青少年,常有学业荒废,社会适应不良,情感幼稚、冲动,缺乏自尊,相互斗殴。有的表现为焦虑和人格障碍、酗酒、吸毒、挥霍浪费、犯罪,甚至屡教不改。

18. 多动症的实质

(1)正确认识多动症:多动症是儿童心理障碍所表现出来的一个突出的症状群,核心问题是缺乏自制力,注意力无法集中,智能虽不差,但有学习困难,行为不能自制,给人以多动、顽皮的印象。由于情绪的不稳定,表现为冲动性,由于感觉及认知的障碍表现为导致语言、书写、计算等发生障碍,给人一个愚笨的感觉。所以他们往往被人们认为"愚笨"、"品德不好"、"差生"、"双差生",有人甚至说他们有"神经病"。他们常常被老师训斥,给予换位子、罚站等处罚。由于不守校规干扰他人,上课时被推之室外,甚至留级开除。同学对他们冷落、歧视,连累父母也常被老师叫去"教训"、"警告"。这些现象都是由于对多动症本质缺乏应有的认识所造成的。所以,应对多动症要有一个正确的认识,使之正确对待多动症儿童,给予他们帮助。

(2)多动症的实质

①多动症是一种病态心理。活泼是儿童的天性,所以有人把多动症的多动表现看成是儿童的天性,是人格问题。目前的研究发现,多动症的多动与儿童活泼的天性有着本质的区别,而是在心理上存在一定缺陷,心理缺陷的外在表现。

②多动症是一种疾病。多动症不是儿童的故意行为,而是一种无法自控的疾病,也就是我们常说的心理障碍。

③多动症是一个长期、慢性的疾病过程。多动症的临床表现在学龄期儿童最为明显,但多动症是一个长期、慢性的疾病过程。

有的从婴儿时期开始就有了多动症的一些表现,有的患者到了成人仍残留有多动症的一些表现和后果。所以,对多动症患者需要家庭、学校、社会多方面进行长期帮助,坚持长期不断的合理治疗,以便取得良好的结果。

④多动症不会完全自愈。部分多动症儿童到了成人,多动症状明显减轻及消失,于是就误认为多动症是可以治愈的,故采取顺其自然的态度,不主张进行治疗,更不愿用药。实际上,未经治疗的多动症儿童,许多症状可持续到成人,如注意力涣散,脾气暴躁,情绪易冲动等,甚至发展为好斗殴,行为放纵,酗酒及凶杀等;有的还患了其他精神疾病。所以,多动症一般不会完全自愈,应及时进行诊断和综合治疗,促使多动症痊愈。

⑤多动症是可以治疗的疾病。多动症药物治疗可获得较满意的效果。如果配合心理治疗、教育训练,可以收到更好的效果。

⑥多动症的治疗要因人而异。多动症的病情有轻有重,发病有早有晚,治疗反应有好有差,疗程有长有短,因此在治疗上要因人而异。对病情较轻的,应以教育为主,进行心理治疗和行为矫治;对病情较重的,要以药物治疗为主,从小剂量开始,逐渐加量,要坚持治疗相当长时间,短则半年至1年,长可达3~5年以上。

六、儿童情绪障碍导致儿童学习困难的纠正

儿童情绪障碍是发生于儿童少年时期,以焦虑、恐惧、抑郁为主要临床表现的一组疾病,过去称之为儿童神经官能症、儿童神经症。由于儿童心理、生理发育年龄特点,其临床表现与成人的神经症有明显的差别。目前倾向于使用情绪障碍一词。中国精神疾病分类方案及诊断标准第三版(CCMD-3)中,对儿童的情绪障碍是这样定义的:特发于童年的情绪障碍起病于儿童时期的焦虑,恐

第四章 精神心理障碍导致的儿童学习困难

惧,强迫、羞怯等情绪异常,与儿童的发育和境遇有一定的关系,与成年期神经症无连续性,儿童精神病学中传统地将特发于童年和青少年的情绪障碍与成年神经症区分开来。

将特发于儿童和少年的情绪障碍与成年型神经症性障碍分开来有以下4种理由:

①研究发现一致显示,有情绪障碍的大多数儿童成年期表现正常,只有少数到成年期出现神经症性障碍。反之许多成年神经症性障碍患者起病于成年,没有明显的童年精神病理作为先导。因此,发生于这两个年龄阶段的情绪障碍具有不连续性。

②许多儿童情绪障碍似乎正常发育趋向的突出化,而不是本身性质异常的现象。

③儿童情绪障碍的心理机制与成年神经症可能不一样。

④儿童期情绪障碍不能明确地划归,诸如恐惧性障碍或强迫性障碍等设想为一定的分类实体中。

1. 发生率

儿童情绪障碍的发生率在儿童精神障碍中占第二位,仅次于儿童行为障碍。目前关于儿童情绪障碍的患病率报告悬殊较大,这主要是由以下原因造成的:由于儿童心理发育水平的影响,对心情表达的限制,以及调查方法的不一致。Rutter 报道,各种情绪障碍在儿童中的患病率为 2.5%,在伦敦市区儿童门诊中占 1/3,Petti 和 Mcconvitt 分别发现精神科住院儿童中5%和51%有抑郁症状。Pearce 的研究发现住院儿童中 23% 具有情感障碍和情感综合征。国内罗维报告 263 例住院儿童中 4.6% 为儿童情绪障碍。南京和北京安定医院儿童精神科门诊统计,儿童情绪障碍分别占21%和11.6%。忻仁娥从儿童的心理卫生角度进行研究,她对上海 3 000 名学龄前儿童心理卫生问题进行了调查发现,学龄前儿童各类情绪问题的发生率为 17.66%,其中包括:不愿意去幼儿园占 24.2%,抑郁倾向占 10.99%,强迫现象占 10%。南京与

成都共同进行了儿童心理和社会心理发育情况的调查,结果是南京市区儿童情绪障碍的发生率为0.8%,农村为0.3%;成都市区为6%,农村为6.99%。在各类情绪障碍中,Cynthra用定式的检查方法对73名门诊的患儿进行了检查和诊断,发现分离性焦虑为33%,过度焦虑为15%,学校恐惧为15%,重性抑郁为15%。Agras等估计儿童恐惧症的患病率为77/1000,其中22/1000的患儿对生活、学习功能产生明显的影响。美国在医院儿童部就诊的儿童中,学校恐惧症约占情绪障碍儿童的3.8%。还有一项研究,Chazan报告儿童门诊10年统计占1%～8%。Adams研究49名儿童强迫症(男39例,女10例),约占精神科门诊的1%,儿童癔症的发病率更低。

2. 病因

(1)儿童生长发育过程中各种有害因素的作用:儿童在生长发育过程中对各种有害因素反应较为敏感。在儿童时期,与其关系最密切的环境就是学校和家庭了,由于他们尚未成熟,不能独立,他们对环境,尤其是对家庭环境的依赖性强,这种依赖不仅是物质上的,而且还是心理上的,需要父母的抚爱和支持,使他们得到安全感,并有信心去面对外界环境新世界。所以,家庭环境缺陷,父母离婚,养育儿童方式不当,对儿童过分保护或过分苛求等都是影响儿童正常心理发育的重要因素,也是导致儿童情绪障碍的主要原因。儿童时期由于儿童所处的环境是经常变动的,学习、生活环境的不断变化,都客观地要求儿童迅速重新适应。另外,现代的生活方式必然引起激烈的竞争,学习负担加重,对儿童的期望值过高,职业父母工作忙碌,而对儿童忽视。缺乏亲子间的沟通与理解,教育方式的不得当。过分保护或苛求,严厉惩罚,造成亲子关系不良,前者使儿童造成社会关系适应不良,后者使儿童恐惧及回避、退缩、自卑、不安和抑郁。

(2)亲子关系:童年期亲子关系不良,可影响及导致儿童情绪

第四章 精神心理障碍导致的儿童学习困难

障碍,因而正常父母应给予儿童以安全而温暖的环境,但又不使他们依赖这种环境。一些父母一方面对儿童态度冷漠、苛刻,另一方面又让儿童依附他们,于是儿童处于这种冲突的矛盾境地。在这种状态下,儿童一遇到精神紧张就容易产生情绪障碍。

(3)遗传因素:Lader 报道出生后第一年中双生子对陌生人的恐惧反应。单卵双生子比双卵双生子之间的差异较大,单卵双生子较双卵双生子一致率明显高,这说明很大程度上与遗传有关,即使将单卵双生子分开抚养也有类似的结果。Akiskal 和 Weller 研究单卵双生子抑郁症状的同病率较双卵双生子的同病率高,儿童从小寄养给养父母的若亲生父母有抑郁症,那么这些儿童的发病率仍高。儿童的气质特征和性格特征具有明显的遗传倾向。幼儿时期胆怯、敏感或有过分依赖特点的儿童容易患情绪障碍;另外分开抚养的儿童长大后也容易导致情绪障碍;如果父母患有精神病,儿童也容易出现焦虑倾向。所以,遗传因素对儿童情绪障碍的作用较大。

3. 儿童焦虑症

(1)病因:儿童焦虑症是一组以恐惧与不安为主的情绪体验。这种恐惧与不安无具体的指向性,但总感觉到要有不祥的事要发生,有如大祸临头一般而惶惶不安。

①遗传因素。有学者报道,约15%的焦虑症患儿父母和同胞也有焦虑。在具有焦虑症状单卵双生子中,同病率为50%。有些患儿父母本身就是焦虑个性,受父母的长期影响,患儿的焦虑情绪较顽固。

②环境因素。与父母突然分离,不幸事故,亲人病重或死亡,手术。

③早期与父母分离或父母离异儿童。因体验到不稳定的家庭生活,无安全感的儿童更易发生焦虑。

(2)临床表现

①焦虑症状。焦虑儿童表现为不安,烦躁,不愉快,胆小,害怕,对环境变化敏感,幼儿焦虑时爱哭闹,不易安抚,年龄较大儿童爱抱怨。有时患儿睡眠困难,主要表现有入睡困难,睡眠浅,易惊醒。学龄期儿童可以出现学习效率低,学习困难。

②违纪行为。焦虑儿童可以出现拒绝上学,逃学,离家出走。

③自主神经系统的症状:主要为交感神经与副交感神经兴奋的症状,心悸、胸闷、呼吸加速、多汗、口干、头晕、恶心、尿频、四肢发凉、睡眠不安。

④焦虑对儿童社会功能的影响。焦虑导致儿童烦躁不安,注意力不集中,学习效率下降,学习能力及学习成绩受影响,反过来加重儿童焦虑。

⑤影响儿童人格形成。使以后儿童神经质,如过分敏感,谨小慎微,犹豫不决,退缩,抑郁。

(3)诊断:国际疾病分类方案精神疾病与行为障碍第十版(ICD-10)中,提出儿童焦虑可以有各种表现形式。

①不现实地强烈地忧郁主要依恋人遇到困难、遇到伤害,或害怕他们一去不回。

②不现实地强烈地忧郁会发生某种不幸的事件,如迷路、被人绑架、被人杀害、住院等,使得他与主要依恋人分开。

③因为害怕分离而总是不愿上学或拒不上学(不是由于其他原因或害怕学校里的事)。

④没有主要依恋人在则总是不愿或拒不就寝。

⑤持久而不恰当地害怕独处或白天没有依恋人陪同就害怕待在家里。

⑥反复出现与离别有关的噩梦。

⑦当与主要依恋人分手,如离家去上学时,反复出现躯体症状(恶心,胃痛,头痛,呕吐等)。

⑧在与主要依恋人分离前、分离中或分离后马上出现过度的

第四章　精神心理障碍导致的儿童学习困难

反复发作的苦恼(表现为焦虑,哭喊,发脾气,痛苦,淡漠或社会退缩)。

(4)治疗

①药物治疗。首选苯二氮䓬类药物,但对于长期服用者,在服某种安定类药物一段时间后,最好用另一种安定类药物治疗,防止发生依赖及耐药。丁螺环酮也具有一定疗效。

②行为治疗。可以在年龄较大的儿童中进行。主要进行放松训练和生物反馈治疗。

③支持性心理治疗。耐心倾听患儿的痛苦,对他们所诉的痛苦应表示同情,消除其顾虑,帮助他们控制自己焦虑的心情。

④家庭治疗。帮助父母认识儿童焦虑症的实质,对适应环境不良儿童,应防止太多的环境变化。让他们有足够多的时间去适应。对有焦虑倾向的父母,要帮助他们认识自己本身的个性缺陷,使之不断克服,防止对患儿产生太多的不良影响,并且在治疗患儿同时,也要对有焦虑症状的家庭成员一同采取治疗措施。

4. 儿童恐惧症

儿童恐惧症是儿童过分恐惧,患儿所害怕的事物或情境事实上并不具有危险性或者虽然有一定危险性,但其所表现的恐惧大大超过了客观存在的危险程度。当这种情绪持续一定时候,并由此而产生回避,退缩行为严重影响患儿的正常生活、学习、社交等活动,且任何劝慰解释都不能消除。由于一些年幼儿童语言发育水平低,常以其表情,动作或生理反应症状对恐惧作出反应,所以在儿童恐惧症中,儿童对恐惧的反应可用语言表达,用动作、表情表达或表现为对恐惧情境的回避,也可以表现为生理反应。

儿童恐惧情绪是儿童期最常见的一种心理现象,大多数儿童在发育的某一阶段曾有过恐惧反应。许多正常儿童在早年不仅对某些特殊事物感到恐惧,并且常常害怕多种事物。儿童期恐惧一般十分短暂,部分儿童恐惧持续的时间较久,但许多儿童恐惧不经任何处理,随着年龄的增长,恐惧自行消失。不同的年龄阶段,所恐惧的内容和对象也不同,如幼儿多见的恐惧情绪是怕与亲人分离,怕陌生人和陌生环境,怕某些动物和昆虫,怕黑暗,雷击内电,怕凶恶的面孔和怪人,而对社会情境的恐惧,则开始于青春早期以后。

(1)病因:根据恐惧的内容,儿童恐惧症可以分为对身体损伤的恐惧,如怕死,怕出血等;对自然事件的恐惧,如怕黑暗,怕动物等;对社交恐惧,如怕上台发言,怕到人多的地方等。儿童恐惧症的病因如下:

①恐惧症的形成基于经验、学习的基础上获得的。

②通过直接的经验学习获得的。

③可以通过观察别人的行为而学习获得。如儿童看到父母或家人对某种外界的刺激或情景表现为过度恐惧和回避反应时,便可以通过共鸣性的学习,对同样的刺激也产生恐惧。

④具有恐惧症家族史的儿童发生恐惧症的较多。儿童所恐惧的内容与母亲的恐惧、焦虑症状相关。因此,认为儿童的恐惧往往是由于模仿母亲的焦虑而得以加强。

(2)诊断标准:中国精神疾病分类方案与诊断标准第三版(CCMD-3)对儿童恐惧症的诊断是:指儿童不同发育阶段的特定恐惧情绪。

(3)治疗

①心理治疗。是治疗儿童恐惧症的主要方式,主要有系统脱敏治疗、冲击疗法、放松训练、生物反馈治疗。

②药物治疗。主要有非典型抗抑郁药盐酸舍曲林、氟伏沙明、米氮平可以治疗儿童恐惧症,此外还有三环抗抑郁药多塞平、氯丙米嗪,也可以服用小剂量抗焦虑药物阿普唑仑、艾司唑仑、地西泮等。

第四章 精神心理障碍导致的儿童学习困难

5. 学校恐惧症

学校恐惧是儿童恐惧症的一个类型。儿童由于不愿意与母亲分离,或在学校遭受挫折、打击或学业失败,导致不愿意去学校上学,不愿意再尝试这种痛苦体验。如果此时强迫儿童去上学,会使其产生焦虑抑郁及自主神经系统症状,产生回避这种痛苦体验的念头,久而久之使这一不良情绪固定下来。

(1)患病率:Kenndy 推测每年发生率为 17‰,Chazan 通过研究精神科儿童住院的病例,发现仅占住院儿童的 1%。Miller 在儿童精神科门诊中发现恐惧症中有 60% 为学校恐惧症。我国研究发现学校恐惧症占儿童情绪障碍的 1/10。

(2)病因

①分离性焦虑导致学校恐惧症,年幼儿拒绝上学在实际上是害怕离开母亲。

②儿童担心失败而不去学校。

③学校恐惧症是上学过程中遇到挫折,而使其不愿意到学校的行为固定下来。例如儿童在入学、转学或升学中遇到的过分严厉的老师,在学校学习或其他活动上的失败、挫折或遭到委屈、羞辱,产生强烈的情绪反应和焦虑不安心理,害怕并且不愿意再面对或重新尝试这种痛苦的经验。开始对这种情境产生回避性反应而待在家中,而使其不良情绪固定下来。此时如果母亲对儿童外出离开自己表现出焦不安,则会增强儿童的害怕和恐惧情绪。

④亲子关系不正常,母亲为慢性焦虑患者,希望把儿童留在家中做伴,儿童担心去学校后,自己的父母会遭到不幸,因此自己要求留在家中;儿童担心自己离开家庭时,会受到意外伤害;母亲害怕儿童去学校会发生不幸事故。

⑤儿童学业失败,在学校遭到挫折和侮辱,或儿童父母生病,父母离异以及家庭有某些变故。

(3)临床表现

①儿童上学时感到很勉强,很痛苦,该去上学时不去或提出很苛刻的条件,有时显出要出学校或准备到学校的样子,但一旦到学校或接近学校就逃走,坚持拒绝上学。

②有的儿童在上学日或当日清晨诉说头痛,头晕,有时可以有腹痛、腹泻、呕吐等不适,有的儿童在上学的头一天晚上就表现腹痛,以上症状在节假日不出现。

③当强制这些不愿去上学的儿童去上学时,会出现强烈的情绪反应、焦虑不安、痛苦、喊叫、吵闹等,任何保证、安抚和物质上的好处,均不能吸引他们同意去上学,有的儿童甚至宁愿自己在家受皮肉之苦也不愿去学校。

④当他们在家时,看书或和伙伴游戏时一切正常。

(4)类型:学校恐惧症在临床上可以有两种类型:神经症型和人格障碍型。神经症型主要有以下特点:①儿童性格执拗,紧张,并且表现黏滞,但在社交和智能方面表现良好。②儿童常常表现为胆怯、害怕、恐惧、害羞、缺乏自信。③发病次数为首次发病。④多在星期一发病。⑤急性发作。⑥低年级常见。⑦曾有过要死的语言。⑧母亲健康有问题或儿童认为母亲有病。⑨与父母关系密切。⑩在大多数场合父母的适应能力良好。⑪父母热心料理家务。⑫父母易与人共事。

人格障碍型学校恐惧症的特点:①儿童对外部世界感到恐惧、敏感抑郁、拒绝上学仅仅是这些症状的一部分。②儿童对父母有严重的反抗态度,不服从,挑剔,过分放肆或侵略性。③有过几次发作病史。④周一起病,有紧张的不适,并且不常出现。⑤缓慢起病。⑥高年级常见。⑦当前无想死的念头。⑧母亲无病。⑨与父母关系不良。⑩母亲有神经症行为,父亲有个性障碍。⑪父亲对家务或子女缺乏兴趣。⑫父母难于与人共事。

(5)诊断:关于学校恐惧症的诊断,Bery Nichols 和 Pritchard

第四章 精神心理障碍导致的儿童学习困难

提出4条诊断标准。①去学校产生严重困难;②严重的情绪焦虑;③父母知道他们在家;④缺乏明显的反社会行为。典型病例诊断不困难,但在疾病的早期诊断较为困难,尤其是在开始以腹痛、呕吐、头晕、头痛为主诉者,往往不易想到与情绪恐惧有关。而反复以躯体病诊治,学校恐惧症的病状发作与儿童在学校的学习时间有明显的关系,与情绪、学习、学校的事件有关,这时应想到患有学校恐惧症的可能性。

(6) 鉴别诊断

①情绪障碍。患有学校恐惧的儿童常伴有明显的情绪障碍;而逃学儿童一般无明显的情绪障碍,常有违纪问题。

②学习困难。学校恐惧的儿童一般学业不成问题,或者是品学兼优的学生;而逃学儿童一般有学业上的困难。

③父母的关心。学校恐惧儿童一般家庭条件较好,父母对儿童的期望值过高,过分保护;而逃学儿童往往得不到父母的关心,并且常常遭受体罚。

④学校恐惧的儿童的父母知道患儿拒绝上学留在家中;而逃学儿童的父母往往不知道儿童没有去上学,他们表面上装着去上学,半路上或课间从学校逃出,到外面游荡。

(7) 治疗:可选用的药物有盐酸舍曲林、氟西汀、帕罗西汀、氯米帕明,亦可服用小剂量抗焦虑剂,如阿普唑仑、艾司唑仑、地西泮等。近年来,研究表明,β肾上腺能阻滞药、单胺氧化酶抑制药、5-HT再摄取抑制药、苯二氮䓬类等均可有效地治疗学校恐惧症。

6. 强迫症导致儿童学习困难的纠正

强迫症是发生在儿童时期的反复的一种持久的思维、表象和冲动强加于意识中持续和重复出现。包括词、数字、观念、思维、想象、情感和冲动,这种观念并非自愿产生,患儿企图摆脱又无法摆脱,有时按某种规则或刻板程序做出的重复动作或活动。一般来说,这些动作可以用来抵消或减轻焦虑不适的心情。儿童本人意

识到这种行为是多余的,无意义,也给本人造成痛苦,浪费时间,妨碍儿童的正常生活和学习,并导致学习困难。有时也干扰他人,患儿明知不对也不能放弃。

(1)患病率:儿童强迫症患病率占精神障碍住院儿童的1%,门诊就诊人数的0.2%。在2 000名10~11岁儿童中报告为0.3%。Berg对新泽西州5 000名高中生调查,其患病率为0.33%。Rutter在英国的怀特岛调查2 199名10~11岁儿童为0.3%。Flament等报道青少年群体流行学调查时患病率为0.8%,终生患病率1.9%。Karno等报道在一般人群中患病率2%相当接近,并且发现至少1/3~1/2的成年患者通常是在儿童时期发病,常常是男多于女。

(2)病因

①遗传因素。Sworth研究发现17名强迫症患儿家庭中有7个母亲,4个父亲及1个姐姐患有强迫症。美国精神卫生研究所发现强迫症患者二级亲属中有20%符合强迫症的诊断,而受影响的家庭成员中强迫症的首发症状常与家庭成员中最早发病者的症状不同,所以强迫症的发病不是家庭成员中的相互影响,而是遗传在起作用。

②脑影像学研究。强迫症儿童有脑室扩大的倾向。正电子发射体层摄影(PET)研究表明:强迫症儿童前额叶眶部皮质及纹状体(主要是尾状核)的功能失调。

③行为学派认为。强迫症的形成是在强烈的体验影响下,大脑皮质兴奋或抑制过程过度紧张或相互冲突,形成了孤立的病理惰性兴奋灶。强迫性行为具有减轻焦虑和抑郁情绪的作用。

④精神分析学派认为。强迫症起源于性心理发育的肛门期。这阶段正是对儿童进行大小便训练的时期,亲子之间,一方要求对方顺从,另一方要求自主而不受约束,于是引起儿童的内心冲突,并导致儿童产生强烈的敌意,使得儿童心理发育固着在这一时期。

第四章 精神心理障碍导致的儿童学习困难

以后当儿童遭到精神刺激时,其性心理的发育便退化到较早的阶段。出现幼儿期的冲突、行为与人格特征。并且认为强迫症状是对威胁性冲突的外在表现。

(3)临床表现

①强迫观念。这是不由自主反复出现的观念、思想、表象或冲动。主要有强迫性怀疑、强迫性回忆、强迫性对立观念、强迫性穷思竭虑。强迫性怀疑是指患儿对自己刚做过的事产生怀疑,对刚写过的字怀疑是否写错了,对刚锁上的门怀疑是否没有锁,刚说过的话怀疑是否说错了。强迫性怀疑的儿童往往伴有强迫性检查,反复检查自己的作业是否做对,字是否写错,因而导致作业速度慢,有时甚至完全完不成作业。反复检查门是否锁好,而迟到耽误上学,由于怀疑自己说错了话而一遍又一遍重复,也让别人一遍又一遍地重复。有时怀疑自己粘上脏东西及细菌而出现反复洗涤,包括洗手、洗脸、刷牙、洗衣服等。强迫性回忆是指患儿反复回忆经历过的事件,听过的音乐,看过的场面或别人说过的话,有的儿童在回忆过程中有时有强迫怀疑,担心自己回忆错了,而一遍又一遍地重复回忆,由于担心回忆错误,而伴有强烈的情绪反应,如不安和焦虑。强迫性对立观念常常违反社会及道德准则,患儿有时有脱口要说出来的感觉和冲动。因此,患儿感到紧张,而这种想法又不能消失,所以出现紧张不安。患有强迫性穷思竭虑的患儿的思维常常纠缠在一起,主要考虑一些缺乏实际意义的问题,患儿明知这样想也没有什么意义,也没有什么必要,但也不能摆脱。

②强迫性意向和强迫性行为。强迫性洗涤是指患儿每天花费在洗涤上的时间很多,甚至耽误学习,玩耍,睡眠。有反复洗手、刷牙、洗衣服、洗被褥、掸衣服的习惯。强迫意向是指患儿常出现一种克制不住的与意念相反的冲动,如人从高处往下跳,骂人或说出一些与社会道德相违背的语言和冲动。有时生怕控制不住自己而产生焦虑。

③强迫性仪式动作。患儿的行为有一套先后次序的动作,如果这些动作被干扰和打断,或自己将顺序弄错,则又开始重新开始,直至患儿自己认为做对了才停止。

(4)诊断标准:①患儿有强迫观念和强迫行为,这种症状持续存在,并给他带来明显的苦恼。②严重影响患儿的学习、工作、生活。在中国精神疾病分类方案和诊断标准第三版(CCMD-3)中,没有单独给儿童强迫症以单独的诊断,因此儿童强迫症的诊断可以参照成人强迫症的诊断标准。

(5)鉴别诊断

①精神分裂症。儿童精神分裂症有时可以出现强迫症状,但强迫观念的内容多荒谬离奇,不可理解,逐渐伴随出现明显的退缩离群,情感淡漠。当病情进一步发展,可以出现思维的联想障碍和妄想、幻觉。

②孤独症。刻板重复动作和仪式行为是孤独症儿童常见的症状,易与儿童强迫症相混淆。与强迫症的区别在于孤独症儿童具有严重的交往障碍,多数患儿存在着语言功能障碍和智力发育障碍。

③抽动-秽语综合征(Tourette's 综合征)。部分抽动-秽语综合征的儿童合并存在不自主的重复刻板的动作和行为或者仪式化动作和行为,有的还出现强迫计数、重复语言,酷似强迫症,但抽动-秽语综合征极少同时具有强迫观念,并且患儿都伴有抽动-秽语综合征的病史。

(6)治疗

①药物治疗。非典型抗抑郁药盐酸舍曲林具有良好的抗强迫作用,该药可以用于儿童强迫症,安全性好,常用剂量 50~200 毫克/日。还可应用三环类抗抑郁药氯米帕明、丙米嗪治疗儿童强迫症,剂量每日氯米帕明 1~4.5 毫克/千克体重,6 岁以下患儿禁用。另外,还可以应用苯二氮䓬类药物治疗,主要用于改善儿童强

第四章 精神心理障碍导致的儿童学习困难

迫症所致的焦虑、抑郁情绪。但对强迫症状效果较差。如果强迫症较为严重,影响儿童生活、学习及正常的社会功能时,可以采用人工冬眠治疗,给予氯米帕明 12.5 毫克,异丙嗪 12.5 毫克,每日肌内注射 2 次,每 2 周 1 个疗程。可以使部分患儿得到较好的改善。

②行为治疗。可以采取系统性脱敏治疗、冲击疗法、暴露疗法、正性强化疗法及负性强化疗法。

③生物反馈疗法及放松训练。

7. 癔症导致的儿童学习困难纠正

(1)儿童癔症的发病率:在儿童情绪障碍中,儿童癔症的患病率不高,年长的儿童多于年幼儿童。在文化不发达地区和经济不发达的地区癔症较为多见。国外有学者在 15 年多的时间里共诊断治疗 51311 例精神疾病儿童,其中癔症仅有 27 例。Rae 在 3 个儿科和儿童精神科中发现,按严格的诊断标准诊断为转换症状者仅为 3%~13%,我国缺乏儿童癔症的流行病学资料。

(2)儿童癔症的病因

①患儿具有不良素质因素及不良的家庭环境。

②大多数患儿往往有负性生活事件,如在以下精神因素下可以发病:委屈、气愤、紧张恐惧、突然的不幸事件都可以导致癔症发作。患儿再次发病不一定具有明显的精神因素。

③促发因素分为躯体疾病,月经期、疲劳、睡眠不足等情况。

(3)临床表现

①转换性症状。主要是运动系统症状和其他运动功能障碍。常见症状包括痉挛发作,抽搐过程中无咬舌,无大小便失禁,无损伤、无缺氧表现,面色正常,瞳孔活动自如,对光反射存在,事后能回忆;瘫痪:以双下肢同时瘫痪较多见,也可见于上下肢的单瘫。发生突然,恢复也较突然,肌肉张力正常或时高时低。肢体被动活动多有抵抗。瘫痪症状与神经解剖特点不符合;失明、失聪、失声或其他形式的语言障碍,如口吃、耳语、失聪。躯体的转换症状可

以互相转换,也可以是几种症状同时存在。

②分离症状。主要为精神方面的症状,包括情感暴发:大哭、喊叫并伴有肢体的乱动及冲动行为,有时表现狂笑,情绪变化迅速、激烈,有时伴有戏剧性夸张样动作和表情,包括意识改变,如嗜睡、昏睡、意识蒙眬,有时可以晕倒,多持续1~2分钟,有时数十分钟,部分患儿过后可以回忆起来。

(4)儿童癔症的临床特点:通常儿童癔症具有分离性症状和转换性症状,分离性症状是指对过去经历与当今环境和自我身份的认知完全不符合或部分不符合。转换性症状是指儿童遭遇生活事件或处境引起情绪反应,接着出现躯体化症状,一旦躯体症状出现,情绪反应便退色或消失,这种躯体症状便叫做转换性症状。另外,儿童癔症还可以表现为精神病状态。

①患儿的临床症状无器质性的基础,其症状不能用神经解剖、生理学、医学等知识所解释。

②儿童癔症的症状变化迅速、反复,不符合一般器质性疾病的规律。遇到精神因素又可以重新复发。

③自我为中心。一般常在人多及引人注目的地方发作,越有很多的人围观,发作就越严重。症状具有做作性和夸大性,表演性。

④受周围环境暗示发病,加重或好转。有时还具有自我暗示性。比如周围人的行为、语言、紧张的、焦虑的气氛,过分关切和照顾,不必要的医疗检查,可以引起强化及加重发作。

(5)鉴别诊断

①躯体疾病。对儿童癔症的转换性症状的鉴别必须谨慎小心。应在完全排除了器质性疾病之后,才能考虑癔症的可能性。有些器质性疾病的早期,其症状体征还没有充分显露时,此时儿童有性格的不良,也就是具有暗示性性格和自我为中心的人格倾向时,或有社会心理因素时,则容易误诊为癔症。

②癫痫大发作。癫痫大发作有时在临床上类似于癔症发作。

第四章 精神心理障碍导致的儿童学习困难

但癫痫大发作大多数无明显的诱因,发作呈典型的肌肉强直阵挛,患儿往往有跌倒、跌伤身体、咬破舌头、面部呈青紫等缺氧表现。可以有大小便失禁及意识障碍,发作后不能回忆。脑电图检查:具有痫样放电。而儿童癔症不出现上述表现。

③瘫痪、失明、失聪。器质性基础的瘫痪、失明、失聪具有与神经分布相一致的体征,而癔症性则没有。癔症性"失明"可以绕过障碍物。癔症性"失聪"可以对外界的声音有相应的反应。

(6)儿童癔症的治疗:治疗儿童癔症的目的是消除症状,解除心理因素,帮助儿童培养健全的人格。

①心理治疗。在心理治疗前应做好如下准备:医生要有坚定和自信的态度,说话办事要果断,使儿童对其产生充分的信任;安慰好父母,并布置好周围环境;医生应分别向父母及儿童了解病情,以免引起儿童紧张和恐慌,并因暗示性而使病情加重;治疗前将本病的知识介绍给家长,取得父母的充分信任和合作,使父母在治疗过程中给予充分地合作。其心理治疗的方法主要采取暗示疗法,除了进行语言暗示外,还可以采取针灸疗法、穴位注射疗法、各种电针、电刺激疗法、静脉注射10%的葡萄糖酸钙(缓慢注射),不但可以起到暗示治疗的作用,还可以改善儿童因紧张、焦虑而导致的头晕、心悸、失眠等症状。

②药物治疗。对于情感爆发及某些痉挛性发作的患儿,一般不宜用暗示治疗。非典型抗精神病药物,如利培酮、奥氮平、齐拉西酮可以酌情应用。还可以给予地西泮5~10毫克或奋乃静5毫克肌内注射。必要时也可以给予小剂量地西泮和氯氮䓬来控制患儿的情绪和行为。人格改变、情感爆发难以用药物控制者,可以给予盐酸氯丙嗪合并异丙嗪混合肌内注射,进行亚冬眠治疗,一些患儿醒后症状即可以消失。另外,对于焦虑情绪严重的患儿可以给予小剂量的抗焦虑药物治疗。

第五章 儿童期精神障碍对学习的影响及纠正

一、儿童期精神分裂症

1. 儿童精神分裂症的发病率

儿童期精神分裂症是一组病因未明的发生于青春期前,临床上以基本个性改变、特征性思维障碍、感觉异常、知觉异常,情感与环境不协调,孤独性表现为主要特征的精神障碍。部分孩子起病缓慢、潜隐,一些孩子在发病之初主要表现为学习成绩下降。Kramer 对儿童精神分裂症进行了统计,他报道了美国纽约州一个县的 15 岁以下儿童精神分裂症的发病率,白种人为 0.08/万,非白种人为 0.32/万。因此,他估计在美国,15 岁以下的孩子每年有 21 000 名精神分裂症在接受治疗。有资料显示,儿童精神分裂症,男女发病有一定的差异。一个日本的研究资料表明,日本男性儿童精神分裂症的发病率为 0.05‰,女性儿童精神分裂症的发病率为 0.07‰。在美国的关于儿童精神分裂症发病资料中,非白种人男性儿童精神分裂症的发病率为 0.027‰,女性为 0.037‰。Kolvin 等报道男孩与女孩之比为 2.66∶1。目前国内还没有儿童精神分裂症患病率的统计,南京根据收治儿童精神疾病的资料统计,儿童精神分裂症占同期住院的儿童各类精神疾病的 20%。

2. 儿童期精神分裂症的病因

(1)遗传因素

第五章　儿童期精神障碍对学习的影响及纠正

①高发家系的研究。儿童精神分裂症一级亲属患精神分裂症的危险性明显增加,其父母、兄弟、姐妹是精神分裂症的危险率为12%,而一般儿童中精神分裂症的危险性仅为1%。

②双生子研究。Kallman 和 Roth 研究了 52 对双生子,他们的发病年龄为男性儿童 8.8 岁,女性儿童 11.1 岁,17 对单卵双生子同患精神分裂症率为 70.6%,35 对双卵双生子同病率为 17.1%。据此提出,遗传在儿童精神分裂症发病因素中具有重要的作用。

(2)器质性因素

①神经系统软体征。儿童精神分裂症没有发现神经系统明显的异常,但也发现在一些儿童精神分裂症中有一些软性的神经系统体征。这包括运动功能差,协调和平衡功能差,视、听、本体知觉整合功能差,提示儿童精神分裂症可能有神经系统发育不成熟,或者是中枢神经系统发育不成熟,或者是患儿中枢神经受到损害。

②脑电图异常。一些研究中发现,精神分裂症儿童和正常孩子相比具有较高的脑电图异常率,脑电图异常的主要表现为,波幅极低,患儿产前和围产期具有并发症者较正常孩子高。提出儿童精神分裂症可能有出现在生命早期的与大脑损害有关的发育障碍。

③精神分裂症患儿的神经系统功能异常。肌肉发育差,肌力差,肌纤维萎缩和肌肉纤维大小不一致等,推测与患儿胆碱能系统功能减退有关。

(3)精神因素:儿童精神分裂症受各种社会心理和精神因素的影响,并且可以在其影响下发病。如父母离婚、亲人死亡、受惊吓、受委屈、学习负担过重、升学受挫等因素都可以诱发儿童期精神分裂症,但以上因素仅仅为诱发因素,而不是精神分裂症直接发病因素。

(4)病前个性:精神分裂症儿童在病前有一些特殊的个性,好

静、孤僻、胆小、寡言、不喜欢交际、怕羞、主动性差,以上不良个性为儿童期精神分裂症的发生和发展提供了条件。

3. 儿童期精神分裂症临床表现

(1)精神症状

①感知觉症状。年龄小的孩子可以出现视幻觉和病理性幻想性幻觉,并以这些症状为多见。内容大多是恐惧性的,比如见到动物、鬼怪及人的躯体的奇怪的改变、不完整的人形,看见老虎从窗户里跳了进来扑向自己。幻听可以是原始性的,如听见叫自己的名字,噪声,不完整的声音,缺乏变化。年长儿童可以出现评论性幻听,内容固定,持续时间长。

②思维和语言障碍。由于儿童神经系统发育的不健全,不成熟,心理活动正处于发展阶段,因此抽象思维能力差,社会经验不足,表达能力差。所以年幼儿童思维障碍表现的比较简单,如语言重复、刻板言语、模仿言语、或言语减少,严重者出现缄默或自造新词,构造一些奇怪的句子。年长儿童可以见到思维联想散漫,思维破裂、思维的逻辑障碍,幼年儿童妄想少见,但可以出现病理性幻想,缺乏创造性,有的患儿整天沉浸在幻想之中,或思考一些稀奇古怪的、无意义的问题。

③情感障碍。情感淡漠,对周围环境中的任何事物都不感兴趣,不与周围接触,常独居一处,对亲人冷淡,时而高兴傻笑,时而哭泣。有时有紧张性恐惧情绪,这种恐惧常无任何对象,莫名其妙,尤其是在睡前明显。

④运动和意志活动障碍。运动障碍表现为紧张症行为,有明显的违拗、冲动行为、刻板动作、模仿动作、模仿言语。有时出现运动性抑制,待在一个地方保持一个姿势不动或木僵,没有任何表情和要求,吃饭和大小便也需要人的照顾。有时出现紧张性兴奋,主要表现为乱跑、旋转身体、撞头、在自己的身体上乱抓或大喊大叫。紧张性兴奋可以与抑制交替出现。

⑤智能障碍。儿童期精神分裂症的患儿一般不出现智能障碍。如果患儿的年龄较小,正处于发育和受教育阶段,可以出现智力障碍。

(2)身体和神经系统症状:幼年时发病的儿童精神分裂症可以出现身体发育迟缓,言语发育延迟,行为笨拙,肌肉张力低下等。

(3)对儿童学业的影响:儿童精神分裂症可以导致患儿的注意力不集中,学习成绩下降,言语减少或缄默。并可以导致情绪焦虑和抑郁。这些都可以导致儿童学业失败。

4. 儿童精神分裂症早期症状和临床类型

(1)早期症状

①睡眠障碍、头痛、精神萎靡、活动减少、孤僻退缩、与亲人疏远。

②注意力不集中、学习成绩下降、言语减少或缄默。

③情绪焦虑抑郁、无故发脾气、生活懒散。

④行为障碍,如冲动、游荡、破坏行为、不遵守纪律,有的患儿出现强迫观念及强迫行为。

(2)分型:幼年儿童期精神分裂症很难分出型来,少年儿童期精神分裂症可以按照成人精神分裂症来分为4种类型,即单纯型、青春型、紧张型、偏执型。

5. 儿童期精神分裂症的预后

(1)持续进行缓慢起病,精神症状日益加重,不缓解或不完全缓解。

(2)急性或亚急性起病,精神症状持续一段时间后缓解,以后可以再次发病,缓解时精神症状消失,精神活动基本恢复正常。

以往众多学者对儿童精神分裂症的预后较为悲观。Mayer-gross 指出,发病于 15 岁以前,甚至 20 岁以前的未成熟青少年时期,预后差,而且迅速衰退。并认为儿童期精神分裂症的预后几乎是毫无希望的。Bender 随访了 200 例儿童精神分裂症,其中 1/3

的患儿预后良好,1/3患儿具有慢性缺损和退化,1/3患儿波动于适应良好与不良之间。Eggers对57名诊断为儿童精神分裂症,年龄7~14岁的患儿进行了随访,观察发病后5年的情况,发现20%的患儿症状有所缓解,30%为一般改善,50%只有轻微或很少改善。10岁以前发病的儿童预后都很差。Cyxapaba认为儿童精神分裂症预后虽然较差,但儿童具有继续生长发育的特点,这对病程有良好的影响,因此儿童精神分裂症预后并不都很差。我国华西医科大学等单位(1966~1990年)对3所医院出院的14岁以下儿童,符合中国精神疾病分类及诊断标准第二版(CCMD-2)(1989年)的儿童精神分裂症104例进行了随访,随访年限1~25年,发现临床痊愈者为26.9%,显著进步为26.9%,进步为16.3%,无效为29.8%,有效率为70%,显效率为53.8%。也证明了对儿童精神分裂症过于悲观是错误的,一部分儿童精神分裂症经过系统治疗还是可以恢复正常的。

6. 儿童期精神分裂症的诊断标准

目前国内外尚无专用于儿童统一的诊断标准,现各诊断系统将儿童期精神分裂症作为成年期精神分裂症的儿童型来看待,因此可以用成人精神分裂症标准诊断儿童精神分裂症。

国际疾病分类方案,精神行为障碍第十版中(ICD-10),成人精神分裂症的诊断标准是:

(1)症状标准:确定无疑至少具有下述症状中的2项,若症状可疑存在,但不典型,则至少具有下列3项。

①思维联想障碍和逻辑障碍。思维松弛或破裂思维,或逻辑倒错性思维,或病理象征型思维或思维内容贫乏。

②妄想。原发性妄想,或妄想知觉,或妄想具有荒谬、离奇、脱离现实,不系统不固定的性质。

③情感障碍。情感淡漠、情感倒错或痴笑。

④幻听。评论性幻听或争论性幻听,或命令性幻听或思维鸣

第五章 儿童期精神障碍对学习的影响及纠正

响。

⑤行为障碍:紧张症候群或幼稚愚蠢行为。

⑥被控制体验。

⑦内心被揭露感(被洞悉感)或思维广播。

⑧思维插入或思维被夺、思维中断。

(2)严重程度标准:因精神障碍使社会功能减退至少1周,至少有以下1条。

①与现实不能保持恰当的接触,或不能客观地评价环境事物,不能与人进行有效的交谈。

②社会适应能力下降(包括社交、日常生活、工作和学习)。

③自知力不全或丧失。

(3)病程标准:至少3个月以上,其中包括精神病期至少1个月。精神病期是指符合症状学标准及严重程度标准,在此之前不符合前两条标准的精神障碍,称"前驱期"。只有前驱期,不论多久都不能确定为精神分裂症。

(4)排除标准:需排除情感性精神障碍;器质性精神障碍;躯体疾病伴发的精神障碍;反应性精神障碍;偏执性精神障碍;分裂情感性精神障碍。

中国精神疾病分类方案及诊断标准第三版修订版中(CCMD-3),对成人精神分裂症的诊断标准是这样的:

(1)症状标准:至少有下列2项,并非继发于意识障碍、智能障碍、情感高涨或低落。

①反复出现的言语性幻听。

②明显的思维松弛、思维破裂、言语不连贯,或思维内容贫乏。

③思维被插入、被撤走、被播散,思维中断,或强制性思维。

④思想被插入,被撤走,被播散,思维中断,或强制性思维。

⑤原发性妄想(包括妄想知觉,妄想心境)或其他荒谬的妄想。

⑥思维逻辑倒错,病理象征性思维,或语词新作。

⑦情感倒错,或明显情感淡漠。
⑧紧张综合征、怪异行为,或愚蠢行为。
⑨明显的意志减退或缺乏。

(2)严重标准:自知力障碍,并有社会功能严重受损或无法与病人进行有效交谈。

(3)病程标准

①符合症状标准和严重标准至少已持续1个月,单纯型另有规定。

②若同时符合分裂症和情感性精神障碍的症状标准,当情感症状减轻到不能满足情感性精神障碍症状标准时,分裂症状需继续满足分裂症的症状标准至少2周以上,方可诊断分裂症。

(4)排除标准:排除器质性精神障碍及精神活性物质和非成瘾物质所致精神障碍。而未缓解的分裂症病人,若又罹患本项中前述两类疾病,应并列诊断。

7. 儿童期精神分裂症鉴别诊断

儿童期精神分裂症应与下列疾病相鉴别:

(1)孤独症:儿童期精神分裂症特别是在10岁以前发病者,表现为孤独、思维贫乏、情感淡漠应与孤独症进行鉴别。孤独症的起病年龄在36个月以内,具有严重的社会交往障碍和言语交流障碍;对周围环境具有奇特的反应,感知觉过敏,普遍伴有智力低下;没有幻觉、妄想、思维联想障碍可以加以鉴别。

(2)精神发育迟滞:儿童期精神分裂症由于与外界隔离,常可以出现智力低下和社会能力下降,类似精神发育迟滞,应注意加以鉴别。但精神发育迟滞儿童从小就有生长发育迟滞的情况,而且病程不呈现持续性,并伴有躯体发育异常或畸形;有的患儿还可以出现神经系统的体征,无精神分裂症孩子所具有的幻觉、妄想、怪异行为。

(3)颞叶癫痫:器质性精神病可以表现为某些类似于精神分裂

第五章 儿童期精神障碍对学习的影响及纠正

症症状、言语性幻听,紧张症及奇特的行为,容易与精神分裂症相混淆。所以应进行详细的神经系统检查及脑电图检查,尤其是蝶骨电极的脑电图描记可以加以鉴别。

8. 儿童期精神分裂症治疗

(1)药物治疗:各种抗精神病药物均可以采用,在治疗过程中,主要应依据抗精神病药物的作用谱来进行。对儿童精神分裂症具有急性兴奋躁动症状者,可以选用氯丙嗪、甲硫哒嗪、奋乃静、氟哌啶醇等;对具有淡漠退缩症状的孩子可以采用三氟拉嗪和氟哌啶醇治疗。首次应用时剂量要小,增加剂量要缓慢。如果出现明显的锥体外系反应,可以加用抗震颤麻痹药物苯海索。急性发作的孩子用药2~4周后,许多孩子症状可以改善。用药4~6周后无效者可以考虑换药。缓解期患儿应继续维持抗精神病药物治疗2年以上。

(2)心理治疗:可以根据疾病的不同阶段采取不同心理治疗的方法。

①在住院早期。给精神分裂症孩子创造一个舒适的生活环境,医护人员要与孩子建立良好的关系,以消除孩子因对环境陌生而产生的紧张、恐惧情绪。

②在住院期间。实行医疗与教育相结合的原则,组织孩子参加学习、文娱、游戏活动,激发孩子对生活的兴趣,转移对症状的注意,增强适应环境的能力。

③症状缓解期。此时应进行支持性心理治疗,提高孩子对疾病的认识能力;教给孩子父母巩固疗效的方法,劝说其父母避免对孩子生活过多的包办;对学龄儿童可以安排进特殊学校学习;对有智能缺陷的儿童着重加强教育和训练及行为矫治;对有功能缺陷的孩子着重进行功能训练。

二、儿童期情感性精神障碍

儿童期情感性精神障碍是一种明显而严重的情感障碍为主要临床相的精神病。表现为躁狂发作和抑郁发作或躁狂和抑郁反复发作或交替发作,可伴有与情感相协调的思维和知觉异常,在发作间隙期精神状态正常。

1. 儿童期情感性精神障碍的发生率

有资料表明,躁狂症较少发生于儿童期。kraeplin 在他的观察中发现,仅有 0.4% 在 10 岁前有躁狂发作。Anthony 和 Scott 复习文献,发现有起病于 11 岁的躁狂症的报道。Rutter 等调查了英国儿童抑郁症为一般人口的 0.14%。Kashani 和 Sherman 报道在一般人口中抽出的学龄前儿童抑郁症患病率为 0.3%。调查者 1983 年在美国和新西兰发现青春期前儿童抑郁为一般人口的 1.8%,在青春期 14~16 岁孩子上升为 4.7%。Cahson 和 Kashani 报告,在 150 个年龄为 14~16 岁的非精神病儿童中,使用研究用诊断标准,发现双相情感障碍的终生患病率为 0.6%,如果减去严重者可高达 13.3%。我国华西医科大学精神科在 1983~1990 年共收治 16 岁以下情感性精神障碍 30 例,发病年龄为 10~16 岁,就诊年龄为 12~16 岁,占同期精神疾病患儿总数的 14.93%。

2. 儿童期情感性精神障碍的病因

(1) 遗传因素

① 双生子研究。有学者报道,情感性精神障碍单卵双生子同病一致率为 76%,双卵双生子同病率为 19%。而单卵双生子寄养子同病一致率为 67%。证明在儿童期情感性精神障碍的发病过程中遗传因素起了突出的作用。寄养子研究:有文献报道,寄养子亲生父母有抑郁病史者,孩子抑郁的发生增加了 8 倍,自杀增加了 15 倍。有报道确诊为双相情感障碍的寄养子的亲生父母患双相

第五章 儿童期精神障碍对学习的影响及纠正

情感障碍和双相谱性疾病的发生率为32%,寄养父母为2%。

②家系调查。有研究通过家系调查发现,儿童期情感性精神障碍的家族,有情感性精神障碍的积聚现象。研究发现重症抑郁的儿童一级亲属27%患单相情感障碍(单纯的躁狂症和单纯的抑郁症),14%患双相情感障碍(躁狂抑郁症),62%的情感性精神障碍儿童的父母患有情感性精神障碍。Rice等报道患双相情感性精神障碍的孩子亲属中双相情感障碍患病危险率为1.5%~10.2%,单相情感障碍为0.3%~4.1%。有学者对青春期双相障碍的儿童研究,发现青春期双相情感障碍孩子一级亲属中情感性精神障碍的患病率为29.6%,双相情感障碍为14.8%。青春期前发作的孩子44.1%的亲属中患有情感性精神障碍,一级亲属中双相情感障碍为19.4%。所以从双生子、寄养子、家系调查中可以看出遗传因素与情感性精神障碍有密切的联系。

(2)精神因素与环境因素:有研究发现情感性精神障碍患儿病前刺激性事件较正常儿童明显增多;孩子在婴儿期与母亲分离容易出现情感依附性抑郁症,所以在儿童早期与父母分离在发病中具有相当大的作用。另外丧失亲人、父母不和、缺乏家庭温暖,给予儿童过多的惩罚、虐待、抛弃、拒绝和父母患有精神疾病,均可以导致儿童发生情感性精神障碍。此外,由于学业失败或面临着不能实现自己的目标而发生抑郁。

(3)神经内分泌因素:抑郁症患者中血浆皮质激素分泌增高,正常人服用地塞米松后可以抑制皮质醇的分泌,而抑郁症患者,服用地塞米松后,无皮质醇抑制的现象,这就是地塞米松抑制试验(DST)阳性。儿童期和青春期抑郁症地塞米松抑制实验的阳性率为50%。研究发现DST阳性患者复发危险性高,对药物治疗反应好。抑郁症患者给予静脉注射胰岛素后1小时内,其生长激素的分泌明显减少,40%的内源性抑郁患者此实验为阳性。提示下丘脑儿茶酚胺功能低下,青春期前儿童抑郁症与正常孩子比较,发现青春期前儿童抑郁症睡眠期间生长激素分泌增加,当给予胰岛素引起低血糖后出现生长激素分泌减少。

3. 儿童期情感性精神障碍的临床表现

(1)儿童期抑郁症的临床表现

①儿童期抑郁的基本症状。孩子情绪低落,没有愉快感,哭闹,容易激惹,好发脾气,对玩耍和游戏不感兴趣,自我评价过低,认为自己笨、愚蠢、丑陋,自责,孤僻退缩,不与小朋友玩耍,有个别孩子出现悲观厌世,自暴自弃,自残或自杀行为。行为障碍主要表现为多动,不听话,不遵守纪律,冲动,反抗,捣乱和其他违法行为,有时还出现逃学,打架,与同伴关系不良,学习成绩下降。孩子的年龄越小躯体症状越严重、越多。青春期前抑郁症85%的孩子有躯体症状,常见的躯体症状有睡眠障碍,食欲下降,体重减轻,头痛,头晕,胃痛,疲乏,胸闷,气促,遗尿等。

②儿童期抑郁症分类。儿童期抑郁症根据发病的急缓可以分为急性、慢性和隐匿性抑郁。急性抑郁类孩子在发病前有明显的精神诱因,如父母突然死亡,意外灾害,重病,与父母突然分离等。这类儿童病前精神正常,仅在精神诱因出现之后,才突然呈现明显的抑郁症状。慢性抑郁类孩子过去常有多次与父母分离的历史,或具有其他精神创伤史,但并没有一次突然的重大诱因。这类孩子病前适应环境能力差,抑郁为逐渐出现,除情绪抑郁外,常有明显的躯体症状。隐匿性抑郁类孩子的情绪表现不明显,常表现为行为问题,如多动,攻击行为,违法行为及学习困难,以及躯体化症状,如头痛,腹痛,食欲减退,大小便失控等多种躯体症状。一般不容易发现孩子的抑郁症状。只有经过仔细检查或应用投射心理学检查方法才能发现其抑郁情绪。有的可能周期性出现抑郁情绪。根据儿童发育的年龄阶段,可分为婴儿期、学龄期、学龄前期及青春期抑郁。

③婴儿期抑郁的临床表现。婴儿期抑郁主要是由于婴儿早期

第五章 儿童期精神障碍对学习的影响及纠正

母子分离对婴儿情绪和行为的影响所致。婴儿6个月以后,已经与母亲建立起母子依附关系,此时若与母亲分离,婴儿可能出现抑郁症状。主要表现为不停地啼哭,若已经能够行走或说话则四处寻找母亲,容易激动,约1周后这种抗议情绪减少呈抑郁、退缩,对环境没有反应,失去兴趣,食欲缺乏,体重减轻,发育停止,睡眠障碍,对疾病的抵抗力下降。若经过3~4个月母亲与儿童重新团聚,这种抑郁症状可以逆转。有学者称这种抑郁为婴儿依附性抑郁症。

④学龄前期抑郁的临床表现。由于儿童的语言和认识能力在这一年龄阶段还未充分发展,主要通过非语词性的表达来观察抑郁情感。例如,孩子可以表现出不愉快的面容(视线向下,嘴角下垂),身体的姿势,声音的音调,语言的速度和活动水平等都有所减慢。由于儿童对体验抑郁的能力有限,其抑郁心境主要表现为感受不到快乐,兴趣丧失,对过去喜欢的游戏也没有兴趣,食欲下降,睡眠减少,不与小朋友玩耍,常常哭泣,退缩,活动减少。

⑤学龄期抑郁临床表现。学龄期抑郁除了可以表现为学龄前期抑郁的症状外,还可以表现为自我评价降低,自责自罪,注意力不集中,记忆减退,思维能力下降,活动减少,兴趣减退,拒绝参加学校表演,丧失对玩耍的兴趣,因此参加玩耍活动的次数有限。有时可以产生抱怨情绪,如抱怨没有朋友,反复出现想死和自杀的念头。由于此时儿童已经能诉说感到不愉快和有自杀的思想,以及对活动缺乏兴趣,并可以出现注意力不集中,睡眠减少等症状,因此很容易诊断。

⑥青春期抑郁。青春期抑郁较青春期前明显增多,症状更类似于成人。此时期发病的儿童抑郁症除抑郁情绪外,还可以出现行为障碍,可以出现攻击行为,破坏行为,逃学,旷课,积极性和创造力下降,理解力减退。对未来没有希望,自杀行为明显增多。部分孩子常服用酒精和药物以改善抑郁,提高情绪。

(2) 儿童期躁狂症临床表现

①情感障碍。表现为情感高涨,兴高采烈,喜悦,欢笑,精神愉快,自感身体健康,容易激惹,精力充沛,自我感觉良好。

②思维异常。话多,有夸大观念,如谈论自己的能力,感到自己有很大能力,认为自己做任何事都不困难。这种夸大已经到了妄想水平。青春期孩子可以有思维联想加快,思维奔逸,意念漂浮,注意力不集中,易受环境影响而分散,随境转移,观察力敏锐,但控制能力差。

③精神运动性兴奋。孩子说话及活动增多,常寻找新刺激,好管闲事,举止轻浮。好吵闹打逗,行为冲动,惹是生非,顽皮,恶作剧,终日忙乱也不知疲劳,乱花钱。严重者可出现性的越轨行为。

④其他表现。可以有与情绪相协调的幻听,部分孩子可以出现与心境一致的牵连观念及其他的思维障碍。食欲下降或增多,体重减轻,睡眠需要减少,行为障碍等。

4. 儿童期情感性精神障碍的预后

有学者研究了儿童期抑郁症的自然病程,研究发现抑郁发作的平均病程为9个月。大多数在15~18个月后抑郁症状基本缓解,少数在3个月内缓解。青春期儿童发作的躁狂症与成人类似,而青春期前发作的躁狂症较青春期及成人躁狂症具有较剧烈的发作过程。儿童情感性精神障碍经过及时治疗,一般预后较好。如果不能及时治疗,疾病可以逐渐发展。使孩子出现社会适应不良,和同伴关系不好,学习困难。有的孩子可以出现药物滥用和自杀。青春期抑郁症则有反复发作和发展为双相情感性精神障碍的危险。而青春发作期的躁狂症预后类似成人,一般预后良好。

5. 儿童期情感性精神障碍的鉴别诊断

(1) 精神分裂症:儿童情感性精神障碍,特别是少年躁狂症出现幻觉、妄想,容易误诊为精神分裂症,但在儿童精神分裂症个性改变较突出,其情感障碍是继发的,幻觉,妄想等精神症状与情感

第五章 儿童期精神障碍对学习的影响及纠正

障碍不相协调,再结合缓慢发病的病史及家族史,则可与之鉴别。

(2)焦虑症:焦虑和抑郁症状二者常并存,儿童分离性焦虑常会出现继发性抑郁情绪。但抑郁症患儿抑郁情绪严重而持久,抑郁情绪是原发的,有明显的自杀观念及精神运动性迟滞。无愉快感,而焦虑患者有严重而持久的紧张不安,以及明显自主神经功能失调的症状。

(3)器质性疾病所致的情感综合征:某些器质性疾病如肿瘤、癫痫、肝豆状核变性等可以出现抑郁情绪,或明显躁狂状态应与情感性精神障碍鉴别。器质性疾病所致的情感障碍是继发的,无精神运动性兴奋或阻滞,无自我评价低或夸张的自我评价,详细了解病史和进行神经系统检查,脑电图、CT及实验室检查可以帮助鉴别。

(4)多动症:多动症儿童可以出现兴奋,坐不住,活动增多,整日不能静坐,冲动,易激惹,有时出现攻击行为,类似儿童躁狂症,但多动症儿童的行为问题属于慢性行为问题,无情感性疾病家族史,用锂盐治疗无效,通过以上几点,还是可以加以鉴别。

(5)品行障碍:儿童期抑郁症和儿童期躁狂症都可以出现明显的行为障碍,此时应和品行障碍相鉴别。品行障碍是反复和持续存在的一种行为障碍,其程度比一般的攻击、破坏行为严重得多。而躁狂抑郁症患儿的行为障碍比较轻微,且多发生于躁狂和抑郁情绪之后,品行障碍儿童虽然可以有抑郁情绪,但行为障碍发生于抑郁症状之前,一般通过病史及精神检查可以鉴别。

(6)单纯悲伤反应:失去所喜爱的人和物,可以引起情绪抑郁,食欲减退,体重减轻及失眠。但一般没有无价值感,无精神运动性迟滞,无自责自罪,无快感缺失,不是反复发作的。这种反应可以立即发生,一般不超过2~3个月,悲伤反应如果长期不消除,则可以发展为抑郁症。

6. 儿童期情感性精神障碍的治疗

(1)药物治疗

①抑郁症治疗。首选非典型抗抑郁药,常用舍曲林、西太普兰等。舍曲林常用剂量为50~100毫克,每日早晨1次,口服;西肽普兰常用剂量为20毫克,每日早晨1次,口服。或选用三环抗抑郁药,常用药物有丙米嗪、阿米替林、多塞平,也可以应用四环抗抑郁药,如马普替林。临床上最常用的是丙米嗪,应用剂量范围每日1.5~5毫克/千克体重,每日不超过150毫克,50千克体重以上儿童,最大量可以为250毫克,每日3次口服,治疗至少2~4个月。主要副作用:头晕、嗜睡、瞳孔散大、口干、体重增加等。偶尔可以出现容易激惹(常因小事而大发脾气),多动和攻击行为。其最严重的副作用主要为心血管毒性反应。所以在治疗过程中应进行心电图检查。

②躁狂症的治疗。首选药物为碳酸锂,一般用量为每日300毫克/千克体重,使患者的血锂浓度保持在0.6~1.2毫摩/升之间,一般从小剂量开始应用,出现疗效后则停止增加药物剂量,若已经达到治疗剂量或治疗血药浓度时两周,仍没有效果,或在治疗过程中出现严重的毒副反应,则应停药或改换其他治疗。其次还可以应用各种抗精神病药物治疗,可应用氯丙嗪25~50毫克/每日开始,逐渐增加,最大剂量可以用至300毫克/日左右。或者可以应用氟哌啶醇0.5~1毫克/日开始,逐渐增加,最大剂量为16毫克/日左右。躁狂症兴奋状态不好控制时,可以应用氟哌啶醇5毫克肌内注射。再次,可以应用抗癫痫药物卡马西平来控制躁狂兴奋状态,但这只是一种辅助治疗措施。

(2)电休克治疗:对有严重自杀倾向的抑郁症儿童或具有兴奋难以控制有自伤、伤人行为的躁狂症儿童可以采用电休克治疗。但对年幼儿童不宜选用。无抽搐电休克治疗技术在临床上的使用,使电休克用于儿童变得更安全、有效。

(3) 心理治疗：包括支持性心理治疗和行为治疗。治疗的目的在于解除孩子的心理负担，改变孩子的价值观念。增强孩子自信心，调整孩子与周围小朋友的关系。

(4) 家庭治疗

① 首先应向家长介绍躁狂抑郁症的性质，应使孩子父母对其有良好和正确的认识。

② 孩子父母应给予其温暖、照顾和关心，创造一个良好的家庭治疗环境。

③ 若孩子有明显的自杀观念，家庭环境不能对孩子提供持续的监护，应当住院治疗。对容易激惹及破坏行为及有自杀行为者，或者是第一次患病，住院治疗可以使孩子的病情很快缓解。

三、儿童器质性精神障碍

儿童器质性精神障碍是一组发生于儿童时期，由于脑部疾病，全身躯体疾病以及中毒等引起的脑结构和（或）代谢异常所致的精神障碍。可分为急性脑器质性精神障碍及慢性脑器质性精神障碍。

1. 儿童器质性精神障碍的病因

病因主要有先天发育畸形，胎儿期与围生期作用于胎儿的各种理化因素，各种围产期并发症，分娩时的产伤和窒息，以及出生后的脑损害，均可以导致儿童器质性精神病，临床上主要有以下几方面的原因。

(1) 躯体严重的感染，包括病毒、细菌、螺旋体、寄生虫等感染。

(2) 内脏系统疾病，包括严重的心、肝、肾、肺功能不全，结缔组织病，甲状腺、甲状旁腺、肾上腺等内分泌器官疾病。

(3) 中毒，如药物中毒，铅、汞等化学物质中毒，食物中毒，以及一氧化碳中毒。

(4)遗传代谢疾病,如苯丙酸酮尿症,半乳糖血症等。

(5)颅内感染,包括各种病原体引起的脑炎、脑膜炎、脑脓肿等。

(6)颅脑外伤。

(7)脑肿瘤。

(8)脑变性疾病如多发性硬化。

(9)脑血管疾病如动脉瘤。

(10)癫痫。

2. 脑器质性精神障碍的临床表现

(1)急性脑器质性综合征

①意识障碍:可有不同程度的意识障碍,以谵妄状态最为常见。

②意识障碍呈波动性,时好时坏,主要表现为患儿意识清晰程度下降,伴有大量的恐惧性错觉和(或)幻觉,情绪恐惧,焦虑不安,激越兴奋,可以在恐惧性视幻觉的基础上出现片段的被害妄想,以及自伤,伤人或毁物等紊乱性行为,言语不连贯。

③部分孩子可以表现为抑郁,淡漠以及动作减少,而呈现木僵或亚木僵状态。

④常伴有自主神经功能紊乱症状与睡眠节律紊乱,病程波动,呈现昼轻夜重的特点。

⑤意识障碍持续数天恢复后,孩子表现为虚弱,部分可出现烦躁,焦虑,睡眠异常,头痛以及注意力不集中等类神经衰弱的表现。随着时间的增长,这些症状可以逐渐消失。

⑥如果孩子为药物或毒物中毒后,可以不表现出意识障碍,仅仅呈现情绪或行为的变化,如变的烦躁不安,焦躁激越,不听话,脾气暴躁或攻击性行为。有的孩子甚至表现为兴奋话多,活动增加或言语减少,活动降低,抑郁淡漠等类情感综合征的表现,经治疗在数天或数周内恢复正常。急性脑器质性综合征主要见于全身急

第五章　儿童期精神障碍对学习的影响及纠正

性感染,急性中毒,急性肝肾功能障碍,中枢神经系统急性感染以及脑外伤急性期。

(2)慢性脑器质性综合征

①智力障碍。呈全面的认知能力下降。表现为理解判断、抽象思维、记忆等能力下降,学习能力明显受损,也可以出现性格与行为方面的变化。但由于儿童具有成长发育的特点,所以容易出现智力减退,并且因其代偿能力强,而智力恢复的可能性较大。

②记忆障碍。儿童的记忆以近记忆强,远记忆差为特点,儿童脑损害后加重了这种记忆的倾向性。所以很少出现近记忆障碍为主的遗忘综合征,较多的出现意识障碍相伴随的遗忘症。

③行为障碍。有时在儿童慢性脑病综合征,可以无其他任何神经精神症状而单独表现为行为的异常。这种情况以年幼儿童脑损害较常见。孩子可以出现多动不宁,兴奋不安,易激动,忍耐能力差,遇外界刺激时反应过于强烈,粗暴,不听劝告,难以管教,冲动任性,攻击性行为,注意的选择性差,极易分散注意力。

④特殊功能障碍。年幼儿童由于脑功能代偿能力强,很少出现定位功能障碍,年长儿童由于脑功能代偿能力差,局部脑损害时可出现定位性神经损害的症状如失语,失算,失写,失认及阅读功能障碍。

⑤其他非器质性精神障碍。类分裂样症状无明显的智力和意识障碍,以幻觉,妄想为突出的临床表现,症状持续存在或间歇波动性出现,患儿对幻觉的非现实性可以有认识,也可能发展为妄想。类情感性症状主要表现躁狂或抑郁发作样症状,可伴有轻度的认知损害,焦虑,易激惹,恐惧,幻觉和妄想等症状。类神经症症状可见于脑器质性脑损害的早期或恢复期,可以表现为烦躁,焦虑,睡眠异常,头痛等。

3. 影响儿童器质性综合征的预后因素

(1)年龄因素:胎儿在受孕后 12～18 周神经细胞处于快速增

长时期,4岁以前为髓鞘形成时期,在这些关键时期脑组织易受到各种不良因素的影响,所以在围生期由并发症引起的早期脑损害,容易出现多动综合征;年幼儿童由于脑功能代偿能力强,孩子局部脑损害可通过另一大脑半球相应部位功能的再三活化,以及神经组织的再生而代偿失去的功能,所以很少出现局部定位功能症状;年长儿童则易出现局部定位体征,处于发育时期脑组织更能遭受广泛性脑损害。

(2)病变进展速度:脑损害愈急,发展速度愈快,愈容易产生意识障碍,甚至可以造成不可逆的脑损害。当脑损害缓慢发展时,可以通过大脑的代偿机制而减轻或延缓症状的出现。而缓慢发展的脑损害一般不表现为意识障碍,容易导致智力损害。

(3)损害的部位:大脑功能已出现偏侧化的儿童优势侧损害通常可以造成语言功能紊乱;非优势侧损害产生视空间能力的异常;大脑颞叶损害比较容易出现精神症状,左侧颞叶损害与分裂样症状出现有关,右侧颞叶损害与情感性障碍出现相关。

(4)性别:脑损害的儿童男性比女性更常出现精神症状,这种差别可能与生物学上对有害刺激的易感性不同有关。

(5)社会心理因素:各种社会心理因素对脑损害后精神症状的出现有着重要的作用。社会心理因素包括孩子病前行为,认知水平,以及孩子所处的社会心理环境,脑损害后孩子是否出现精神障碍,孩子的人格和家庭支持系统的作用比脑损伤的性质与严重程度更重要。如果孩子病前及病后适应能力很好,能得到家庭较好的关怀照顾,即使严重的脑损害也不一定发展为精神障碍。

4. 儿童器质性脑损害的治疗原则

(1)病因治疗:凡能查明病因者,应及早给予有效的针对病因的治疗。

(2)对症治疗与支持治疗:对症治疗与支持治疗是减轻精神症状,维持生命所必需。有明显精神病性症状,兴奋躁动的孩子,可

第五章 儿童期精神障碍对学习的影响及纠正

以选用小剂量的抗精神病药物,一般应选用毒性较小的药物,应用剂量为常用剂量一半以下。常用药物有奋乃静,氟哌啶醇等,从最小剂量开始,2～3天后应停止应用;对有意识障碍,拒食或生活不能自理的孩子,要供给充定的营养和水分,可用鼻饲或静脉补给,注意保持水、电解质平衡;对高热患儿给予物理降温;对于生活不能自理者,要加强护理,防止压疮,肺炎及泌尿系感染。

(3)保护脑组织:急性脑损伤者可以使用B族维生素、γ-氨酪酸、吡拉西坦、吡硫醇、三磷腺苷、辅酶A和脑活素等药物促进脑的代谢;病毒性脑炎的恢复期可以进行高压氧舱治疗,颅脑局部短波透热治疗,以供给脑组织足够的氧或改善脑组织血液循环,促进脑细胞的代谢,加速脑功能的恢复。

(4)康复训练和支持性心理治疗:脑损伤后的康复训练与教育,对促使孩子尽快恢复而走上正常生活轨道有着重要作用。父母对孩子疾病较为关注的家庭,孩子脑损伤后能得到较好的恢复。另外,患有脑部疾病的孩子,在其智力正常时由于其意识到自身疾病的严重性,往往产生一些负性情绪变化,这对于疾病的康复有很大的妨碍作用,因此对于这些孩子应及时进行支持性心理治疗,帮助他们正确认识疾病及其预后,解决各种异常情绪,提高战胜疾病的信心,同时应及时给孩子家长提供咨询,让他们不要对儿童过分保护,限制他们正常生活,防止孩子发展为心身疾病。

5. 儿童器质性精神障碍分类

(1)感染性精神障碍:引起儿童感染的病原体有病毒、细菌、螺旋体、原虫和寄生虫等。常见的感染有流感、肺炎、细菌性痢疾、流行性腮腺炎、麻疹、猩红热、伤寒、脊髓灰质炎及败血症等。其发病主要是由于各种病原体引起脑部以外的全身感染,由于病原体的毒素,代谢产物对脑组织的直接影响,或因高热、电解质紊乱以及缺氧等影响脑组织的代谢和功能,而产生明显的精神症状。

(2)中毒性精神障碍

①各种药物中毒。可以引起儿童精神障碍的药物有以下几种：肾上腺皮质激素如泼尼松、地塞米松、氢化可的松等；抗肿瘤药物；抗疟药物；中枢兴奋药如哌甲酯、咖啡因等；抗惊厥药物如苯巴比妥、苯妥英钠等。

②铅中毒。血铅中毒可以引起铅中毒性脑病。

③一氧化碳中毒。

(3)躯体疾病与遗传代谢性疾病所致精神障碍

①躯体疾病所致精神障碍。急性肝衰竭（急性重症肝炎）和急慢性肾衰竭是由于肝肾功能严重受损，解毒和排毒功能降低，致使体内有毒代谢产物增加，及水电解质平衡紊乱，而产生肝性脑病（肝性脑病）和肾性脑病；急性严重的呼吸系统疾病影响呼吸功能，造成脑缺氧，而出现精神障碍，慢性严重呼吸系统疾病，可以造成脑长期慢性缺氧，脑组织虽然可以通过长期代偿而对缺氧的耐受性增高，但部分孩子也可以出现精神障碍；心血管系统疾病由于循环系统功能障碍，产生脑供氧不足引起精神障碍；内分泌系统和免疫系统的疾病也会导致精神异常，如甲状腺功能减退，库欣综合征，艾迪生病，系统性红斑狼疮也可以出现精神异常。

②遗传代谢性疾病。一些单基因遗传性疾病由于参与代谢的酶的缺陷，产生物质代谢障碍引起精神障碍。卟啉病是一种常染色体显性遗传病，有时可以出现精神障碍。肝豆状核变性为一种常染色体显性遗传，铜代谢异常，也可以出现精神障碍。

(4)颅内感染所致精神障碍

①病毒性脑炎。病毒性脑炎是由各种病毒引起的脑炎，均可出现精神障碍。

②慢性病毒性脑炎。是一组由于病毒长期潜伏于体内，没有急性炎症反应过程，数月至数年以后在特殊条件下致病的慢性病毒感染，其中以亚急性硬化性全脑炎多见。

第五章 儿童期精神障碍对学习的影响及纠正

③先天性感染。部分病原体在妊娠期可以通过胎盘产生胎儿宫内先天性感染,其中最常见的是风疹病毒、巨细胞病毒、弓形虫及梅毒螺旋体。另外,疱疹病毒和流感病毒等也可以产生宫内感染,而影响胎儿组织发育,导致胎儿流产、死产、先天畸形、智力低下。在妊娠最初3个月的感染对胎儿的影响最大。还有艾滋病、淋病等,在胎儿分娩时,可经产道感染。

④其他感染。细菌性脑膜炎,这种感染以化脓性脑膜炎及结核性脑膜炎最常见。病原体为大肠杆菌、铜绿假单胞菌、葡萄球菌、链球菌、结核杆菌。这些病菌经过呼吸道、中耳、皮肤感染或其他途径侵入脑膜,引起精神障碍。

(5)脑外伤所致精神障碍:受到脑外伤时,儿童脑组织就可以因为外力的作用而受到损害,出现精神症状。

(6)癫痫性精神障碍:癫痫是一种常见的神经精神疾病,精神障碍可以为癫痫发作时的短暂性精神异常,也可以表现为急性或慢性精神障碍。癫痫儿童出现精神障碍与下列因素有关:

①原发性脑损伤。原已存在的脑损害在引起癫痫发作的同时,也影响孩子的智力,广泛性脑损伤与颞叶损伤容易出现精神症状。

②抽搐发作及脑电干扰。抽搐发作时造成脑缺氧,特别是癫痫大发作持续状态常引起严重脑缺氧,继而发生脑水肿,影响脑功能而出现精神症状。另外,癫痫病灶的长期异常放电,可以干扰周围正常组织的功能,而引起精神症状。

③社会心理因素。父母对孩子的态度,以及孩子对疾病的反应,对精神症状的出现有着重要的作用;孩子因本身疾病的存在而苦恼,对疾病的不可预料的发作产生恐惧,害怕意识丧失后出现危险;认为有病名声不好;因为服用药物后出现多毛和牙龈增生等副作用而苦恼等都成为精神应激因素;儿童把疾病看得过分严重,以及父母对孩子过分保护,把患儿与正常孩子隔离开来,孩子忽视疾

· 255 ·

病的危险性而不遵从医嘱进行治疗,或家庭对儿童疾病的忽视而不寻求积极的治疗措施,使孩子得不到应有的照顾。以上因素均可以影响孩子的身心发育,影响疾病的恢复,使孩子处于疾病的恶性循环中,而出现精神行为的异常。

④抗癫痫药物也可以引起精神异常。

(7)肿瘤和其他神经系统疾病所致的精神障碍:脑肿瘤对局部脑组织的压迫或破坏,以及颅内压增高可导致精神异常;多发性硬化如果发生于儿童、青少年也可以出现精神行为的异常。

6. 儿童躯体疾病所致精神障碍的诊断

(1)原发性躯体疾病确定无疑的存在。

(2)精神症状以意识障碍、情绪与行为变化以及脑衰弱综合征为主要表现。

(3)精神症状与原发躯体疾病存在着消长关系。

(4)相应的实验室检查异常。

7. 躯体疾病所致精神障碍的临床表现

(1)儿童感染性精神障碍临床表现

①意识障碍。轻者嗜睡,重者昏迷。多表现为意识模糊谵妄状态。谵妄状态的孩子意识障碍呈昼轻夜重的特点。

②性格和行为变化。多在意识障碍出现前或恢复后出现,主要有兴奋躁动,行为紊乱,注意力涣散,情绪不稳定和哭闹不安,有时在无明显意识障碍时则表现为行为异常。

③如果有明显脑水肿时,可以导致脑结构的改变,并遗留智力障碍,导致孩子学习困难。

(2)儿童中毒性精神障碍临床表现

①药物中毒性精神障碍临床表现。不同程度的意识障碍;情绪变化,如抑郁、焦虑、易激惹、情感脆弱、恐惧或欣快等情绪变化;行为异常:如多动、兴奋不安、攻击性行为或呆滞、少动和退缩;类精神分裂症样精神病性症状,如幻觉、妄想和思维紊乱;智力减

第五章 儿童期精神障碍对学习的影响及纠正

退和记忆力下降。

②铅中毒性精神障碍的临床表现。急性铅中毒性脑病有严重的胃肠道症状;运动失调;抽搐昏迷;以后可以产生永久性神经和智力损害。此外,还可以出现兴奋、困倦、情感淡漠、发育延迟或倒退。慢性铅中毒主要表现为行为和智力障碍。

③一氧化碳中毒性精神障碍的临床表现。一氧化碳中毒后表现为头晕、头痛、乏力、恶心、皮肤潮红、烦躁或意识模糊,重者昏迷。严重者经积极抢救后意识可以恢复,但部分孩子遗留有智力障碍、性格和行为异常,以及神经系统的体征。有部分病例在恢复数周或数月后可以出现精神症状,如智力减退、记忆力下降、行为紊乱和情绪不稳,有时甚至可以遗留人格异常、记忆损害,并且可以有迁延性精神障碍。

(3)病毒性脑炎所致儿童精神障碍临床表现

①急性病毒性脑炎。临床上,病毒性脑炎的急性期主要表现为意识障碍,抽搐发作和精神行为异常;精神症状主要表现为注意力不集中,动作行为增多,行为紊乱而不协调,行为控制力差,容易激惹,兴奋,情绪波动等;也可以出现幻觉、短暂性妄想等。经治疗后,部分完全康复;部分恢复的孩子遗留一些症状,如癫痫发作,智力障碍,性格与行为异常,运动麻痹或感觉障碍,帕金森综合征,或呈现抑郁、木僵及其他精神症状者。病毒性脑炎在婴儿期发病者主要为智力障碍,而在儿童期发作主要为性格与行为异常,常为多动和反社会性行为,孩子往往易于兴奋、坐立不安、话多而喜欢争吵,上课时能安静,难以集中注意力,喜欢恶作剧,难以管教,行为带有冲动性与危险性,情绪波动与反复无常,智力可以无损害,但明显地影响学习成绩,甚至不能接受学校教育;部分患者治疗无效死亡。乙型脑炎预后差,死亡率高。恢复后常留有严重的智力障碍和神经症状。如果病毒损害大脑颞叶,产生一组特殊症状,表现为视觉失认,以口探索周围的一切物体,强迫性地拨弄所见到的

· 257 ·

任何物体,性行为亢进以及情绪行为变化。

②瑞氏综合征。瑞氏综合征是流感病毒、腺病毒、单纯疱疹病毒、水痘病毒都可以引起的综合征,主要表现为有病毒感染史后的数月内出现性格与行为变化。同时伴有肝、肾、心等多器官的损害。重症患儿死亡率高,恢复后可遗留智力障碍,抽搐发作及神经症状,主要为注意缺陷,多动障碍和焦虑性反应。

③慢性病毒性脑炎。慢性病毒性脑炎是由于病毒长期潜伏于体内,没有急性炎症反应过程,数月至数年以后,在特殊条件下致病的慢性病毒感染,其中以亚急性硬化性全脑炎多见。目前认为该病是一种不同于一般麻疹病毒的麻疹株第一次侵入有细胞免疫缺陷的机体后,紧密地附着于神经细胞上,当第二次侵入麻疹病毒即引起感染。主要表现为进行性发展的智力障碍和肌肉阵挛性抽搐。

(4)细菌性脑膜炎的临床表现:细菌性脑膜炎可以引起孩子的智力障碍,同时还可以伴有多动和情绪异常。这种感染主要发生于婴儿期,以化脓性脑膜炎和结核性脑膜炎最常见,病原体可以是大肠杆菌、铜绿假单胞菌、葡萄球菌、链球菌及结核杆菌。这些病菌经过呼吸道、中耳、皮肤感染或其他途径侵入脑膜。有60%的孩子可以死亡,而40%存活的孩子中,有一半遗留有神经系统损害后遗症。主要表现为智力减退、记忆力下降、情感淡漠、兴奋不安、冲动性行为、好发脾气,有时可以有多动症状和注意障碍。

(5)脑外伤所致精神障碍的临床表现:孩子脑外伤后一般不单纯出现智力障碍,往往还伴有其他一些神经系统体征。一般轻度脑外伤没有智力障碍;中度脑外伤可伴有智力障碍,随着时间的延长,智力水平可以逐渐恢复;重度脑外伤则出现明显的智力发育异常,并且可以持续存在。脑外伤能否造成孩子的智力损害,取决于脑外伤时孩子的年龄。在胎儿期与出生时的脑损伤,主要可以影响孩子的智力和产生神经系统的损害;出生后至大脑成熟时期脑

第五章 儿童期精神障碍对学习的影响及纠正

外伤,所产生的精神症状多,有时常表现为明显的行为异常,严重者出现智力障碍。损伤的年龄越小,这种特点越明显,年龄越大越接近成人,则行为异常的表现较少见。智力障碍的恢复在脑外伤后最初几个月较快,一直持续4~5年之久。通常孩子的视觉空间与视运动技巧受影响更明显,部分孩子可以出现失语,与一般性失语不同的是说话量与书写量的减少,自发性语言较少。往往脑外伤后语言发育迟滞比已经获得的语言能力的丧失更为明显,脑外伤对语言的理解影响较小,这种语言障碍一般出现于孩子需要长时间维持注意力时。以后部分儿童口头语言表达即使得到较好的恢复,但仍可以出现阅读和拼写障碍。

(6)癫痫性精神障碍的临床表现:癫痫性精神障碍可以为癫痫发作时短暂性精神异常,也可以表现为急性或慢性精神障碍。发作性精神障碍表现十分多样化。可以单纯表现为失语,失声,感知觉异常,也可以在意识障碍的同时出现精神病性症状,如精神自动症,错觉,幻觉,情绪的恐惧,抑郁,喜悦,愤怒或其他不愉快的体验,人格解体,记忆障碍,强制性思维。急性癫痫性精神障碍持续数日到数周,出现于抽搐发作前或发作后,或与每次发作的时间无联系。主要表现为癫痫性谵妄状态或情绪不稳定,短时间的躁狂抑郁症状态,精神分裂样症状。慢性癫痫性精神障碍,以性格行为变化较为多见,如孩子容易激惹,冲动任性,控制能力差,活动增多,注意障碍及攻击行为,或敏感多疑,自我为中心,或迟钝,主动性差,依赖性强,固执,思维黏滞。有些孩子出现智力低下,导致学习困难;一些孩子偶尔出现躁狂抑郁症样发作。

部分癫痫患儿可以出现癫痫性智力减退,使原已获得的知识丧失,学习新知识的能力降低,年幼儿童智力运动发育落后于同龄儿童,大龄儿童则表现为理解、判断、抽象思维、记忆力、计算能力低于正常儿童,智力测验时智商低。这些都可以导致儿童的学习困难。癫痫对儿童智力损害程度与癫痫的起病年龄、发作频度、病

期长短、是否有脑损害及发作的类型有关。起病年龄越早,发作频度越大,病程越长,则智力损害越明显;有脑损害的患儿多出现智力障碍,无脑损害时可以无智力低下;典型的失神小发作对智力无影响,单纯大发作对智力有影响但较小,而非典型性失神发作、肌肉阵挛性发作、精神运动性发作及癫痫大发作的持续状态则易于出现智力损害,婴儿痉挛时对儿童的智力损害最重。智力减退可以是可逆性的,也可以持续存在,发作控制后智力仍不能恢复正常。

癫痫造成孩子学习困难的原因主要有以下几点:

①原发性脑损伤。原来已经存在的脑损伤在引起儿童癫痫发作的同时,引起儿童智力损伤,造成孩子学习困难。

②抽搐发作及脑电干扰。抽搐发作时造成脑缺氧,继而发生脑水肿,影响孩子的脑功能,导致智力受损而造成学习困难。另外癫痫病灶通过异常放电,可以干扰其他皮质区域正常的脑功能,造成智力障碍,引起孩子学习困难。

③社会心理因素。儿童对自己患癫痫病而烦恼及担心,并对疾病产生恐惧和害怕心理。另外,儿童的父母对孩子进行过分保护,而将孩子与正常儿童隔离开来,使得孩子感到自己和别的孩子不一样,放松对自己的要求而导致学习困难,或父母对孩子疾病忽视,使孩子得不到应有的照顾,使孩子身心发展受到限制,影响疾病的恢复,从而自信心丧失及精神行为异常,影响孩子智力获得和教育的获得。

④抗癫痫药物。长期应用抗癫痫药物也可以导致儿童智力发育障碍及学习困难。

8. 常见的躯体疾病所致精神障碍的治疗

治疗躯体疾病,改善各脏器的功能;补充营养,维持水电解质平衡;内分泌功能降低者,补充相应的激素,系统性红斑狼疮使用肾上腺皮质激素治疗。一般来说,躯体疾病控制后,精神症状可以逐步恢复。